U0817804

绿色经济与绿色发展丛书

编 委 会

主　编：刘思华

副主编：李欣广　纪玉山　方时姣

编　委（按姓氏笔画排序）：

王新程　方时姣　叶祥松　向书坚　刘仁胜
刘江宜　刘思华　刘静暖　许崇正　纪玉山
严立冬　李立民　李欣广　李济广　杨　卫
杨文进　杨鲜兰　吴　宁　邹进文　沈　建
张俊飚　张新平　陆善勇　林　卿　郇庆治
胡　芬　高红贵　阎世平　解保军　戴星翼
[美]罗伊·莫里森
[奥]乌尔里希·布兰德
[日]大西広

秘 书 长：高红贵

副秘书长：刘江宜

广西大学马克思主义生态经济发展研究院、商学院特别委托项目

国家出版基金项目
NATIONAL PUBLICATION FOUNDATION

"十二五"国家重点图书出版规划项目
绿色经济与绿色发展丛书 / 刘思华 · 主编

绿色信贷

GREEN CREDIT

王丽颖　付　琼　著

中国环境出版社 · 北京

图书在版编目（CIP）数据

绿色信贷/王丽颖，付琼著. —北京：中国环境出版社，2016.9
（绿色经济与绿色发展丛书/刘思华主编）
ISBN 978-7-5111-2872-0

Ⅰ. ①绿… Ⅱ. ①王… ②付… Ⅲ. ①信贷管理—研究—中国 Ⅳ. ①F832.4

中国版本图书馆 CIP 数据核字（2016）第 170076 号

出 版 人 王新程
策　　划 沈　建　陈金华
责任编辑 董蓓蓓　陈金华
责任校对 尹　芳
封面设计 耀午设计　彭　杉

出版发行 中国环境出版社
（100062　北京市东城区广渠门内大街 16 号）
网　　址：http://www.cesp.com.cn
电子邮箱：bjgl@cesp.com.cn
联系电话：010-67112765（编辑管理部）
010-67113412（教材图书出版中心）
发行热线：010-67125803，010-67113405（传真）
印　　刷 北京中科印刷有限公司
经　　销 各地新华书店
版　　次 2016 年 12 月第 1 版
印　　次 2016 年 12 月第 1 次印刷
开　　本 787×960　1/16
印　　张 17
字　　数 316 千字
定　　价 49.00 元

【版权所有。未经许可，请勿翻印、转载，违者必究。】

如有缺页、破损、倒装等印装质量问题，请寄回本社更换

总　序

迈向生态文明绿色经济发展新时代

在党的十七大提出的“建设生态文明”的基础上，党的十八大进一步确立了社会主义生态文明的创新理论，构建了建设社会主义生态文明的宏伟蓝图，制定了社会主义生态文明建设的基本任务、战略目标、总体要求、着力点和行动方案；并向全党全国人民发出了“努力走向社会主义生态文明新时代”的伟大号召。按照生态马克思主义经济学观点，走向社会主义生态文明新时代，就是迈向生态文明与绿色经济发展新时代。这既是中华文明演进和中国特色社会主义经济社会发展规律与演化逻辑的必然走向和内在要求，又是人类文明演进和世界经济社会发展规律与演化逻辑的必然走向和内在要求。因此，绿色经济与绿色发展是21世纪人类文明演进与世界经济社会发展的大趋势、大方向，集中表达了当今人类努力超越工业文明黑色经济发展的旧时代而迈进生态文明绿色经济发展新时代的意愿和价值期盼，已成为人类文明演进和世界经济社会发展的必然选择和时代潮流。据此，建设绿色文明、发展绿色经济、实现绿色发展，是全人类的共同道路、共同战略、共同目标，是生态文明绿色经济及新时代赋予我们的神圣使命与历史任务。毫无疑问，当今世界和当代中国一个生态文明绿色经济发展时代正在到来。为了响应党的十八大提出的“努力走向社会主义生态文明新时代”的伟大号召，迎接生态文明绿色经济发展新时代的来临，中国环境出版社特意推出“十二五”国家重点图书出版规划项目“绿色经济与绿色发展丛书”（以下简称“丛书”）。笔者作为“丛书”主编，并鉴于目前“半绿色经济论”“伪绿色经济发展论”日渐盛行，故就“中国智慧”创立的绿色经济理论与绿色发展学说的几个重大问题添列数语，是为序。

一、关于绿色经济的理论本质问题

绿色经济的本质属性即理论本质：不是环境经济学的范畴，而是生态经济学与可持续发展经济学的范畴。西方绿色思想史表明，“绿色经济”这个词汇最早见于英国环境经济学家大卫·皮尔斯1989年出版的第一本小册子《绿色经济的蓝图》（后称“蓝图1”）的书名中。其后“蓝图2”的第二章的第一节两次使用了“绿色经济”这个名词，直到1995年出版“蓝图4”，也没有对绿色经济作出界定，这就是说4本小册子都没有明确定义绿色经济及诠释其本质内涵。对此，方时姣教授从世界绿色经济思想发展史的视角进行了全面评述：[①]“蓝图1”主要介绍英国的环境问题和环境政策制定，正如作者指出的“我们的整个讨论都是环境政策的问题，尤其是英国的环境政策”。“蓝图2”1991年出版，是把“蓝图1”的环境政策思想拓展到世界及全球性环境问题和环境政策。“蓝图3”1993年出版，又回到“蓝图1”的主题，即英国的环境经济与可持续发展问题的综合。“蓝图4”则又回到“蓝图2”讨论的主题，正如作者在前言中所指出的“绿色经济的蓝图从环境的角度，阐述了环境保护及改善问题”。因此，从“蓝图1”到“蓝图4”，对绿色经济的新概念、新思想、新理论，没有作任何诠释的论述，仅仅只是借用了绿色经济这个名词，来表达过去的25年环境经济学流派发展的新综合，确实是“有关环境问题的严肃书籍”。

皮尔斯等人在当今世界率先使用“绿色经济”这一词汇并得到了广泛传播；但基本上只是提及了这个概念，没有深入研究，尤其是理论研究。因此，在西方世界的整个20世纪90年代至2008年爆发国际金融危机的这一时期，仍然主要是环境经济学界的学者使用绿色经济概念，从环境经济学的视角阐述环境保护、治理与改善等绿色议题，其核心问题是讨论经济与环境相互作用、相互影响的环境经济政策问题，而关注点集中于环境污染治理的经济手段。在我国首先使用皮尔斯等人的绿色经济概念的是环境污染与保护工作者，并对其进行界定。例如，原国家环境保护局首任局长曲格平先生在1992年出版的《中国的环境与发展》一书中指出：“绿色经济是指以环境保护为基础的经济，主要表现在：一是以治理污染和改善生态为特征的环保产业的兴起；二是因环境保护而引起的工业和农业生产方式的变

---

① 方时姣：《绿色经济思想的历史与现实纵深论》，载《马克思主义研究》2010年第6期，第55～62页。

革，从而带动了绿色产业的勃发。”[①]在这里，十分清楚地表明了曲格平先生同皮尔斯等人一样，是借用绿色经济的概念来诠释环境保护、治理和改善的问题。其后，我国学界有一些学者把绿色经济当作环境经济的代名词，借用绿色经济之名，表达环境经济之实。总之，长期以来，国内外不少学者按照皮尔斯等人的学术路径，对绿色经济作了狭隘的理解而被看作是环境经济学的新概括，把它纳入环境经济学的理论框架之中，成为环境经济学的理论范畴。这就必然遮盖了绿色经济的本来面目，极大地扭曲了它的本质内容与基本特征，不仅产生了一些不良的学术影响，而且会误导人们的生态与经济实践。正如方时姣教授指出的："把绿色经济纳入环境经济学的理论框架来指导实践，最多只能缓解生态环境危机，是不可能从根本上解决生态环境问题的，也不可能克服生态环境危机，也就谈不上实现生态经济可持续发展。”[②]

20 世纪 90 年代，我国生态经济学界就有学者用绿色经济这一术语概括生态环境建设绿色议题和生态经济协调发展研究的新进展，论述重点是“一切都将围绕改善生态环境而发展，核心问题是要实现人和自然的和谐、经济与生态环境的协调发展。”[③]为此，笔者针对皮尔斯等国内外学者以环境经济学理论范式来回应绿色经济议题，在 1994 年出版了《当代中国的绿色道路》一书，以生态经济学新范式来回应绿色经济议题，以生态经济协调发展理论平台在深层次上阐述“发展经济必须与发展生态同时并举，经济建设必须与生态建设同步进行，国民经济现代化必须与国民经济生态化协调发展”的绿色发展道路。这就在国内外首次拉开了从学科属性上把绿色经济从环境经济学理论框架中解放出来的序幕。在此基础上，笔者于 2000 年 1 月出版的《绿色经济论——经济发展理论变革与中国经济再造》一书，深刻地论述了一系列重大的绿色经济理论前沿和现实前沿问题，科学地揭示了生态经济与知识经济同可持续发展经济之间的本质联系及其发展规律，破解了三者之间相互渗透、融合发展的绿色经济与绿色发展的内在奥秘，成为中国绿色经济理论与绿色发展学说形成的重要标志。尤其是该书把绿色经济看作是生态经济与可持续经济的新概括与代名词，并从这个新高度的最高层次对绿色经济提出了新命题："绿色经济

---

① 转引自刘学谦、杨多贵、周志强等：《可持续发展前沿问题研究》，北京：科学出版社，2010 年版，第 126 页。

② 方时姣：《绿色经济思想的历史与现实纵深论》，载《马克思主义研究》2010 年第 6 期，第 55～62 页。

③ 郑明焕：《把握机遇，在大转变中求发展》，1992 年 3 月 28 日《中国环境报》。

是可持续经济的实现形态和形象概括。它的本质是以生态经济协调发展为核心的可持续发展经济。”[①]这个界定肯定了绿色经济的生态经济属性，揭示了它的可持续经济的本质特征，从学科属性上把它从环境经济学理论框架中彻底解放出来，真正纳入生态经济学与可持续发展经济学的理论体系，成为生态经济学与可持续发展经济学的理论范畴，恢复了绿色经济的本来面目。虽然这个绿色经济的定义十分抽象，却反映了它的本质属性与科学内涵，得到了多数绿色经济研究者的认同和广泛使用。然而时至今日，在我国学者中仍有少数学者尤其在实际工作中也有不少人还在用环境经济学范畴中的绿色经济理念来指导经济实践，这种现象不能继续下去了。

二、关于绿色经济的文明属性问题

绿色经济的文明属性不是工业文明的经济范畴，而是生态文明的经济范畴。世界绿色经济思想史告诉我们，在学科属性上把绿色经济当作环境经济学的新观念与代名词，纳入环境经济学的理论框架，就必然在文明属性上把它纳入工业文明的基本框架，成为工业文明的经济范畴，即发展工业文明的经济模式。这是因为，环境经济学是调整、修补、缓解人与自然的尖锐对立、环境与经济的互损关系的工业文明时代的产物，是工业文明“先污染后治理”经济发展道路的理论概括与学理表现。自皮尔斯等人指出环境经济学范畴的绿色经济概念以来，国内外一个主流绿色经济观点就是对绿色经济的狭隘的认识与把握，只是把它看成是解决工业文明经济发展过程中出现的生态环境问题的新经济观念，是能够克服工业文明的褐色经济或黑色经济弊端的经济模式。在我国这种观点比较流行。例如，有的学者认为：“绿色经济是以市场为导向、以传统产业经济为基础、以经济与环境的和谐为目标而发展起来的一种新型的经济形式即发展模式”，“是现代工业化过程中针对经济发展对环境造成负面影响而产生的新经济概念”。时至今日，这种工业文明经济范畴的绿色经济概念仍被人引用来论证自己的绿色经济观念。因此，在此我要再次强调：工业文明经济范畴的绿色经济观念，在本质上仍是人与自然对立的文明观，并没有从根本上消除工业文明及黑色经济反生态和反人性的黑色基因，丢弃了绿色经济是生态经济协调发展的核心内容和超越工业文明黑色经济、铸造生态文明生态经济的本质属性，从而否定了绿色经济是生态文明生态经济形态的理论内涵与实践价值。因此，

① 刘思华：《绿色经济论》，北京：中国财政经济出版社，2001 年版，第 3 页。

以工业文明经济范式或理论平台来回应绿色经济议题，是不可能从根本上触动工业文明黑色经济形态的，是难以走出工业文明黑色经济发展道路的；最多是缓解局部自然环境恶化，是不可能解决当今人类面对的生态经济社会全面危机的。因此，决定了我们必须也应当以生态文明新范式或理论平台在深层次回应绿色经济与发展绿色经济议题，才能顺应21世纪生态文明与绿色经济时代的历史潮流。

生态马克思主义经济学哲学告诉我们：彻底的生态唯物主义者，不仅要在学科属性上把绿色经济从环境经济学的理论框架中解放出来，成为生态经济与可持续发展经济的理论范畴，而且在文明属性上，要把它从工业文明的基本框架中解放出来，作为生态文明的经济范畴。前面提到的笔者所著的《当代中国的绿色道路》《绿色经济论》这两部著作，是实现绿色经济这两个生态解放的成功探索。早在1998年笔者在《发展绿色经济，推进三重转变》一文中就明确提出了发展绿色经济的新的经济文明观，明确指出："人类正在进入生态时代，人类文明形态正在由工业文明向生态文明转变，这是人类发展绿色经济、建设生态文明的一个伟大实践。"[①]邹进泰、熊维明的《绿色经济》一书中指出：绿色经济发展"是从单一的物质文明目标向物质文明、精神文明和生态文明多元目标的转变。发展绿色经济，尤其要避免'石油工业''石油农业'造成的高消耗、高消费、高生态影响的物质文明，而要造就高效率、低消耗、高活力的生态文明"。[②]可见"中国智慧"在世界上最早实现绿色经济的两个生态解放、纳入生态文明的基本框架，是人与自然和谐统一、生态与经济协调发展的建设生态文明的必然产物。下面还要作几点说明：

(1)按照人类文明形态演进和经济社会形态演进一致性的历史唯物主义社会历史观的理论思路，生态文明是继原始文明、农业文明、工业文明（包括后工业文明）之后的全新的人类社会文明形态，它不仅延续了它们的历史血脉，而且创新发展了它们尤其是工业文明的经济社会形态，使工业文明从人与自然相互对立、生态与经济相分裂的工业经济社会形态，朝着生态文明以人与自然和谐统一、生态与经济协调发展的生态经济社会形态演进。这是人类文明经济社会的全方位、最深刻的生态变革与绿色经济转型，可以说是人类文明历史发展以来最伟大的生态经济社会变革运动。

① 刘思华：《刘思华文集》，武汉：湖北人民出版社，2003年版，第403页。

② 邹进泰、熊维明等：《绿色经济》，太原：山西经济出版社，2003年版，第12页。

（2）我们要深刻认识和正确把握绿色经济的概念属性与本质内涵，正是这个属性和内涵决定了它是生态文明生态经济形态的实现形式与形象概括。世界工业文明发展的历史表明，无论是资本主义工业化，还是社会主义工业化；无论是发达国家工业化，还是发展中国家工业化，都走了一条工业经济黑色化的黑色发展道路，形成了工业文明黑色经济形态。据此，工业文明主导经济形态的工业经济形态的实现形态与形象概括就是黑色经济形态。而生态文明开辟了经济社会发展绿色化即生态化的绿色发展道路，最终形成生态文明绿色经济形态。它是对工业文明及其黑色经济形态的批判、否定和扬弃，是在此基础上的生态变革和绿色创新。这就是说，绿色经济的根本属性与本质内涵是生态经济与可持续发展经济，使它必然在本质上取代工业经济并融合知识经济的一种全新的经济形态，是生态文明新时代的主导经济形态的现实形态。所以，笔者反复指出："绿色经济作为生态文明时代的经济形态，是生态经济形态的现实象征与生动概括。"[①]这不仅肯定了绿色经济是生态经济学与可持续发展经济学的理论范畴，而且界定了绿色经济是生态文明的经济范畴，恢复了绿色经济的本来面目。

（3）绿色经济实现"两个生态解放"之后，就应当对它重新定位。现在我们可以将绿色经济的科学内涵和外延表述为：以生态文明为价值取向，以自然生态健康和人体生态健康为终极目的，以提高经济社会福祉和自然生态福祉为本质特征，以绿色创新为主要驱动力，促进人与自然和谐发展和生态与经济协调发展为根本宗旨，实现生态经济社会发展相统一并取得生态经济社会效益相统一的可持续经济。因此，发展绿色经济是广义的，不仅是指广义的生态产业即绿色产业，而且包括低碳经济、循环经济、清洁能源和可再生能源、碳汇经济以及其他节约能源资源与保护环境、建设生态的经济等。[②]这个新界定正确地揭示了绿色经济的本质属性、科学内涵、概念特征与实践主旨，准确地体现了绿色经济历史趋势与时代潮流；绿色经济观念、理论是人与自然和谐统一、生态与经济协调发展的生态文明新时代的理论概括与学理表现。只有这样认识和把握绿色经济，才能真正符合生态文明与绿色经济发展的客观进程与内在逻辑。

（4）生态文明经济范畴的绿色经济包含两层经济含义：一是它作为理论形态是

---

① 中国社会科学院马克思主义学部：《36位著名学者纵论中国共产党建党90周年》，北京：中国社会科学出版社，2011年版，第409页。

② 刘思华：《生态文明与绿色低碳经济发展总论》，北京：中国财政经济出版社，2001年版，第1页。

生态文明的经济社会形态范畴，是生态文明时代崭新的主导经济，我们称之为绿色经济形态。二是它作为实践形态是生态文明的经济发展模式，是生态文明崭新时代的经济发展模式，我们称之为绿色经济发展模式。这就决定了建设生态文明、发展绿色经济的双重战略任务，既要形成生态和谐、经济和谐、社会和谐一体化的绿色经济形态，又要形成生态效益、经济效益、社会效益最佳统一的绿色经济发展模式。据此，建设生态文明、发展绿色经济应当是经济社会形态和经济社会发展模式的双重绿色创新转型发展过程，这是革工业文明的黑色经济形态和经济发展模式之故、鼎生态文明的绿色经济形态和经济发展模式之新的过程。因此，每个战略任务都是双重绿色使命：一方面背负着克服、消除工业文明的黑色经济形态与发展模式的黑色弊端，对它们进行生态变革、绿色重构与转型，改造成为绿色经济形态与绿色经济发展模式；另一方面担负着创造人类文明发展的新形态，即超越资本主义工业文明（包括高度发达的后工业文明）的社会主义生态文明，构建与生态文明相适应的绿色经济形态和绿色经济发展模式。这是生态文明建设的中心环节，是绿色经济发展的实践指向，因此双重绿色经济就是我们迈向生态文明与绿色经济发展新时代，也是推动人类文明形态和经济社会形态与发展模式同步演进的双重时代使命与实践目标。实现双重时代使命所推动的变革不仅仅是工业文明形态及其黑色经济形态与发展模式本身的变革，而且是超越工业文明的生态文明及其他的经济形态与发展模式的生态变迁与绿色构建。这才符合生态文明与绿色经济的本质属性与实践主旨。

三、关于绿色发展理论与道路的探索问题

自 2002 年以来的 10 多年间，一直流传着联合国开发计划署在《2002 年中国人类发展报告：让绿色发展成为一种选择》中首先提出绿色发展，中国应当选择绿色发展之路。这个“首先”之说不知是何人的说法，是根本不符合绿色发展思想理论发展的历史事实的，是一种学术误传。

1. 我们很有必要对中国绿色发展思想理论发展的历史作简要回顾

如前所述，1994 年笔者在《当代中国的绿色道路》一书中，以生态经济学新范式及生态经济协调发展的新理论平台来回应绿色发展道路议题，阐述了绿色发展的一系列主要理论与实践问题，明确提出中国绿色发展道路的核心问题是“经济发展生态化之路”，“一切都应当围绕着改善生态环境而发展，使市场经济发展建立在

生态环境资源的承载力所允许的牢固基础之上，达到有益于生态环境的经济社会发展。”[①]1995 年著名学者戴星翼在《走向绿色的发展》一书中首次从“经济学理解绿色发展”的角度，明确使用“绿色发展”这一词汇，诠释可持续发展的一系列主要理论与实践问题，并认为“通往绿色发展之路”的根本途径在于“可持续性的不断增加”。[②]在这里，绿色发展成为可持续发展的新概括。2012 年著名学者胡鞍钢出版的《中国：创新绿色发展》一书，创新性地提出了绿色发展理念，开创性地系统阐述了绿色发展理论体系，总结了中国绿色发展实践，设计了中国绿色现代化蓝图。所以，笔者认为本书虽有不足之处，但从总体上说，丰富、创新、发展了中国绿色发展学说的理论内涵和实际价值，提出了一条符合生态文明时代特征的新发展道路——绿色发展之路。总之，中国学者探索绿色发展的理念、理论与道路的历史轨迹表明，在此领域“中国智慧”要比“西方智慧”高明，这就在于绿色发展在发展理念、理论、道路上突破了可持续发展的局限性，“将成为可持续发展之后人类发展理论的又一次创新，并将成为 21 世纪促进人类社会发生翻天覆地变革的又一次大创造。”[③]

2. 21 世纪的绿色经济与绿色发展观

进入 21 世纪以后，绿色经济与绿色发展观念逐步从学界视野走进政界视野，尤其是面对 2008 年国际金融危机催化下世界绿色浪潮的新形势，以胡锦涛为总书记的中央领导集体正确把握当今世界发展绿色低碳转型的新态势、未来世界绿色发展的大趋势，站在与世界各国共建和谐世界与绿色世界的发展前沿上，直面中国特色社会主义的基本国情，提出了绿色经济与绿色发展的一系列新思想、新观点、新理论，揭示了发展绿色经济、推进绿色发展是当今世界发展的时代潮流。正如习近平同志所指出的：“绿色发展和可持续发展是当今世界的时代潮流”，其“根本目的是改善人民生活环境和生活水平，推动人的全面发展。”[④]李克强还指出：“培育壮大绿色经济，着力推动绿色发展”，“要加快形成有利于绿色发展的体制机制，通过政策激励和制度约束，增强推动绿色发展的自觉性、主动性，抑制不顾资源环境承

① 刘思华：《当代中国的绿色道路》，武汉：湖北人民出版社，1994 年版，第 86 页、第 101 页。
② 戴星翼：《走向绿色的发展》，上海：复旦大学出版社，1998 年版，第 1～23 页。
③ 胡鞍钢：《中国：创新绿色发展》，北京：中国人民大学出版社，2012 年版，第 20 页。
④ 习近平：《携手推进亚洲绿色发展和可持续发展》，2010 年 4 月 11 日《光明日报》。

载能力盲目追求增长的短期行为。"[①]笔者曾发文把以胡锦涛为总书记的中央领导集体的绿色发展理念概括为"四论"，即绿色和谐发展论、国策战略绿色论、绿色文明发展道路论、国际绿色合作发展论。[②]在此我们还要重视的是胡锦涛同志在2003年中央经济工作会议上明确指出："经济增长不能以浪费资源、破坏环境和牺牲子孙后代利益为代价。"其后，他进一步指出："我国是社会主义国家，我们的发展不能以牺牲精神文明为代价，不能以牺牲生态环境为代价，更不能以牺牲人的生命为代价。""我们一定要痛定思痛，深刻吸取血的教训。"[③]胡锦涛提出的不能以"四个牺牲为代价"换取经济发展的绿色原则，反映了改革开放以来，我国经济发展的基本经验和严重教训，这实质上是实现科学发展的四项重要原则，是推进绿色发展的四项重要原则。凡是以"四个牺牲为代价"换取的经济发展就是不和谐的、不可持续的非科学发展，这种发展可以称为黑色发展；凡是没有以"四个牺牲为代价"的经济发展就是和谐的、可持续的科学发展，这种发展可以称为绿色发展。正是在这个意义上说，不能以"四个牺牲为代价"是区分黑色发展和绿色发展的四项绿色原则。

3．依法治国新政理念：发展绿色经济、推进绿色发展

当下中国执政者对绿色经济与绿色发展的认识与把握，已不只是学界那样把发展绿色经济、推进绿色发展视为全新的思想理论，而是一种崭新的全面依法治国的执政理念、发展道路与发展战略。党的十八大首次把绿色发展（包括循环发展、低碳发展）写入党代会报告，是绿色发展成为具有普遍合法性的中国特色社会主义生态文明发展道路的绿色政治表达，标志着实现中华民族伟大复兴的中国梦所开辟的中国特色社会主义生态文明建设道路是绿色发展与绿色崛起的科学发展道路。这条道路的理论体系就是"中国智慧"创立的绿色经济理论与绿色发展学说。它既是适应世界文明发展进步，更是适应中国特色社会主义文明发展进步需要而产生的科学发展学说，甚至可以说，是一种划时代的全新科学发展学说。对此，近几年来，我多次强调指出：绿色经济理论与绿色发展学说不是引进的西方经济发展思想，而是中国学界和政界马克思主义学人自主创立的科学发展新学说。它是立足中国、面向世界、通向未来的马克思主义发展学说，必将指引着中国特色社会主义沿着绿色发展与绿色崛起的科学发展道路不断前进。

---

① 李克强：《推动绿色发展　促进世界经济健康复苏和可持续发展》，2010年5月9日《光明日报》。

② 刘思华：《科学发展观视域中的绿色发展》，载《当代经济研究》2011年第5期，第65～70页。

③ 中共中央文献研究室：《科学发展观重要论述摘编》，北京：中央文献出版社，2008年版，第34页、第29页。

“中国智慧”不仅从绿色经济的根本属性与本质内涵论证了绿色经济是生态文明的经济范畴，而且从绿色发展的根本属性与本质内涵界定了绿色发展是生态文明的发展范畴。故笔者把绿色发展表述为：“以生态和谐为价值取向，以生态承载力为基础，以有益于自然生态健康和人体生态健康为终极目的，以追求人与自然、人与人、人与社会、人与自身和谐发展为根本宗旨，以绿色创新为主要驱动力，以经济社会各个领域和全过程的全面生态化为实践路径，实现代价最小、成效最大的生态经济社会有机整体全面和谐协调可持续发展，因此，绿色发展必将使人类文明进步和经济社会发展更加符合自然生态规律、社会经济规律和人自身的规律，即支配人本身的肉体存在和精神存在的规律（恩格斯语）”①或者说“更加符合三大规律内在统一的”自然、人、社会有机整体和谐协调发展的客观规律。现在我要进一步指出的是，从学理层面上说，绿色发展的理论本质是“生态经济社会有机整体全面和谐协调可持续发展”；从实践层面上看，绿色发展的实践主旨是实现“生态经济社会有机整体全面和谐协调可持续发展”。现在我们完全可以作出一个理论结论：绿色发展是生态经济社会有机整体全面和谐协调可持续发展的形象概括与现实形态。正是在这个意义上说，绿色发展是永恒的经济社会发展。这是客观真理。

4. 绿色发展学说中若干基本理论观点和现实问题

(1) 绿色发展的经济学诠释，就是绿色经济与绿色发展内在统一的绿色经济发展。笔者在2002年《发展绿色经济的理论与实践探索》的学术报告中，首次提出了绿色经济发展新观念和构建了绿色经济发展理论的基本框架，明确指出：“发展绿色经济是建设生态文明的客观基础和根本问题”，“绿色经济发展是人类文明时代的工业文明时代进入生态文明时代的必然进程”，“是推进现代经济的‘绿色转变’走出一条中国特色的绿色经济建设之路”，“必将引起21世纪中国现代经济发展的全方位的深刻变革，是中国经济再造的伟大革命”，还强调指出：“只有建立生态市场经济制度才能真正走出一条中国特色的绿色经济发展道路。”②因此，21世纪中国绿色发展道路在经济领域内，就是绿色经济发展道路，这是中国特色社会主义经济发展道路走向未来的必由之路。

(2) 20世纪人类文明发展事实表明工业文明发展黑色化是常态，故工业文明确实是黑色文明，其发展是黑色发展，它的一切光辉成就的取得，说到底是以牺牲

① 刘思华：《生态马克思主义经济学原理》（修订版），北京：人民出版社，2014年版，第578～579页。

② 刘思华：《刘思华文集》，武汉：湖北人民出版社，2003年版，第607～612页。

自然生态、社会生态和人体生态为代价，创造着黑色的文明史。因此，生态马克思主义经济学哲学得出一个人类文明时代发展特征的结论："工业文明是黑色发展时代，生态文明是绿色发展时代……'中国智慧'对从工业文明黑色发展向生态文明绿色发展巨大变革的认识，是21世纪中华文明发展头等重要的发现，是科学的最大贡献。"[①]从工业文明黑色发展走向生态文明绿色发展是生态经济社会有机整体的全方位生态变革与全面绿色创新转变，是人类文明发展史上最伟大的最深刻的生态经济社会革命。它的中心环节是要实现工业文明黑色发展道路向生态文明绿色发展道路的彻底转轨，其关键所在是要实现工业文明黑色发展模式向生态文明绿色发展模式的全面转型。[②]只有实现这两个"根本转变"，人类文明形态演进和经济社会形态演进才能真正迈向生态文明与绿色经济发展新时代。

(3) 和谐发展和绿色发展是生态文明的根本属性与本质特征的两种体现，是生态文明时代生态经济社会有机整体全面和谐协调可持续发展的两个方面。这是因为：① 生态马克思主义经济学哲学告诉我们，人类文明进步和经济社会发展的实质就是自然、人、社会有机整体价值的协调与和谐统一，是实现人与自然、人与人、人与社会、人与自身的全面和谐协调，成为人类文明进步与经济社会发展的历史趋势和终极价值追求。因此，笔者在《生态马克思主义经济学原理》一书中就指出了狭义与广义生态和谐论，指出"狭义生态和谐"就是人与自然的和谐发展即自然生态和谐，这是狭义生态文明的核心理念。而和谐发展不仅是人与自然的和谐发展，还包括人与人、人与社会及个人的身心和谐发展，于是我把这"四大生态和谐"称之为"广义的生态和谐"的全面和谐发展。这是广义生态文明的根本属性与本质特征，就必然成为生态文明的绿色经济形态与绿色发展模式的根本属性与本质特征。② 生态马克思主义经济学哲学还认为，从自然、人、社会有机整体的四大生态和谐协调发展意义上说，生态和谐协调发展已成为当今中国和谐协调发展的根基。这是绿色发展的核心与灵魂。因此，建设生态文明、发展绿色经济、推进绿色发展，必须贯穿于中国生态经济社会有机整体发展的全过程和各个领域，不断追求和递进实现"四大生态关系"的全面和谐发展，这是绿色发展的真谛。

---

① 刘思华：《生态马克思主义经济学原理》（修订版），北京：人民出版社，2014年版，第579页。

② 胡鞍钢教授在《中国：创新绿色发展》一书中认为："以高消耗、高污染、高排放为基本特征的发展，即黑色发展模式。"我认为应当以高投入、高消耗、高排放、高污染、高代价为基本特征的发展就是工业文明黑色发展模式，而以"五高"黑色发展模式为基本内容与发展思路就是工业文明黑色发展道路。

（4）全面生态化或绿色化是绿色发展的主要内容与基本路径。2011 年夏，中国绿色发展战略研究组课题组撰写的《关于全面实施绿色发展战略向十八大报告的几点建议》一书指出：按照马克思主义生态文明世界观和方法论，生态化应当写入党代会报告，使中国特色社会主义旗帜上彰显着社会主义现代文明的生态化发展理念，这是建设社会主义生态文明的必然逻辑，是发展绿色经济、实现绿色发展的客观要求，是构建社会主义和谐社会的必然选择。这里所说的生态化发展理念，就是绿色发展理念。后者是前者的现实形态与形象概括，在此我们很有必要作进一步论述：

☞ 生态化是一个综合科学的概念，是前苏联学者首创的现代生态学的新观念：早在 1973 年苏联哲学家 B. A. 罗西在《哲学问题》杂志上发表的《论现代科学的“生态学化”》一文中，就将生态化称为“生态学化”，其本质含义是“人类实践活动及经济社会运行与发展反映现代生态学真理”。以此观之，生态化主要是指运用现代生态学的世界观和方法论，尤其依据“自然、人、社会”复合生态系统整体性观点考察和理解现实世界，用人与自然和谐协调发展的观点去思考和认识人类社会的全部实践活动，最优地处理人与自然的自然生态关系、人与人的经济生态关系、人与社会的社会生态关系和人与自身的人体生态关系，最终实现生态经济社会有机整体全面和谐协调可持续的绿色发展”。①生态化这个术语是国内外学者，尤其在中国新兴、交叉学科的学者广泛使用的新概念，其论著中使用的频率最高，当代中国已经出现新兴、交叉经济学生态化趋势。因此，这个界定从学理上说，我们可以作出一个合乎逻辑的结论：生态化应当是生态文明与绿色发展的重要范畴，甚至是基本范畴。

☞ 当今人类生存与发展需要进行一场深刻的生态经济社会革命，走绿色发展新道路，推进人类生存与发展的生产方式和生活方式的生态化转型，实现人类生存方式的全面生态化。它就内在要求人类社会的经济、科技、文教、政治、社会活动等经济社会运行与发展的全面生态化。在当代中国就是使中国特色社会主义生态经济社会体系运行朝着生态

① 刘思华：《论新型工业化、城镇化道路的生态化转型发展》，载《毛泽东邓小平理论研究》2013 年第 7 期，第 8～13 页。

化转型的方向发展。这种生态化转型发展就成为生态经济社会运行与发展的内在机制、主要内容、基本路径与绿色结果。这样的当代中国走生态化转型发展之路，是走绿色发展的必由之路与基本走向。可以说，“顺应生态化转型者昌，违背生态化转型者亡。”[①]这不仅是当今人类文明进步和世界经济社会发展，而且是中国特色社会主义文明进步和当代中国经济社会发展的势不可当的生态化即绿色化发展大趋势。

☞ 生态马克思主义经济学哲学强调生态文明是广义和狭义生态文明的内在统一，[②]并把广义生态文明称为绿色文明，既然生态化是生态文明的一个重要范畴，那么它就同生态文明，也是广义与狭义生态化的内在统一；这样说，可以把广义生态化称之为绿色化。两者的本质内涵是完全一致的。2015 年 3 月 24 日，中共中央政治局审议通过的《关于加快推进生态文明建设的意见》首次使用了绿色化这一术语，要求在当前和今后一个时期内，协同推进新型工业化、城镇化、信息化、农业现代化和绿色化。如果说绿色发展（包括循环发展和低碳发展）是生态文明建设的基本途径，那么可以说生态化发展是生态文明建设的内在机制和基本内容与途径。这是因为生态文明建设的理论本质是以生态为本，即主要是以增强提高自然生态系统适应现代经济社会发展的生态供给能力（包括资源环境供给能力）为出发点和落脚点，既要构建优化自然生态系统，又要推进社会经济运行与发展的全面生态化，建立起具有生态合理性的绿色创新经济社会发展模式。所以“生态文明建设的实践指向，是谋求生态建设、经济建设、政治建设、文化建设与社会建设相互关联、相互促进，相得益彰、不可分割的统一整体文明建设，用生态理性绿化整个社会文明建设结构，实现物质文明建设、政治文明建设、精神文明建设、和谐社会建设的生态化发展。这是中国特色社会主义生态文明建设的真谛。”[③]

☞ 笔者借写“丛书”总序之机，代表中国绿色发展战略研究组课题组和“丛书”的作者们向党中央建议：两年后把“绿色化”或“生态化”

---

① 刘本炬：《论实践生态主义》，北京：中国社会科学出版社，2007 年版，第 136 页。

② 刘思华：《生态马克思主义经济学原理》（修订版），北京：人民出版社，2014 年版，第 540～542 页。

③ 刘思华：《生态马克思主义经济学原理》（修订版），北京：人民出版社，2014 年版，第 549 页。

写入党的十九大报告，使它成为中国特色社会主义道路从工业文明黑色发展道路向生态文明绿色发展道路全面转轨的一个象征，成为当今中国社会主义经济社会发展模式从工业文明黑色发展模式向生态文明绿色发展模式全面转型的一个标志，成为中国特色社会主义文明迈向社会主义生态文明与绿色经济发展新时代的一个时代标识。

四、关于迈向生态文明绿色发展的使命与任务问题

自 2008 年国际金融危机以来，绿色经济与绿色发展迅速兴起，是有着深刻的生态、经济和社会历史背景的。应当说，首先是发源于回应工业文明黑色发展道路与模式的负外部效应所积累的全球范围"黑色危机"越来越严重，已经走到历史的巅峰。"物极必反"，工业文明黑色发展道路与模式的历史命运也逃避不了这个历史的辩证法。它在其黑色发展过程中自我否定因素不断生成，形成向绿色经济与绿色发展转型的因素日渐清晰彰显，使我们看到了绿色经济与绿色发展的时代晨光，人类正在迎来生态文明绿色发展的绿色黎明。这是人类实现生态经济社会全面和谐协调可持续发展的历史起点。

1．我们必须深刻认识和正确把握生态文明的绿色发展道路与模式的时代特征

迈向生态文明绿色经济发展新时代的时代特色应是反正两层含义：一是当今世界仍然处于黑色文明达到了全面异化的巨大危机之中，使当今人类面临着前所未有的工业文明黑色危机的巨大挑战；二是巨大危机是巨大变革的历史起点，开启了绿色文明绿色发展的新格局、新征途，使人类面临着前所未有的绿色发展历史机遇，并给予全面生态变革与绿色转型的强大动力。因此，当今人类正处于工业文明黑色发展衰落向生态文明绿色发展兴起的更替时期。这是危机创新时代，黑色发展危机逼进绿色创新发展，绿色创新发展走出黑色发展危机。毫无疑问，当今世界和当代中国的一个生态文明绿色创新发展时代正在到来。对此，我们必须从工业文明黑色发展危机来认识与把握生态文明绿色发展道路与模式的历史必然性和现实必要性与可能性。

(1) 历史和现实已经表明，自 18 世纪资本主义工业革命以来，在工业文明（包括其最高阶段的后工业文明）时代资本主义文明及工业文明成功地按照自身发展的工业文明发展模式塑造全世界，将世界各国都引入工业文明黑色经济与黑色发展道路与模式，形成了全球黑色经济与黑色发展体系。当今中外多学科学者在对工业文

明黑色发展的反思与批判中，有一个共识：黑色文明发展一方面使物质世界日益发展，物质财富不断增加；另一方面使精神世界正在坍塌，自然世界濒临崩溃，人的世界正在衰败。它不仅是自然异化，而且是人的物化、异化和社会的物化、异化。当今世界的南北两极分化加剧，以美国为首的国际垄断资本主义势力为掠夺自然资源不断发动地区战争，没有硝烟的经济战和经济意识形态战频发；恐怖主义嚣张，物质主义、拜金主义、消费主义盛行，道德堕落和精神与理智崩溃，无论是发达国家还是发展中国家内部的贫富悬殊、两极分化正在加剧，各种社会不公正与不平等的社会生态关系恶化加深，已成为当今世界的社会生态黑色发展现实。因此，当今工业文明黑色发展的黑色效应已经全面地、极大地显露出来了，使工业文明黑色发展成为当今世界以及大多数国家和民族发展的现状特征。正是在这个意义上，我们完全可以说，当今人类已经陷入工业文明发展全面异化危机及黑色深渊，使今日之工业文明黑色发展达到了可以自我毁灭的地步，同时也包含着克服、超越工业文明黑色发展险境的绿色发展机遇和种种因素条件，也就预示着黑色发展道路与模式的生态变革与绿色转型是历史的必然。这就是说，如果人类不想自我毁灭的话，就必须自觉地走超越工业文明的生态文明绿色发展的新道路，及构建绿色发展的新模式。这是历史发展的必然道路，是化解当今工业文明黑色发展危机的人类自觉的选择，也是唯一正确的选择。

(2) 深刻认识和真正承认开创生态文明绿色发展道路与模式的现实必要性和紧迫性。这首先在于当今世界系统运行是依靠“环境透支”“生态赤字”来维持，使自然生态系统的生态赤字仍在扩大，将世界各国都绑在工业文明黑色发展之舟上航行。工业文明发展的一切辉煌成就的取得，都是以自然、人、社会的巨大损害为代价，尤其是以毁灭自然生态环境为代价的，这是西方各学科的进步学者的共识，也是中国有社会良知的学者的共识。在 1961 年人类一年只消耗大约 2/3 的地球年度可再生资源，世界大多数国家还有生态盈余。大约从 1970 年起，人类经济社会活动对自然生态的需求就逐步接近自然生态供给能力的极限值，自 1980 年首次突破极限形成“过冲”以来，人类生活中的大自然的生态赤字不断扩大，到 2012 年已经需要 1.5 个地球才能满足人类正常的生存与发展需要。因此，《增长的极限》一书的第 2 版即 1992 年版译者序就明确指出：“人类在许多方面已经超出了地球的承载能力之外，已经超越了极限，世界经济的发展已经处于不可持续的状况。”足见工业文明黑色发展确实是一种征服自然、掠夺自然、不惜以牺牲自然生态来换取经济发展的黑色发展道路，使“今天世界上的每一个自然系统都在走向衰落”。[①]进入21世纪的15年间，生态赤字继续扩大、自然生态危机及黑色发展危机日益加深。对此，《自然》杂志发文说：“地球生态系统将很快进入不可逆转的崩溃状态。”[②]联合国环境规划署2012年6月6日在北京发布全球环境展望报告中指出，当今世界仍沿着一条不可持续之路加速前行，用中国学者的话说，就是人类仍在继续沿着工业文明黑色发展道路加速前行。因此，从全球范围来看，“目前还没有一个国家真正迈入了‘绿色国家的门槛’”[③]，这是不可否认的客观事实。据报道，今年春季欧洲大面积雾霾污染重返欧洲蓝天，使巴黎咳嗽、伦敦窒息、布鲁塞尔得眼疾……这是今春西欧地区空气污染现状大致勾勒出的一幅形象的画面。这就意味着这些欧洲各城市又重新回到大气危机的黑色轨道上来了，因此，人们发出了西欧“霾害根除”还只是个传说之声。这的确是事实，欧洲遭遇空气污染已经不是新鲜事。2011年9月7日英国《卫报》网站曾报道，欧洲空气质量研究报告称空气污染导致欧洲每年有50万人提前死亡，全欧用于处理空气污染的费用高达每年7 900亿欧元。2014年11月19日西班牙《阿贝赛报》报道，欧洲环境署公布的空气质量年度报告显示空气污染问题造成欧洲每年大约45万人过早死亡，其中约有43万人的死因是生活在充满$PM_{2.5}$的环境中。2014年4月初，英国环境部门监测到伦敦空气污染达10级，是1952年以来最严重的污染，引发全国逾162万人哮喘病发[④]。近年来欧洲大面积雾霾污染事件，击碎了英国、法国、比利时等发达国家是“深绿发展水平国家”的神话。

（3）一个国家和民族或地区经济社会运行，从生态盈余走向生态赤字并不断扩大的发展道路，就是工业文明的黑色发展道路，其自然生态环境必然是不断恶化的，没有绿色发展可言。与此相反，从生态赤字逐步减少走向生态盈余的发展道路，就是迈向生态文明的绿色发展道路，其自然生态环境不断朝着和谐协调绿色发展的方向前行。因此，逐步实现生态赤字到生态盈余的根本转变，构成判断是不是绿色发展及一个国家和民族及地区是不是“绿色国家”的一个基础根据与根本标准。据此，抛弃工业文明黑色发展模式，坚定不移走绿色发展道路，其根本的、最终的目标与

① 保罗·替肯：《商业生态学》（中译本），上海：上海译文出版社，2001年版，第26页。
② 详见2012年7月28日《参考消息》，第7版。
③ 杨多费、高飞鹏：《绿色发展道路的理论解析》，载《科学管理研究》第24卷第5期，第20～23页。
④ 戴军：《英国：“霾害根除”还只是个传说》，2015年3月22日《光明日报》。

首要任务就是尽快扭转自然生态环境恶化趋势，实现生态赤字到生态盈余的根本转变，达到生态资本存量保持非减性并有所增殖，这是人类生态生存之基、绿色发展之源。

2．开创绿色经济发展新时代的绿色使命与历史任务

当今人类发展已经奏响绿色经济与绿色发展的新乐章。发展绿色经济、推进绿色发展是开创绿色经济发展新时代的绿色使命与历史任务，必将成为人类文明演进与经济社会发展的时代潮流。从全球范围来看，迄今为止，世界上还没有一个国家或地区真正是生态文明的绿色国家或绿色地区，中国也不例外。但是当今世界主要发达国家和发展中国家，已经奏响经济社会发展绿色低碳转型的主旋律，开始朝着建设绿色国家或地区，推进绿色发展的方向前行。在此我们要指出的是，发展绿色经济、推进绿色发展是世界各国的共同目标和绿色使命。2010 年美国学者范・琼斯出版的《绿领经济》一书谈到美国兴起的绿色浪潮时说："不管是蓝色旗帜下的民主党人还是红色旗帜下的共和党人，一夜之间都摇起了绿色的旗帜。"[①]奥巴马政府实行绿色新政，主打绿色大牌，实施绿色经济发展战略，其战略目标是要促进经济社会发展的绿色低碳转型，再造以美国为中心的国际政治经济秩序。以北欧为代表的部分国家如瑞典、丹麦等在实施绿色能源计划方面走在世界前列。日本推进以向低碳经济转型为核心的绿色发展战略总体规划，力图把日本打造成全球第一个绿色低碳国家。韩国制定和实施低碳绿色增进的经济振兴国家战略，使韩国跻身全球"绿色大国"之列。尤其是在绿色新政席卷全球时，不仅美国而且英、德、法等主要发达国家，都企图引领世界绿色潮流。这些事实充分表明发展绿色经济、推进绿色低碳转型、实现绿色发展，是世界发展的新未来、新道路，已成为 21 世纪人类文明进步和经济社会发展的主旋律即绿色发展主旋律，标志着当今人类发展已经开启了迈向绿色经济发展新时代的新航程。

然而，历史发展不是一条直线，而是螺旋式上升的曲线。当今人类历史仍处在资本主义文明及工业文明占主导地位的时代，主要资本主义国家仍有很强的调整生产关系、分配关系和社会关系的能力和活力。因此，主要资本主义国家尤其是西方发达资本主义国家，在工业文明基本框架内对生态环境与绿色经济的认识，制定和实行生态环境保护、治理与生态建设政策、措施和行动，并发展绿色经济，来调节、

---

① 范・琼斯：《绿领经济》（胡晓姣、罗俏鹃、贾西贝译），北京：中信出版社，2010 年版，第 55 页。

缓解资本主义生态经济社会矛盾，力图走出工业文明发展全面异化危机即黑色发展困境。但是，正如一些学者所指出的，“事实的真相”则是到目前为止，西方发达资本主义国家所实施的绿色经济发展战略和自然生态环境治理与修复的思路与方案，主要是在工业文明基本框架内进行①，仍然没有根本触动工业文明也无法超越现存资本主义文明的黑色经济社会体系。这主要表现在两个方面：一是西方发达资本主义国家对内实行绿色资本主义的发展路线。目前西方发达国家主要是在不根本触动资本主义文明及工业文明黑色经济体系与发展模式的前提下，通过单纯的技术路线来治理、修复、改善自然生态环境，寻求自然生态环境和资本主义协调发展，缓解人与自然的尖锐矛盾，并在对高度现代化的工业文明重新塑造的基础上走有限的“生态化或绿色化转型发展道路”，即绿色发展道路，实践已经论证，这是不可能走出工业文明黑色危机的。今春欧洲大面积雾霾污染重返欧洲蓝天就是有力佐证。二是目前西方发达资本主义国家对外实行生态帝国主义政策，主要有3种形式：资源掠夺、污染输出和生态战争，使发达资本主义大多数踏上了生态帝国主义黑色之路，使西方发达国家的黑色发展道路与模式所付出的高昂生态环境成本即发生巨大黑色成本由发展中国家为他们“买单”。因此，我们从现实中可以看到，绿色资本主义和生态帝国主义的路线与实践不仅可以成功地改善资本主义国家国内的自然生态环境，缓解甚至能够度过“生存危机”，而且可以“在承担着创造后工业文明时代资本主义的‘绿色经济增长’和‘绿色政治合法性’新机遇的使命。”②

当今人类虽然正在迎来生态文明即绿色文明的黎明，但人类文明发展却是在迂回曲折中前进的。自2008年国际金融危机之后，先是美国实行“再工业化战略”，推进“制造业回归”。随后欧洲发达国家纷纷宣称要“再工业化”，不仅把包括绿色能源战略在内的绿色经济发展战略纳入经济复苏的轨道，而且还针对经济虚拟化、产业空心化，试图通过实施“再工业化战略”和“回归实体经济”，重塑日益衰落的工业文明生态缺位的黑色经济，重新走上工业文明增长的经济发展道路。这是向高度现代化的工业文明发展的回归，阻碍着人类文明发展迈向生态文明绿色经济发展新时代。

按照生态马克思主义经济学哲学观点，在资本主义文明及工业文明框架的范围

---

① 张孝德：《生态文明模式：中国的使命与抉择》，载《人民论坛》2010年第1期，第24～27页。

② 郇庆治：《“包容互鉴”：全球视野下的“社会主义生态文明”》，载《当代世界与社会主义》2013年第2期，第14～22页。

内，是不可能从根本上走出工业文明发展全面异化危机即黑色危机的深渊。对此，连西方学者也认为：在资本主义文明及工业文明的“基本框架内对经济运行方式、政治体制、技术发展和价值观念所作的任何修补和完善，都只能暂时缓解人类的生存压力，而不可能从根本上解决困扰工业文明的生态危机。”[①]这就是说，绿色资本主义和生态帝国主义的推行会使全球自然生态、社会生态和人类生态的黑色危机越来越严重。这与20世纪90年代以来世界各国在工业文明框架内实施可持续发展一样，其结果是“20多年来的可持续发展，并没有有效遏制全球范围的环境与生态危机，危机反而越来越严重，越来越危及人类安全。”[②]因此，世界人民有理由把更多的目光集聚到社会主义中国，将开创工业文明黑色发展道路与模式转向生态文明绿色发展道路与模式，这一人类共同的绿色使命与历史任务寄托于中国建设社会主义生态文明。2011年在美国召开的生态文明国际论坛上有位美国学者说道：“所有迹象表明，美国政府依然将在错误的道路上越走越远。”“所有目光都聚到了中国。放眼全球，只有中国不仅可以，而且愿意在打破旧的发展模式、建立新的发展模式上有所作为。中国政府将生态文明纳入其发展指导原则中，这是实现生态经济所必需的，并使得其实现变为可能，是一个高瞻远瞩的规划。”[③]

3．中国在当今世界已经率先拉开超越工业文明的社会主义生态文明绿色经济发展新时代的序幕，引领全人类朝着生态文明绿色经济形态与绿色发展模式的方向发展

我国改革开放以来，始终坚持保护环境和节约资源的基本国策，实施可持续发展战略，一些省市和地区实行“生态立省（市）、环境优先、发展与环境、生态与经济双赢”的战略方针。从发展生态农业、生态工业到建设生态省、生态城市、生态乡村；从坚持走生产发展、生活富裕、生态良好的文明发展道路，建设资源节约型、环境友好型经济社会，到发展绿色经济、循环经济、低碳经济；从大力推进生态文明建设到着力推进绿色发展、循环发展、低碳发展等，都取得了明显进展和积极成效。特别是党的十八大确立了社会主义生态文明科学理论，提出和规定了建设

① 转引自杨通进：《现代文明的生态转向》，重庆：重庆出版社，2007年版，总序第4页。

② 胡鞍钢：《中国：创新绿色发展》，北京：中国人民大学出版社，2012年版，第9页。

③ 《第五届生态文明国际论坛会议论文集（中英文）》，April 28-29，2011，Claremont，CA，USA，Fifth International Forum on Ecological Civilization：toward an Ecological Economics。

中国特色社会主义的两个“五位一体”[①]：建设中国特色社会主义“五位一体”总体目标，使中国特色社会主义道路的基本内涵更加丰富；建设中国特色社会主义“五位一体”总体布局，使中国特色社会主义的基本纲领更加完善。这不仅是奏响我们党“领导人民建设社会主义生态文明”（新党章语）的新乐章，而且标志着全国人民踏上社会主义生态文明绿色发展道路的新征途。因此，党的十八大明确提出“努力建设美丽中国”是社会主义生态文明建设的战略目标，即建设美丽中国首先是建设绿色中国，其中心环节就是走出一条生态文明绿色经济发展道路，构建绿色经济形态与发展模式。据此而言，党的十八大向全党全国人民发出的“努力走向社会主义生态文明新时代”的伟大号召，意味着中国特色社会主义文明发展要努力迈向生态文明绿色经济与绿色发展新时代。为此，《中共中央 国务院关于加快推进生态文明建设的意见》中又提出把经济社会绿色化作为生态文明建设与绿色发展的核心内容与基本途径，从而在当今世界率先开拓了从工业文明黑色发展道路与模式转向生态文明绿色发展道路与模式，使当下中国朝着生态文明绿色经济形态与发展模式的方向发展，努力成为成功走出工业文明的新型工业化道路、真正进入生态文明的绿色化发展道路的榜样国家。

当然，当今中国的客观现实还是一个加速实现工业化的发展中国家，刚走过发达国家100多年所走过的工业文明发展历程，成为以工业文明为主导形态的工业大国。在这几十年间，中国工业化、现代化道路的探索，尽管在一定程度上符合中国国情和实际情况，但仍然走的是工业文明黑色发展与黑色崛起道路，它在本质上是沿袭了西方发达资本主义文明所走过的高碳高熵高代价的工业文明——“先污染后治理、边污染边治理”的黑色发展道路。因此，我们“不得不承认，我们原先走在黑色发展和崛起的征途上，所以尽管我们即使按西方工业文明的标准未达到发展与崛起的程度，但是黑色发展和崛起的一切代价和后果我们都已尝到了。”[②]历史经验教训值得重视，党的十八大之前的20多年里，我们在没有根本触动刚刚形成的工业文明经济社会形态前提下，换言之，在工业文明基本框架内实施可持续发展战略、生态环境治理与修复，建设生态省市，走文明发展道路以及发展绿色经济等，是不可能有效遏制、克服工业文明黑色发展道路与模式的黑色效应，工业文明发展异化

① 刘思华：《生态马克思主义经济学原理》（修订版），北京：人民出版社，2014年版，第561～566页。

② 陈学明：《生态文明论》，重庆：重庆出版社，2008年版，第22页。

危机即黑色危机反而日益严重。它突出体现在 3 个方面[1]：一是当下中国自然生态恶化状况从总体上看，范围在扩大、程度在加深、危害在加重；二是城乡地区差距不断扩大、分配不公与物质财富占有的贫富悬殊已成常态；三是平民百姓生活质量相对变差等社会生态恶化，公众健康相对变差的国民人体生态恶化等，使得生态经济社会矛盾不断积累与日益突出甚至不同程度的激化，已成为建设美丽中国、全面建成小康社会的重大“瓶颈”，是实现绿色中国梦的最大桎梏。因此，我们必须正视当下中国“自然、人、社会”复合生态系统的客观现实，深刻认识与正确把握当今中国从工业文明黑色发展道路向生态文明绿色发展道路的全面转轨，从工业文明黑色发展模式向生态文明绿色发展模式的全面转型的必要性、迫切性、重要性与艰巨性。事实上，近年来，我国学术界有人为了所谓填补研究空白、标新立异，制造一些伪绿色发展论，不仅把西方主要发达国家说成是“深绿色发展国家”，掩盖当今资本主义国家工业文明发展全面恶化危机即黑色危机的客观现实；而且把处于“十面霾伏”的雾霾污染重灾区的京津冀、长三角、珠三角的一些城市界定为“高绿色城镇化”，这完全不符合客观事实的假命题，否定不了当下中国及城市自然生态危机仍在加深的严峻事实，动摇不了我国以壮士断腕的决心和信心，打好大气、水体、土壤污染的攻坚战和持久战。

所谓攻坚战和持久战，就在于当前国内外事实表明，大气、水体、土壤污染治理与修复已成为世界性的难题。而当今中国大气、水体、土壤污染日益严重，应当说是长期中国工业化、城市化黑色发展积累的必然恶果，是中国工业文明黑色发展道路与模式对自然生态损害的直观展示，是对中国过去 GDP 至上主义发展的严厉惩罚及严重警示。改革开放 30 多年，中国经济发展规模迅速扩大，快速成长为工业文明经济大国，这是世所罕见的。然而，它所付出的自然生态环境代价也是世所罕见的。当今世界上很少有国家像中国这样，以如此之高的激情加速折旧自己的生态环境未来，已经是世界头号污染排放大国，正如国内外学者所指出的，中国已经成为世界上最大的“黑猫”，“全球最大的生态‘负债国’”[2]。目前中国生态足迹是生物承载力的两倍，生态系统整体生态服务功能不断退化，生态赤字还在扩大。中

① 刘思华：《论新型工业化、城镇化道路的生态化转型发展》，载《毛泽东邓小平理论研究》2013 年第 7 期，第 8～13 页。

② 卢映西：《出口导向型发展战略已不可持续——全球经济危机背景下的理论反思》，载《海派经济学》2009 年第 26 辑，第 81 页。

国生态系统的生态负荷已达到临界状态，一些资源与环境容量已达支撑极限，经济社会发展是依靠“环境透支”与“生态赤字”来维持。因而，生态赤字不断扩大，生态（包括资源环境）承载力日益下降，在大中城市尤其是大城市十分突出，如上海市人均生态足迹是人均生态承载力的46倍，广州市为31倍，北京市为26倍。在存在生态赤字的国家中，日本是8倍，其他国家均在2～3倍，中国大城市特大城市普遍存在巨大的生态赤字，都面临比其他国家更为严峻的自然生态危机[①]。由此要进一步指出，目前全国600多个大中城市，特别是大城市，其高速发展不仅正在遭遇各种环境污染，如水、土、气三大污染之困，而且正在遭遇“垃圾围城”之痛，有2/3的城市陷入垃圾的包围之中，有1/4的城市已没有适合场所堆放垃圾，从而加剧了城市生态系统的黑色危机。近日有学者发文认为，“中国城镇化离绿色发展要求的内涵、绿色发展的模式相去甚远”，“中国的绿色发展目标尚未实现”[②]。这就是说，迄今为止，我国还没有一个大中城市真正走入按照社会主义生态文明的本质属性与实践指向所要求的生态文明绿色城市的门槛，这是不容争辩的客观事实。

综上所述，无论当今世界还是今日中国，生态足迹不断增加，生态赤字日益扩大，这是自然生态危机的核心问题与根本表现。而当下中国各类环境污染呈现高发态势，已成民生之患、民心之痛、发展之殇；生态赤字与生态资本短缺仍在加重，使我国进入生态“还债”高发期，良好的自然生态环境已经成为最为短缺的生活要素、生产要素及生存发展要素。这就决定了生态环境问题是严重制约中国生态经济社会有机整体、全面和谐协调可持续发展的最短板，是建设美丽中国、实现绿色中国梦的最大阻碍，是中国绿色发展与绿色崛起面临的最大挑战与绿色压力。因此，我们要直面这一严峻现实，必须也应当摆脱与摒弃过去所走过的工业文明高碳高熵高代价的黑色发展道路，与工业文明黑色发展模式彻底决裂，积极探索生态文明低碳低熵低代价的绿色发展道路及发展模式，使中国特色社会主义文明发展尽早实现从工业文明黑色发展道路与模式向生态文明绿色发展道路与模式的根本转变，成功地建成生态文明绿色强国。

---

① 齐明珠、李月：《北京市城市发展与生态赤字的国内外比较研究》，载《北京社会科学》2013年第3期，第128～134页。

② 庄贵阳、谢海生：《破解资源环境约束的城镇化转型路径研究》，载《中国地质大学学报（社科版）》2015年第2期，第1～10页。

五、关于“绿色经济与绿色发展丛书”的几点说明

“绿色经济与绿色发展丛书”是目前世界和中国规模最大的绿色社会科学研究与出版工程，覆盖数10个社会科学和自然科学，是现代经济理论与发展思想学科群绿色化的开篇，故不得不说明几点：

(1)“丛书”站在中国特色社会主义文明从工业文明走向生态文明的文明形态创新、经济社会形态创新、经济发展模式及发展方式创新的新高度，不仅探讨了中国社会主义经济的发展道路、发展战略、发展模式和发展体制机制等生态变革与绿色创新转型即生态化、绿色化发展，而且提出了从国民经济各部门、各行业到经济社会发展各领域等方面，都要朝着生态化、绿色化方向发展。为建设社会主义生态文明和美丽中国，实现把我国建成绿色经济富国、绿色发展强国的绿色中国梦，提供新的科学依据、理论基础和实践框架及路径。

(2)“丛书”力争出版45部，涉及学科很多、内容广泛，理论与实践问题研究较多，大致可以归纳为4个方面：一是深化生态文明和绿色经济与绿色发展的马克思主义基础理论研究；二是若干重大宏观绿色化问题研究；三是主要领域、重要产业与行业发展绿色化问题研究；四是微观绿色化问题研究。因此，整部“丛书”是以建设生态文明为价值取向，以发展绿色经济为主题，以推进绿色发展为主线，比较全面、系统地探讨生态经济社会及各领域、国民经济各部门、各行业与其微观基础的绿色经济与绿色发展理论和实践问题；向世界发出“中国声音”，展示中国的绿色经济发展理论与实践的双重探索与双重创新。

(3)“丛书”是新兴、交叉学科群绿色化多卷本著作，必然涉及整个经济理论与发展学说和马克思主义的基本原理与重要的基本理论问题，并涉及众多的非常重要的现实的前沿话题，难度很大，有些认识还只能是理论的假设与推理，而作者和主编的多学科知识和理论水平又很有限，因而“丛书”作为学科群绿色化的开篇，很难说是一个十分让人满意的开头，只能是给读者和研究者提供一个学术平台继续深入探讨，共同迎接绿色经济理论与绿色发展学说的繁荣与发展。

(4)“丛书”把西方世界最早研究生态文明的专家——美国的罗伊·莫里森所著的《生态民主》译成中文出版。《生态民主》一书于1995年出版英文版，至今已有20年了，中国学界和出版界却无人做这项引进工作，出版中译本。近几年来，在我国研究生态文明的热潮中，很多论文和著作都提到《生态民主》一书，尤其我

国权威媒体记者多次采访莫里森，使这本书在中国有较大影响。然而，众多研究者介绍本书时都没有具体内容，既没有看英文版原版，又无中译本可读，只是相互转抄、添油加醋，就产生了一些学术误传，不利于正确认识世界生态文明思想发展史，更不能正确认识中国马克思主义生态文明理论发展史。因此，笔者下决心请刘仁胜博士译成中文，由中国环境出版社出版，与中国学者见面。在此，我要强调指出的是莫里森先生所写中译本序言和该书一些基本观点，并不代表我作为“丛书”主编的观点，我们出版中译本是表明学术思想的开放性、包容性，为中国学者深入研究生态文明提供思想资料与学术空间，推动社会主义生态文明理论与实践研究不断创新发展。

（5）“丛书”的作者们在梳理前人和他人一些与本领域有关的思想材料、引用观点时，都尽可能将原文在脚注和参考文献中一一列出，也有可能被遗漏，在此深表歉意，请原著者见谅。在此，我们还要指出的是，“丛书”是“十二五”国家重点图书出版规划项目，多数书稿经历了四五年时间才完稿，有的书稿所引用的观点和材料是符合当时实际的。党的十八大后，党和政府对市场经济发展进程中出现的某些经济社会问题，认真地进行治理并有所好转，但在出版时对书稿中过去的材料未作改动，把它作为历史记录保留在书中，特此说明。总之，“丛书”值得商榷之处一定不少，缺点甚至错误在所难免，故热切盼望得到专家指教和广大读者指正。

刘思华

2015 年 7 月

目 录

Contents

第 1 章

绿色信贷概述

社会和经济的发展离不开人类赖以生存的自然环境。在物质财富极大丰富、科技进步日新月异的今天，人类生活的环境却每况愈下。资源的枯竭、环境的恶化不仅直接影响经济的可持续发展和人类生活的质量，甚至威胁人类的生存，发展绿色经济、建设生态文明成为当今世界普遍关注的问题。

金融是现代经济的核心，在市场经济条件下，金融业掌握着巨大的经济资源，对推动环境保护、转变经济发展方式发挥着重要作用。从国际经验来看，绿色信贷是商业银行面对环境危机和风险所作出的战略调整和基于应对环境风险所产生的一系列新的业务流程和管理系统。绿色信贷政策作为一种重要的经济手段，是国际上通用的一项市场化环保措施。发达国家实行绿色信贷的经济政策，是实行绿色资本主义路线的一个重要经济机制与政策，是在不根本触动资本主义文明及工业文明前提下的技术修正。

我国绿色信贷实践的明确提出始于 2007 年，在不断吸收国际成熟经验的基础上，绿色信贷制度规则和操作流程逐步完善。当前是中国经济结构性调整和转型的关键时期，绿色信贷政策在加快企业技术升级改造、促进产业结构调整等方面将发挥更大作用，同时也是构建环境友好型和资源节约型社会、实现绿色发展的重要市场手段。

1.1 绿色信贷的内涵

1.1.1 绿色信贷的界定

关于绿色信贷，国际和国内均没有一个权威定义。实际上，在国外并没有“绿色信贷”一词，在相关研究中，主要集中于金融业与绿色发展的关系问题，如绿色金融（sustainable finance）、环境金融（environmental finance）、环境风险管理（environment risk management，ERM）和企业社会责任（corporate social responsibility，CSR）。国际上对绿色信贷的界定一般以“赤道原则”（equator principles，EP）为标准，也称为国际绿色信贷政策，即在向一个项目投资时，对该项目可能产生的环境和社会影响进行综合评估，并且利用金融杠杆促进该项目在环境保护和社会和谐发展中发挥积极的作用。随着绿色信贷在我国的开展，越来越多的商业银行开始意识到环境因素在战略发展和融资服务领域中占有日益重要的地位，银行作为特殊的社会企业，不仅应通过利益传导机制承担环境责任，还应承担更为广泛的社会责任。由此可见，当前中国的绿色信贷，与国际社会中被广泛认同的“绿色金融”“环境金融”“银行业社会环境责任”等在本质上具有相当的一致性，虽然后者关注的内涵更加丰富和完整，但两者都是国家通过恰当的规制性政策和监管性措施引导银行等金融机构自愿承担和履行更多社会环境责任的具体体现。

在国内，“绿色信贷”并未被法律法规或其他官方途径正式定义，它通常以“节能减排授信”出现在官方文件上，直到2012年2月中国银监会颁布的《绿色信贷指引》中，“绿色信贷”一词才第一次出现在中国官方文件中，但也没有给出明确的定义。因此，一直以来如何理解和界定绿色信贷存在着一定争议。

在当前的理论研究和实践中，一般认为绿色信贷的内涵有广义和狭义之分，狭义的绿色信贷仅仅是指一种商业银行的信贷经营行为，而广义的绿色信贷是指国家相关部门和银行业联合限制、阻断企业危害环境的行为，鼓励、发展企业环境友好行为，促进节能减排、降低金融风险的重要经济手段。因此，广义的绿色信贷应包括两个层面的含义：一是国家政策层面，政府通过政策激励引导商业银行在信贷经营中承担相应的社会环境责任；二是商业银行自身经营管理层面，培育和支持资源节约型、环境友好型企业成长和发展，对污染性或存在环境问题的企业和项目的投资贷款和流动资金等进行资金限制。

1.1.1.1 基于国家政策层面的绿色信贷内涵

基于国家政策层面的绿色信贷是指国家通过调控商业银行信贷行为来达到环境保护目标的一项环境经济政策，通常我们也将其称为绿色信贷政策，属于国家宏观调控的范畴。其基本政策手段包括：强化商业银行的环境法律责任，央行、银监会、环保部等部门对积极实施绿色信贷的银行进行奖励或资源支持，推出限制贷款行业名录，制定有利于环保产业的税收或者补贴政策等。

我国在绿色信贷政策建设方面，虽然起步较晚，但在较短的时间内迅速向国际通行惯例接轨，取得了阶段性成绩。1996 年 3 月，我国政府在"九五"发展计划和 2010 年远景目标纲要中，确立绿色发展为我国的基本国策。2007 年 7 月出台的《关于落实环境保护政策法规　防范信贷风险的意见》（以下简称《意见》）被普遍认为是以信贷手段来遏制高能耗、高污染产业盲目扩张的一个重要制度和创新，是我国现阶段绿色信贷政策的基础性文件。它引入了"赤道原则"的一些理念，建立了我国绿色信贷的基础。自《意见》发布以来，环保部门、人民银行和银监会等各级机构积极配合，研究制定了一些部门性和地方性的绿色信贷政策，对控制高能耗、高污染行业的信贷投放、信贷管理做出了具体规定。2012 年 2 月，银监会出台《绿色信贷指引》，指导并督促银行业金融机构严格落实国家产业政策和环保政策，严把支持节能减排和淘汰落后产能的信贷关口，使绿色信贷的实施开始由政策层面逐步向操作层面推进。

1.1.1.2 基于商业银行层面的绿色信贷内涵

基于商业银行层面的绿色信贷，是指商业银行和政策性银行等金融机构依据国家环境经济政策和产业政策，对节能减排和生态环保项目予以金融支持，支持发展低碳经济，开发多种形式的低碳金融创新产品，引导资金和贷款流入可促进国家环保事业的企业和机构，实现资金的"绿色配置"。具体而言，商业银行绿色信贷的核心内容包括：①制定恰当的信贷规则和手段（包括贷款品种、期限、利率和额度），支持环保和节能项目或企业；②对违反环保和节能等相关法律法规的项目或企业采取停贷、缓贷，甚至收回贷款等信贷处罚措施；③银行运用信贷手段，引导和督促借款人防范环境风险，履行社会责任，并以此降低信贷风险。为了实现绿色信贷的核心内容，在信贷审核中商业银行应将环境风险纳入其信贷审核标准和程序，并在其信贷战略分析中纳入环境机遇分析。

这两个层面的绿色信贷内涵是相互影响、相互促进的。如果没有国家相关的绿色信贷政策作引导，银行就没有动力建立绿色信贷管理体系；国家绿色信贷政策绩效的体现，则要依赖于银行绿色信贷的有效执行。实行绿色信贷政策，将环境信息与金融部门共享，实现环境保护与金融信贷的联动，有助于金融机构充分了解企业环境信息，从而及时准确地对企业环境风险做出正确判断，将环境政策作为新增客户信贷投放的前提条件，严控信贷“闸门”，有效防范环境风险。随着国家对绿色信贷政策的进一步推动，在规避信贷风险的同时，商业银行也逐渐意识到这一政策给它们带来的全新机遇，通过开发各种创新性的金融产品，实现履行环境责任和企业盈利的“双赢”。

因此，本书所界定的绿色信贷，是指政府相关部门和银行业金融机构为促进经济社会全面协调绿色发展，围绕节能减排、环境保护和社会进步，规避金融风险所做出的相关制度安排、信贷活动和金融服务。

1.1.2　绿色金融、碳金融及绿色信贷的辨析

从世界范围来看，环境污染、资源耗竭、生态失衡等环境问题已经上升为全球性的经济政治问题，关乎人类生存与社会发展。加强环境保护、实现经济社会的绿色发展已成为各国共识。为缓解环境问题和应对气候变化，一些国际组织、政府部门和学术机构探索着各种路径，以实现人类绿色发展。在国内外众多相关研究中，经常能看见的是绿色金融、碳金融、环境金融、绿色信贷等概念，对于这些含义相近、相互联系但又有所区别的概念，目前学术界并没有给出明确的界定，容易引起混淆，因此我们有必要对这些概念进行对比分析，以助于人们更清晰地认识绿色信贷的内涵和外延。

在绿色金融、碳金融及绿色信贷这 3 个概念中，内涵范围最大、最为宏观的概念是“绿色金融”一词。绿色金融，也称环境金融，起源于人们对于环境与人类和谐共存、绿色发展的认识。1987 年，世界环境与发展委员会在《我们共同的未来》报告中，提出了“绿色发展”的概念，1992 年，联合国环境与发展大会通过了《里约环境与发展宣言》和《21 世纪议程》两个文件，在签署《联合国气候变化框架公约》和《生物多样化公约》之后，环境保护和减排逐渐成为了世界各国关注的焦

点，绿色金融理念得以较快推广。1997 年，《京都议定书》的签订进一步推动了绿色金融的研究和发展。对于绿色金融的概念，金融界和环境保护界等运用各自的语言、体系和方法予以界定，但至今没有形成完全统一的认识。国外观点主要包括：绿色金融是寻求环境保护路径的金融创新，是金融业和环境产业的桥梁；绿色金融主要是探讨发展绿色经济资金融通问题，是绿色经济和金融学的交叉学科；绿色金融是以市场为研究基础，是提高环境质量、转移环境风险的金融工具等。国内的研究则起步较晚，对绿色金融的认识基本还处于消化吸收和借鉴国外经验的阶段。尽管学者们对绿色金融的概念提出了不同的看法，但其核心并没有偏离环境保护和绿色发展理念。概括而言，绿色金融就是通过最优金融工具和金融产品组合解决全球环境污染和气候变化问题，实现经济、社会、环境的绿色发展。它既包含了国家利用经济金融手段保护环境的一系列政策措施，也包含了金融业自身的一系列行为准则，还包含了不断创新的绿色金融产品和工具，如绿色信贷、绿色保险、绿色证券、绿色基金、社会责任投资、环境证券化、碳金融等。绿色金融是现代金融发展的一个重要趋势，也是对传统金融的延伸和扩展。这一概念的提出，为 21 世纪金融业的发展提供了竞争的制高点。从金融活动过程来看，它和传统金融是一致的。然而绿色金融更强调维护人类社会的长期利益及长远发展，它把经济发展和环境保护协调起来，减轻了传统金融业的片面追求利益最大化的负面效应，促进了经济健康有序发展。

绿色信贷是包含在绿色金融当中的一部分，它是特指政府和银行业金融机构为促进经济社会全面协调绿色发展，围绕节能减排、环境保护和社会进步，所做出的相关制度安排和信贷活动，既包括对从事循环经济生产、绿色制造、生态农业、环保治污和新能源开发的企业或机构提供资金扶持，也包括对污染性或存在环境问题的企业和项目的投资贷款和流动资金等进行资金限制。由于我国金融体系的特殊性，以商业银行为主体和以间接融资为主，企业的资金需求主要依赖于银行体系的供给，国家的宏观经济政策往往也会通过商业银行的业务运营予以贯彻，因此，目前绿色信贷在我国承载了主要的绿色金融功能，国内关于绿色金融工具的理论成果也主要集中在绿色信贷研究上。国际上，通常认为绿色信贷源于“赤道原则”，它是一套全球银行通行的自愿性原则，要求金融机构在项目融资中审慎考虑环境和社会风险，强调环境、社会和企业发展的和谐统一，推动商业银行从早期的“股东利益最大化”向“充分考虑多元利益主体诉求”的新阶段发展。由此可见，绿色信贷是绿色金融的有机组成部分，也是较早进行的绿色金融实践，随着国际上对绿色金融、绿色发展理念的深入认识，发达国家全方位地构建绿色金融体系，创新金融产品，对市场行为、行政力量、环境资源、金融机构等进行有效的整合，这些都值得我国借鉴。

另一个在内涵上相近的概念是“碳金融”，它是指金融支持低碳经济发展并服务于限制温室气体排放的一切活动，这是现代金融根据环境金融延伸出来的最新提法与发展方向。2003 年，英国政府在其能源白皮书中首次提出了“低碳经济”的概念，加上《京都议定书》中市场机制的设计使原本是免费的环境资源的“温室气体减排量”商品化，从环境金融应对气候变化方面延伸出的“碳金融”概念便应运而生，并得到众多学者的广泛关注。

一般来讲，碳金融是指建立在《京都议定书》框架下的、为温室气体减排项目提供资金支持的机制（Meijer et al.，2006）①，这是一个比较广泛、抽象的概念。世界银行对碳金融概念的界定相对狭隘，认为碳金融是提供给温室气体减排量购买者的资源。近年来国外一些研究对碳金融的内涵进行了梳理和拓展，认为碳金融是环境金融的一个分支，探讨与碳排放限制下有关的财务风险和机会，提供和应用市场机制转移环境风险和促进环境目标的实现。当前，作为环境金融比较新兴和活跃的一个分支，人们对碳金融的内涵认识比较深入清晰。总的来讲，碳金融包括广义和狭义的内涵，广义的碳金融是旨在减少温室气体排放及转移碳交易风险的各种金融制度安排和金融交易活动的统称，既包括碳排放权及其衍生品的交易、低碳项目开发的投融资，也包括碳保险、碳基金和其他相关金融中介活动及碳交易币种的确定等制度安排；其狭义内涵仅指碳交易。碳金融的特殊性在于，它以碳排放量的交易为核心，不仅具备在交易中形成的商品属性，而且随着在商品市场中的流通使其逐渐由商品属性向金融属性过渡，其实质上是“碳交易+金融”属性。碳排放权具有准金融属性，而且可以进一步衍生为具有投资价值的金融资产，通过对碳金融收益的追逐可以带来产业结构的升级和经济增长方式的转变，因此，碳金融是社会属性、商品属性和金融属性的特殊集合体，成为一个相对独立的领域。

通过以上对比分析，我们可以看到，绿色金融或者环境金融的概念是最早出现的，源于为了降低经济发展过程中日益严重的环境问题对人类生存的负面影响，人

① Meijer et al.，“Metacognitive Activities in Text-Studying and Problem-Solving: Development of a Taxonomy”，*Educational Research and Evaluation*，2006，Vol. 12，No. 3，pp. 209-237.

们试图从经济理论角度对环境问题进行思考。在实践的过程中，由于金融是现代经济的核心，人们发现在众多的经济手段中，金融手段是保护资源和环境行之有效的手段之一，从而产生了绿色信贷、碳金融等一系列国际准则下的绿色金融创新活动。它们都是绿色金融的有机组成部分，核心目标是相同的，但是关注的焦点和具体运作形式有很大差别，绿色信贷侧重于从商业银行角度对环境问题做出安排，而碳金融则以金融交易为切入点，侧重特定市场机制的完善和相关金融衍生品的创新。从两者的广义内涵来看，绿色信贷和碳金融在节能减排、生态环保项目融资等实践中也有重合的部分，并且由于目前我国尚无全国统一的碳交易市场，交易品种单一、规模较小，许多碳金融活动仍然主要依赖银行的绿色信贷业务，目前尚无法对两者进行严格区分。当然，无论绿色信贷还是碳金融，在我国都有巨大的发展空间，并将出现更多的绿色金融产品创新，共同推动我国绿色金融事业发展，真正构建起人与自然相互依存的和谐社会。

1.2 绿色信贷理论

国外绿色信贷的理论研究建立在商业银行经营与管理、绿色金融、环境金融等基础上，它们是对传统金融投资理论的批判性继承，因此，在深入研究绿色信贷相关问题之前，我们首先要对其形成的理论基础做一下回顾和梳理。

1.2.1 商业银行资产负债理论

绿色信贷是商业银行面对环境危机和风险所作出的战略调整和基于对环境风险和机遇所创新的一系列新的业务流程和管理系统。绿色信贷发展的理论基础之一就是商业银行资产负债理论。资产负债管理是商业银行为实现安全性、流动性和效益性“三性”统一的目标而采取的经营管理方法，随着银行实力和社会经济、金融、法律等经营环境的变化，资产负债管理理论和方法也在不断更新，绿色信贷的产生和发展恰恰顺应了经济形势的变化和商业银行发展的需要。

当前，各国商业银行普遍认同在其经营管理过程中必须遵循“安全性、流动性、效益性”的目标，这是银行资产负债管理理论的基础。但是这 3 个目标之间存在着一定的矛盾，资产负债理论随着这个矛盾的变化而不断发展。

20世纪60年代以前，商业银行所处的经营环境较为简单，一方面负债来源稳定，银行无法主动扩大资金来源，另一方面由于金融市场不发达，融资工具单一，间接融资是经济活动中最主要的融资方式，银行主要通过对资产规模结构和层次的管理来适当保持流动性，实现其经营管理目标，由此形成了资产管理理论。

20世纪60年代以后，经济金融环境发生了很大变化，单纯的资产管理理论对商业银行经营发展而言，就显得比较落后了。此时，在金融市场发展和金融创新的推动下，银行经营管理理论也发生了重大变革，负债管理理论取代了资产管理理论，成为指导商业银行经营的主流理论。该理论主张商业银行资产应该按照既定的目标增长，主要通过调整资产负债表中的负债方项目，通过在货币市场上的主动负债，或者购买资金来支持银行资产的扩张，实现银行的“三性”目标。负债管理理论改变了银行主要依赖较高水平的现金资产和出售短期证券来满足流动性和规模扩张的需要，而是主动对负债进行管理，根据资产发展的需要调整或组织负债，让负债适应或支持资产。负债管理使商业银行降低了流动性资产储备水平，提高了资产的盈利能力。但负债管理也增大了银行的经营风险和经营成本。

自20世纪70年代中期开始，由于市场利率大幅上升，负债管理在负债成本及经营风险上的压力越来越大，因此，一种更高层次的系统管理——资产负债综合管理占据了主导地位。资产负债管理理论吸收了前两种管理理论的合理内容，并对其进行深化和发展。该理论认为商业银行追求的目标是财富最大化，或者说预期净值最大化，而银行的净值是资产和负债的差额，因而，资产负债综合管理理论认为单靠资产管理或负债管理都难以达到流动性、安全性、效益性的最优均衡，只有兼顾银行的资产方和负债方，强调资产和负债两者之间的整体规划和协调搭配，通过资产结构和负债结构的共同调整以及协调统一管理，才能控制市场利率波动的风险，保持资产的流动性，实现利润最大化的经营目标。

在利率和经营活动自由化、金融创新不断涌现以及衍生交易增加的背景下，商业银行的经营风险大大增加，迫使银行必须采取更为全面的资产负债综合管理方法，提高风险管理技术，实现“三性”目标的最佳组合。《巴塞尔协议》和COSO委员会[①]《全面风险管理框架》的提出，更是为银行建立全面风险管理模式提供了指引和基础。正是在资产负债综合管理突出强调风险管理的理念下，随着人类对环

① COSO为美国全国反虚假财务报告委员会下属的发起人委员会，专门研究内部控制问题。

境问题的日益关注，人们认识到环境风险和市场风险、信用风险等一样会影响银行的经营目标，充分评估和审查企业的环境和社会信息是确保银行安全性和流动性的重要措施，由此诞生了国际公认的“赤道原则”，随之绿色信贷得以不断发展。可见，绿色信贷是商业银行资产负债管理理论的延伸，并非是脱离原有理论体系的探索，而是对原有理论的扩充和完善。并且在当前绿色发展理念共同认知的背景下，商业银行以环境和社会风险与机会作为切入点，更加注重环境风险因子的管理，将其纳入资产负债综合管理体系中，构建更加完备的商业银行资产负债管理理论和体系。

1.2.2 金融创新理论

1973 年“布雷顿森林体系”崩溃，西方主要国家相继取消外汇管制，逐步开始银行自由化改革，国际金融领域出现了金融创新浪潮，给国际银行业的经营与管理带来深刻影响。广义上的金融创新是一个连续不断的过程，金融领域为了适应社会、经济发展的需要，不断演进和发展，这一过程中的每一个环节都可看作是一种金融创新。目前我们通常所讲的金融创新，泛指 20 世纪 70 年代以来西方国家银行体系中出现的一系列新的金融资产形式、新的金融市场和新的支付转账媒介。这一时期，金融市场的扩张、金融服务需求的扩大与金融管理体制产生了冲突，金融创新活动开始快速增长，相应地，一些学者开始将创新理论应用到金融理论的研究中来，以解释金融创新的原因、机制和影响。到了 90 年代，金融创新理论基本形成了体系，成为金融研究的一个重要领域。

金融创新的主要原因是金融企业为了追求更大的利润，降低自身风险，满足市场对金融服务的新需求。社会财富的增长直接导致人们对新的金融产品和服务的需求，金融机构只有通过金融创新活动才能满足市场的新需求，进而才能参与分享社会财富增长带来的好处，实现利润的持续增长。还有观点认为金融创新是银行适应外部经营环境变化的结果，是银行依据外生变量的变化对经营管理内生变量的调整，也是对科技进步的积极吸收。但是这两种观点虽然说明了金融创新与经营环境变化之间存在的联系，但并不能有效解释为什么金融创新在特定年代更加活跃。因此第三种观点认为金融创新最主要的原因是金融组织规避管制的结果，当某一时期管制外的盈利机会足够大时，金融机构为了规避管制就会热衷于金融创新；当创新活动对金融体系的稳健性产生较大不利影响时，监管当局就会进一步严格管制，进而形成两者不断交替的一个相互推动过程。这一观点很好地解释了20世纪90年代以前的金融创新活动。

20世纪90年代末期以后，金融创新活动呈现出持续不断、逐步增强的趋势，创新的客体开始超越传统的货币、信用对象，越来越丰富，一些过去与金融活动无关的因素（如天气、污染等）逐步成为金融创新的考虑对象，绿色信贷即是商业银行应对环境风险与机遇的一种金融创新。尤其是2008年国际金融危机以来，人类越来越清晰地认识到工业文明所带来的黑色危机的严峻性，重大的变革与创新往往起源于巨大的危机，人类正面临着前所未有的绿色发展历史机遇，并给予全面生态变革与绿色转型的强大动力。这是危机创新时代，黑色发展危机逼进绿色创新发展。[①]绿色信贷正是应运而生的重大创新，是应对黑色危机、促进绿色经济与绿色发展的重要市场手段。

1.2.3 环境风险理论

维护经济与生态环境的和谐发展，改变以资源过度消耗和牺牲环境为代价的粗放型发展模式，转变经济发展方式已成为社会经济活动中的重要课题。与此同时，金融对生态环境保护和绿色经济的支持作用也成为理论和政策层面的关注焦点。对于我国以银行为主导的金融体系而言，绿色信贷也就合乎逻辑地成为金融支撑经济绿色发展的重要手段。但环境问题具有复杂性、动态性和广泛性等特征，商业银行在信贷活动中，不仅需要对企业或项目的环境影响进行评价，还需要构建银行环境风险管理基本框架。

商业银行自诞生之日起，就面临着各种风险，其必然要通过对风险进行分析、预测和控制来实现降低风险的目的。但是对于商业银行而言，长期以来环境风险问题一直被认为是企业面临的风险，与银行没有直接的相关性，因此，银行在决定任何一项贷款时，主要考虑企业经济效益因素，很少将环境风险因素考虑在内，一些严重污染企业由于其成本低而具有更好的经济效益成了一些银行的优质客户。但从

① 刘思华：《正确把握生态文明的绿色发展道路与模式的时代特征》，载《毛泽东邓小平理论研究》2015年第8期。

20世纪70年代以来，环境问题对银行信贷业务的影响开始凸显，很多银行因此遭受了巨额损失，商业银行为了保证信贷投资活动的效益和资金安全，对企业和项目的环境问题和环境风险进行评估是必然的战略选择。

商业银行环境风险是指企业及企业实施的项目中的污染行为导致严重的环境恶化、能源极度消耗，突破了环境的承载能力及公众对环境绿色发展的要求，进而给企业的资金供给者商业银行带来的风险。[①]它包括污染企业无力还贷的风险、银行承担污染连带责任的风险、第三方要求损害赔偿的法律风险、声誉风险和不适应新的环境要求而失去市场份额的风险。当前由于各种涉及环境问题的国际、国内法律法规和环境标准大量出台并且日趋严格，使企业的生产经营活动受到越来越多的环境监控与管制，从而使环境风险成为信贷活动中风险评估和风险管理的重要对象。环境风险管理（ERM）是商业银行对环境风险识别、评估、控制、转移和监控的过程，能够减少银行的不良资产，提高银行的经营效益。因此，环境风险管理已成为商业银行不可或缺的经营管理活动。

商业银行环境风险管理的基本动因一方面是企业恶劣的环境行为可能导致资金紧张、成本上升、法律诉讼以及声誉风险等，这些风险在一定程度上会转嫁给银行，导致贷款风险、投资风险和声誉受损的风险。另一方面银行间的竞争加剧促使其进行环境风险管理，以便获得新的机遇和竞争优势。除此以外，外部动因也在促使银行加强环境风险管理，如政府对环境法律与法规的不断强化，公众对绿色产品的需求以及非政府组织对环保的关注，国际规则、法规的压力等。在内因和外因的驱动下，目前世界上著名的大银行都建立了比较先进的环境风险管理系统。开发新的金融产品，把代际公平纳入其商业伦理中，关注银行自身的社会责任，特别是在实现以人为本的绿色发展中的社会责任，追求商业利益的同时，关注绿色发展的效果，从而促进整个社会、经济与自然环境的和谐发展，并实现银行自身的绿色发展，这是商业银行环境风险管理的演进路径，也是最终目的。

在商业银行环境风险管理方面，目前国际上已经形成了一套较为完整的理论体系，而且这一理论仍在实践中不断发展和完善。其中最为著名的是关于商业银行项目融资的环境风险管理体系——“赤道原则”，这也是世界各国银行在开展绿色信

① 陈伟光、卢丽红：《中国商业银行绿色信贷外部障碍与环境风险管理框架的构建》，载《广东金融学院学报》2010年第5期。

贷业务时所共同遵守的原则。

1.2.4 生态经济与绿色经济理论

生态经济学及绿色经济学是绿色信贷的理论基础，绿色信贷是其在金融领域上的延续和创新。很长一段时间，人们一直认为水、空气等环境资源取之不尽、用之不竭，视大自然为净化废弃物的场所，但是随着时间的推移，自然环境的恶化问题不断显现出来，资源环境的利用和保护越来越成为焦点。随着生态经济学研究的不断展开，许多学者提出在经济发展规划中要考虑生态因素，社会经济发展必须既能满足人类的基本需要，又不能超出环境负荷。超过了环境负荷，自然资源的再生增值能力和环境自净能力会受到破坏，引起严重的环境问题，社会经济也不能持续发展。

当今世界系统运行是依靠“环境透支”“生态赤字”来维持的，而且自然生态系统的生态赤字还在不断扩大。工业文明发展的辉煌成就的取得，都是以自然、人、社会的巨大损害为代价的，尤其是以毁灭自然生态环境为代价的。[①]尤其在20世纪后期人类连续遭受世界性的环境事件的危害，资源短缺、全球变暖、生态退化、荒漠化严重、人口剧增、失业、贫困、疾病、社会不公平等，引发了经济、政治和社会等各种错综复杂的矛盾，面对日益严峻的全球性问题，人们理性地提出了绿色发展的理论构想。

发展绿色经济、推进绿色发展，是世界各国的共同目标和绿色使命。然而，当前西方发达资本主义国家对内实行绿色资本主义的发展路线，是在不根本触动资本主义文明及工业文明黑色经济体系与发展模式的前提下，通过单纯的技术路线来治理、修复、改善自然生态环境，寻求自然生态环境和资本主义协调发展，缓解人与自然的尖锐矛盾，并在对高度现代化的工业文明重新塑造的基础上走有限的“生态化或绿色化转型发展道路”，即绿色发展道路，实践已经证明，这是不可能走出工业文明黑色危机的。[②]

① 刘思华：《正确把握生态文明的绿色发展道路与模式的时代特征》，载《毛泽东邓小平理论研究》2015年第8期。

② 刘思华：《正确把握生态文明的绿色发展道路与模式的时代特征》，载《毛泽东邓小平理论研究》2015年第8期。

改革开放以来，我国始终坚持保护环境和节约资源的基本国策，实施可持续发展战略。从发展生态农业、生态工业到建设生态省、生态城市、生态乡村，从坚持走生产发展、生活富裕、生态良好的文明发展道路，建设资源节约型、环境友好型经济社会，到发展绿色经济、循环经济、低碳经济，从大力推进生态文明建设到着力推进绿色发展、循环发展、低碳发展等，都取得了明显进展和积极成效。特别是党的十八大确立了社会主义生态文明科学理论，指出建设中国特色社会主义总布局是经济建设、政治建设、文化建设、社会建设、生态文明建设的五位一体。[①]

21 世纪是建设生态文明和发展绿色经济的新世纪，它的社会文明的主导形态是生态文明或绿色文明，主导经济形态是生态经济或绿色经济。[②]我国将经济社会绿色化作为生态文明建设与绿色发展的核心内容与基本途径，从而在当今世界率先开拓了从工业文明黑色发展道路与模式转向生态文明绿色发展道路与模式。

1.2.5 绿色金融理论

“绿色金融”又被称为“可持续金融”（sustainable finance），主要指从环境保护和绿色发展角度重新调整金融机构的经营理念、管理政策、产品创新和业务流程，从而实现金融机构自身效益、企业社会责任以及环境保护的“共赢”。

传统的效率市场理论认为，金融投资可以使市场达到资源配置的最优状态，但这种“最优”并非绿色发展的“最优”。一方面金融市场的价格信息没有反映环境成本，资源配置会因扭曲的价格导致失衡；另一方面金融市场的资源配置没有考虑代际公平原则。在绿色金融中，从金融和环境的关系入手，重新审视金融，将生态观念引入金融，改变过去高能耗、低产出、重数量、轻质量的金融增长方式，以形成有利于节约资源、降低消耗、增加效益、改善环境的金融增长模式。可见，这一理论是绿色发展理论在金融领域的延伸，是对其的进一步发展，它从金融机构角度，对绿色发展的路径进行了设计。金融是现代经济的核心，金融机构与绿色发展密切相关，通过金融机构的有效运作，可以大大提高环境保护的效率，从而推动整个社会的绿色发展。绿色金融是金融领域的创新，是传统金融意识和现代环保意识的融

① 刘思华：《生态马克思主义经济学（修订版）》，北京：人民出版社，2014 年版。

② 方时姣：《绿色经济思想的历史与现实纵深论》，载《马克思主义研究》2010 年第 6 期。

合。它依靠金融手段和金融创新影响企业的投资取向，进而影响经济取向。

绿色金融理论认为，发展绿色金融能够有效克服市场失灵和政府失灵问题。环境污染问题具有很强的负外部性，通过市场手段进行调节会出现失灵甚至无效的情况。而政府的介入往往以事后处罚为主，并因为地方保护主义、办事程序拖沓效率低等原因而导致政府失灵。绿色金融将环境风险纳入金融机构的风险管理当中，借助市场机制、政府管制、行业自律、社会监督等多重力量，既能解决市场失灵，又能规避政府失灵，推进经济的绿色可持续发展。

2000 年《美国传统词典》将绿色金融定义为环境经济的一部分，研究如何使用多样化的金融工具来保护环境、保护生物多样化。国外往往把碳金融作为绿色金融研究和实践的重点。1997 年《京都议定书》的签订为二氧化碳排放权的交易提供了可能性。2002 年 10 月，国际金融公司联系荷兰银行等 9 家商业银行制定了《环境与社会风险的项目融资指南》，即“赤道原则”，全球大型融资项目的 90%以上都遵循“赤道原则”。目前很多国际组织、政府部门、学术机构和金融机构都在对绿色金融理论进行深入研究或实践。综合来看，这方面的研究主要包括四类问题：识别环境风险和机遇、资产定价和审核、环境风险管理、金融工具创新。绿色金融的实践则主要集中在：一是通过监督金融机构注重环境问题来规避环境危机带来的金融风险；二是运用金融手段来达到保护环境的目的，金融机构在业务经营中注重将社会、环境价值等纳入公司治理目标。

由于我国资本市场和保险市场尚未充分发展，因此我国全面发展绿色金融理念必须以商业银行为主要载体，这意味着绿色信贷在我国绿色发展进程中将发挥不可替代的作用。在绿色信贷中，银行将环境因素视为一种可利用的资源，其社会职能就出现了演变，不仅是资金资源配置的中介，也成为风险资源和环境资源配置的主体，银行将从中获得新的机遇和竞争优势。商业银行对资金、风险、环境资源进行配置，有利于引导资金流向和公众投资行为，有利于社会环境和社会福利的改进，有利于绿色经济和生态经济的建设。

1.3 商业银行发展绿色信贷的动力机制分析

商业银行是一类以追求最大利润为目标，以经营金融资产和负债为对象的特殊企业，并以自身的经营成果对股东负责。商业银行开展绿色信贷业务，其首要的出发点是必须有利于自身的经济效益，在此基础上，实现企业、国家、社会和自然的和谐共赢。因此，我们有必要对商业银行发展绿色信贷的动力机制进行全面分析，以便更有效地推动我国商业银行绿色信贷的发展。

1.3.1 提升商业银行经营效益的需要

当前在世界范围内，传统商业银行业务受到强烈冲击，银行间的竞争日趋激烈，商业银行金融创新首要的出发点是提高银行的经营效益。绿色信贷作为一项金融创新，自 20 世纪 90 年代诞生以来，迅速在全球范围内推广，“赤道原则”成为大型商业银行普遍接受的经营准则，其内在机理在于这一创新不仅契合了绿色发展对商业银行的特殊要求，更在于绿色信贷使商业银行能够获得绿色经济所带来的商业价值和投资机遇，在内部管理、经营模式、金融产品和解决方案方面有所突破和创新，成为行业的领先者，获得竞争优势。

商业银行实行绿色信贷有助于扩大市场份额、增加利润、吸引顾客并获得顾客忠诚、提升品牌形象、巩固与外部利益相关者的合作关系、获得媒体的正面关注以及更多的经营许可等。实证研究也表明，环境绩效与财务绩效之间存在正相关关系，推行绿色信贷有助于银行提升经营绩效。一些研究也检验了企业环境管理投资与其金融利益相关者如银行、保险公司、投资者绩效之间的关系，发现企业的环境管理战略与企业绩效之间存在正相关关系。商业银行开展绿色信贷，可以降低不良贷款率，提高资产质量。由于国家对环境的治理与监管会越来越严格，商业银行信贷中的环境风险将进一步加大，而严格地实行绿色信贷则可以大大降低这种风险，从而提高资产质量。实行绿色信贷还可以帮助商业银行赢得社会赞誉，获得潜在收益。银行是经营信用的特殊企业，良好的社会声誉有助于银行获得公众信任。实施绿色信贷意味着商业银行对环境负责、对社会负责，这会使大众形成对银行的心理认同，进而较多地使用其服务。另外，从政府层面上讲，银行实行绿色信贷减轻了政府的社会治理成本，这自然会让银行得到政府显性或隐性的政策支持。

从长远角度考虑，节能环保行业对商业银行来说也是潜在的商机，绿色经济、循环经济、新能源、新材料等产业是目前的朝阳产业，银行在此领域的贷款投放将成为其参与同业竞争的巨大优势。如果将来绿色信贷成了行业的完全准则，则在一开始就实行绿色信贷的银行将具有先行者优势，其市场份额会处于领先地位。

1.3.2 推动绿色经济、促进绿色发展的客观需要

从世界范围来看，绿色信贷政策是推动绿色经济、促进绿色发展的客观需要，是政府解决环境问题的重要金融手段，是加快生态文明建设的一个重要途径，对于经济社会绿色发展具有重要的作用。

（1）绿色信贷可以有效抑制企业对环境的污染。绿色信贷旨在对那些污染环境的企业实施信贷控制，对严重污染环境的企业，银行甚至还可以采取相应的措施来收回已经发放的贷款，从资金源头上防制企业进行盲目投资和低水平的重复建设以及可能造成的环境污染。绿色信贷的有效实施，能够直接或间接截断“两高一剩”企业的资金链条，大大增加企业的融资成本，其效果就相当于对高耗能、高污染和产能过剩企业开征污染税，既惩罚了污染企业，有效限制了企业的污染行为，又不至于扭曲市场的资源配置效率。绿色信贷通过银行信贷严格控制对污染企业的资金投入，遏制其投资冲动和规模扩大，促使企业进行节能减排或将资金投入非污染行业中，使这些企业在防污治污上由被动变为主动，促进企业环境意识的觉醒或提高，增强企业的社会责任感，通过绿色创新，促进经济的结构调整和经济增长方式的转变。

（2）绿色信贷有助于引导金融资源实现更有效的配置。银行在配置与调控资源上具有独特的作用，实施绿色信贷，银行在管理项目融资上适用更为严格的评审标准与流程，可以依靠科学的筛选工具选择优质项目，决定了只有那些效益好、能效高、环境和社会风险能够得到控制的项目或企业才能获得融资支持，而限制了那些对环境和社会造成损害的项目或企业的发展，从而将金融资源引向那些有良好环境表现的企业或项目。

（3）绿色信贷有助于降低和缓释融资项目中的环境与社会风险。绿色信贷对融资项目有着较为严格的操作要求，银行通过履行审慎性的审核调查义务，可以更有效地评价、识别环境与社会风险；还可以帮助借款人解决项目存在的问题，减轻或缓释项目主体完善内部管理流程、提升管理环境和社会风险的能力，履行好社会和环境责任，从而使环境与社会绿色发展战略落到实处。

（4）绿色信贷所遵循的“赤道原则”有助于树立项目融资环境与社会的全球标准。“赤道原则”第一次把项目融资中模糊的环境和社会标准明确化和具体化，确

立了国际项目融资的环境与社会的最低行业标准，有利于形成良性循环，提升整个行业的道德水准。由于“赤道原则”的出现，使得采用此标准的银行可以在环境和社会问题上开展广泛和深入的合作。现在越来越多国家的金融机构宣布采用“赤道原则”，其中绝大多数都是各国金融行业的领先机构，这些机构已经意识到要成功融入国际项目融资市场，必须在环境评估和社会责任方面与主流金融机构达成一致。而商业银行环境与社会全球标准的建立，有利于推动其他领域环境和社会管理实践的发展，形成整个银行业的环保业绩溢出效应。最终通过发挥金融在和谐社会建设中的核心作用，使得人与自然、人与社会、人与人等达到真正的和谐，实现经济社会的绿色发展。

1.3.3 提高环境风险防范能力的需要

商业银行面临的风险种类繁多，并且随着社会的发展而不断发展。就目前来说，全面风险框架应包括信用风险、市场风险、操作风险、流动性风险，还应包括环境风险、法律和政策风险、声誉风险、政治风险等。长期以来，银行对信用风险更为重视，对其他风险关注较少，特别是环境风险通常被认为是企业面临的问题，没有引起银行业足够的重视。但随着现在各国对环境问题的日益关注，环境风险的级别越来越高，在项目融资中，如果环保有问题，该项目就有可能停建或永远取消，也就是实行“一票否决制”，否则可能给贷款银行造成重大损失，给银行声誉带来消极影响。

实践证明，环境破坏不仅直接增加了商业银行的经营风险，甚至可能危及商业银行的发展和生存。银行作为追求利润的企业，对环境保护事业的投入不能仅仅是出于对社会利益的考虑。事实上，银行自身的利益与环境保护紧密相关，信贷资产的环境风险是银行必须直面的问题。银行涉及的环境风险可能是直接的风险，即银行本身的行为会产生环境问题，如银行在经营场所造成的污染及清除的费用；也可能是间接的风险，即借款人或其投资行为会对环境和资源产生影响，从而累及金融机构，这种风险通常与由于不良贷款或投资行为不当引起的环境经济损失相关。银行需要承担客户因环境问题失去还贷能力、因客户的环境问题承担连带责任以及因客户的环境问题影响银行声誉等风险。在我国，一些地区建设项目和企业的环境违法现象较为突出，因污染企业关停带来的信贷风险加大，已严重影响了社会稳定和经济安全。因此，商业银行若不加强其环境风险管理，一旦给予贷款的企业发生污染事件，不但会影响商业银行的社会形象，而且将损及商业银行债权的收回。推行绿色信贷，把环境和社会责任标准融入商业银行的经营管理活动中，对环境和社会风险进行动态评估和监控，就为商业银行管理或转移环境风险提供了可行的路径，同时也可以有效避免政府、公众、非政府组织的反对，有利于降低政治风险。由此可见，商业银行开展绿色信贷，不仅仅是提高环境风险防范能力的需要，同时也有助于商业银行整体风险管理水平的提高。

1.3.4 履行社会责任的结果

企业社会责任是指企业在创造利润、对股东承担责任的同时，还要承担对消费者、员工、社区和环境等的责任，要求企业必须摒弃把利润作为唯一目标的传统理念，强调对人的价值的关注，强调对消费者、社会、环境的贡献。现在主流经济学的观点认为，企业社会责任最终将转化为企业的市场回报，因此可以看作是企业为将来所做的长期投资。商业银行社会责任是在企业社会责任理论基础上派生出来的概念，银行作为特殊的公众企业，既是现代经济的核心和枢纽，也是社会资源再分配的重要杠杆，其特殊的行业特征和在资源配置上的独特作用，决定了它对金融道德和金融伦理的更高要求，应把对经济、社会和环境的和谐统一追求纳入自身的发展目标中，这是金融企业社会责任的重要组成部分。

长期以来，我国金融界对企业社会责任和绿色金融了解不深、重视不够。其实，银行的社会责任不仅限于企业的盈利、纳税或慈善捐助，其核心应是通过提供专业的金融服务来实现环境保护、节能减排、改进并增加社会福利。因此，要把企业社会责任与绿色金融作为现代银行的核心理念与价值导向，充分考虑多元利益主体的诉求，调整那种单纯以追求股东利益最大化为目标的营运思路和模式，全面、切实地履行银行的社会责任。商业银行实行绿色信贷，遵守“赤道原则”，意味着在重大投资和贷款决策时充分评估社会和环境风险，将资源集中到可为社会进步和环境保护做出较大贡献的企业和项目，提高银行资产组合的质量；将节能、环保和社会责任纳入贷款的准入条件，可以通过资金配置的经济杠杆，将社会责任理念传递给企业，遏制高能耗、高污染企业的盲目扩张。银行通过绿色信贷能充分认识和把握绿色发展领域中的金融创新商机，积极开发能促进社会进步和环境保护的金融产品和服务，包括可再生能源、能源效率、清洁能源、生物多样性保护、小额信贷等，这些探索都将有利于国家环保政策的推行，促进社会福利和绿色发展。另外商业银行开展绿色信贷，在履行本企业社会责任的同时，还将有效提高银行的社会声誉，在长期内提升银行的竞争力。

1.3.5 增强国际竞争力的需要

当前绿色信贷已成为国际银行业的大趋势，只有顺应这一趋势，推行绿色信贷，履行社会责任，才能提升自身社会形象，才更容易取得国际社会和同业的认同。在国际金融业竞争日益加剧的今天，中国的商业银行要在激烈的国际市场中立于不败之地，必须尽快顺应这一潮流和趋势。中国银行业要想做大做强，必须将业务领域扩展到国际范围，与国际机构开展合作与竞争，而与他们对话的基础则是价值观上的认同感与制度规范层面的协调统一。我国银行业实施绿色信贷，对环境保护与节能减排做出承诺，能够彰显我国金融机构的素质与社会责任感已有了很大的提升，因而可能与国际银行平等地对话，中国的银行才可能去别的国家开展业务，国际金融机构才可能来华参与项目融资等经济活动。2002 年 IFC 与荷兰银行共同提出的“赤道原则”，是各国实行绿色信贷的基本框架。作为参与国际项目融资的准入门槛，采用“赤道原则”有助于扩大银行在项目融资市场上的份额，目前，国际主流银行基本都已加入“赤道原则”，该原则已成为国际银行间的公约，是国际项目融资在环境与社会方面的行业标准和行业规范，因此，加入“赤道原则”有利于银行融入国际金融市场，熟悉国际规范，参与国际项目融资，扩大银行的国际影响力，这是参与国际竞争的必要条件。

第 2 章

国际银行业绿色发展的社会和环境准则

随着全球经济活动的扩张，资源的浪费与枯竭、环境的破坏与恶化等问题日益凸显，直接关系着人类的生存与发展。当前在世界范围内，关注环境、提倡绿色发展已经成为共识，并上升为国家的发展战略，成为社会发展的大趋势，全球共同推动工业文明向生态文明转变，企业、社会和环境问题之间的互动随之越来越频繁。在此背景下，银行业也开始对自身的管理模式和经营理念进行深刻反思，逐渐认识到忽略或不履行环境与社会责任将会极大地增加它们的经营风险、法律风险和信誉风险，危及自身的长远发展。因此如何调整自身的业务发展和管理模式，适应当前经济、金融、社会发展趋势，是银行等金融机构需要解决的重大发展战略问题。

金融机构与社会绿色发展战略密切相关，国际上早已开展了相关实践，绿色金融成为国际金融业所倡导的共识理念，并形成了以“赤道原则”为核心的一系列国际准则。在我国，商业银行在金融资源配置中的核心地位更是要求其主动把对经济、社会和环境和谐统一的追求纳入自身的发展目标，推动与各利益相关方共同的绿色发展。我国商业银行开展绿色信贷的时间不长，整体水平较之发达国家还有一定差距，因此熟悉、了解、接受国际银行业绿色发展的社会和环境准则，自觉融入国际相关体系当中，汲取国外同行的先进经验，是摆在我国银行业面前的当务之急。适应国际惯例，积极学习、了解和接受相关准则，建立严格的履行环境和社会责任的绿色信贷标准与程序，降低融资的环境风险、社会风险，加大绿色信贷供给，不仅符合我国的长远国家利益，也有利于提高中资银行在国内外的品牌价值和社会声誉，有助于我国银行实现绿色发展的目标。

2.1 国际金融公司的社会和环境绩效标准

国际上通常认为，绿色信贷所依据的国际准则是赤道原则。赤道原则的诞生第一次把项目融资中模糊的环境和社会标准明确化、具体化，使整个银行业的环境与社会标准得到了基本统一，我国银行业在引入这一原则之后，绿色信贷理念才真正得以在全国范围内迅速推广，也可以说，绿色信贷是赤道原则的本土化。而在赤道原则的起草和实施过程中，国际金融公司一直起着主要作用，其社会和环境绩效标准就是设计赤道原则的蓝本。

2.1.1 国际金融公司概述

国际金融公司（IFC）是世界银行集团的成员组织，同时也是规模最大的、专门针对发展中国家私营部门的全球性发展机构，现有股东是 184 个成员国，公司政策由成员国共同决定。国际金融公司的成立可以追溯到 1951 年，美国一个发展政策咨询小组首先提出了建立附属于世界银行的公共金融机构，目的是鼓励发展中国家私营部门的投资和增长。1956 年公司章程正式起草，规定该机构的任务是通过鼓励成员国，特别是不发达地区私营企业的成长来促进私营部门的发展。当前，国际金融公司已在 100 多个发展中国家开展工作，其主要的宗旨是配合世界银行的业务活动，向成员国特别是其中的发展中国家的重点私人企业提供无须政府担保的贷款或投资，鼓励国际私人资本流向发展中国家，以推动这些国家的私人企业的成长，促进其经济发展。

虽然国际金融公司属于世界银行集团的正式成员，但其是一个独立的法人实体，有独立的业务范围、专业工作人员和金融资源。公司的组织机构与管理方法基本与世界银行相同，最高权力机构是理事会，由全体成员国组成，理事会的投票权取决于各成员国的股份，目前美国仍拥有超过 20%的最大份额投票权；理事会下设执行董事会，负责处理日常事务。公司的资金来源主要是会员缴纳的股金、从世界银行和其他来源借入的资金以及公司业务经营净收入。在资金运用方面，国际金融公司通过多种形式向发展中国家提供融资，比较典型的是 7～20 年不等的长期项目贷款，向金融机构和其他私营公司提供股权投资，为帮助客户获得其他长期资本和拓宽融资渠道而提供部分信贷担保。除此之外，国际金融公司还通过银团贷款鼓励私人投资，邀请商业银行在国际金融公司贷款的基础上提供债务融资，商业银行也因此而受益于国际金融公司作为优先债权人的地位。

经过半个多世纪的发展，国际金融公司已经成为当今唯一一个向私营部门融资的全球性国际金融组织。自 20 世纪 90 年代初以来，发展中国家的市场化改革带动了传统公共行业的广泛私有化，逐步减少对外国资本的限制，这些有力地推动了长期私营资本投资基础设施项目的增长，也推动了国际金融公司业务的快速发展，使之成为为发展中国家提供股本金和贷款最多的多边国际金融机构。这是由于国际金融公司本身兼具有 AAA 信用等级和国际组织的特殊地位，其参与的项目通常能增强各方，如外国投资者、当地合作伙伴、其他债权人和政府机构的信心，同时能够平衡各方利益，因此往往能够成功推动项目的实施。通常国际金融公司只承担项目投资总额中的部分融资，据统计，其每投资 1 美元，便能带来其他投资者和债权人 5 美元的投资。国际金融公司在对发展中国家的私营部门进行投资的过程中，与商业银行合作频繁，其内部的环境与社会政策框架，就成为众多商业银行普遍接受的准则。IFC 在引导商业银行健康发展、促进环境与社会的绿色发展方面，发挥着非常重要的作用。

2.1.2 国际金融公司环境和社会绿色发展政策和绩效标准

早在 1971 年，世界银行就聘请了首位环境专家，评估向发展中国家提供项目贷款的环境和社会风险，但是国际金融公司在这一问题上的实践开始较晚，作为全球最大的为发展中国家私营部门提供资金的多边金融机构。20 世纪 80 年代末以前，项目选择还主要参考技术标准和内部回报率，直到 90 年代初，国际金融公司才开始采用与世界银行类似的环境评估程序，聘请环境专家，监督尽职调查程序。这主要源于国际金融公司向发展中国家进行一些项目融资后，由于项目产生环境负面影响和引发社会问题而备受争议，来自政府、非政府组织和社会公众的压力迫使其采取必要的措施尽可能地避免由此引发的负面影响。1998 年，国际金融公司正式采用了世界银行《环境和社会保障政策》的大部分内容，用于设立九项主题政策，为内部人员提供了如何管理项目相关的环境和社会不利影响的指南，明确规定了 IFC

的所有项目融资均必须达到的最低环境和社会标准。2005 年国际金融公司对《环境和社会保障政策》进行了修订，公布了新的《环境和社会可持续性政策和绩效标准》（分为“政策”和“绩效标准”两个部分），这两个版本就是赤道原则及其修订版本的基础。

“政策”包括五部分：本政策的目的，国际金融公司的承诺，国际金融公司的职责和责任，与伙伴的合作，特定领域治理和披露动议。“政策”给出了 IFC 进行项目融资环境风险管理的基本框架，通过这一政策来兑现其对环境和社会绿色发展做出的承诺。通过遵守本政策，IFC 努力增强其行动和决策的可预测性、透明性和问责性；帮助客户管理它们的环境和社会风险与影响，并提高绩效；促进当地绿色发展。

在“政策”中 IFC 承诺其核心使命是努力以“不危害”人类或环境的方式来实施投资业务和咨询业务，增强私营部门及其所在市场的绿色性。IFC 承诺，要确保经济发展的代价不会不成比例地落在贫困或弱势群体身上，确保环境在发展过程中不会退化，并确保对可再生自然资源进行绿色化管理，尽量避免项目产生的环境负面影响，如无法避免，则应适当降低、减缓这些负面影响或对其进行赔偿。IFC 认识到，气候变化是一个严峻的全球性挑战，气候相关的影响可能阻碍经济和社会的健康及发展活动。因此，与私营部门和其他各方合作应对气候变化是 IFC 的战略优先事项。由于私营部门在减少温室气体（GHG）排放中的重要作用，IFC 将参与创新性投资和咨询服务，来支持企业的环境友好解决方案和商业机会。

国际金融公司承诺支持低碳经济的发展，通过使用和开发相关产品、工具、市场和咨询服务，以及在所支持的活动中采用适当的技术、过程和惯例，来实现这一目标。IFC 认识到生态系统服务的重要性以及它们在气候变化减缓和适应中的作用，承诺最大限度地降低商业活动对提供这些服务的地区所造成的影响。为履行其与气候有关的承诺，IFC 将基于其在能源效率、清洁生产、可再生能源和碳市场方面的经验，以及在开发温室气体核算和气候变化风险评估工具方面的经验，建立相应准则，以便客户在他们的投资决定中考虑与气候变化有关的风险和机遇。

为了实现其承诺，国际金融公司在“政策”中规定 IFC 的职责和责任是在各类投资活动中进行环境和社会尽职调查，在 IFC 的直接投资中，只资助那些预期能够达到“绩效标准”的投资活动。环境和社会尽职调查通常包括 4 个主要组成部分：①审查与经营活动的环境和社会风险有关的所有信息、记录和文件；②进行现场检查，并在适当情况下对利益相关者进行访谈；③根据“绩效标准”的要求以及《世界银行集团环境、健康和安全指南》的条款，参照国际上认可的其他做法，分析该经营活动的环境和社会绩效；四是若发现任何环境和社会问题，尽可能提出补充措施和行动，IFC 还规定这些补充措施和行动（环境和社会行动计划）是其投资的必要条件。

国际金融公司的大量项目融资是通过与各国金融中介机构合作而间接实施的，在这样的投资中，IFC 同样明确自身在其中的环境和社会责任。在与金融中介机构的合作中，IFC 支持银行和金融行业环境和社会风险管理能力的建设。通过环境和社会风险管理系统的开发和实施，以及通过金融中介机构内部对投资组合风险（包括环境和社会风险）日常管理能力的提高来实现其环境和社会风险水平的提升。环境和社会风险管理是金融中介机构所承担的责任之一。IFC 要求金融中介机构根据其活动的整体环境和社会风险以及单项交易的环境和社会风险，对整体投资组合进行管理，并对每项交易进行评估和监督。

国际金融公司实际上具有双重职能，既是提供项目融资的机构，也是一个国际金融组织，因此“政策”也体现了其作为国际金融组织的职能。IFC 作为世界银行集团面向私营部门的机构，与众多的公共和私营部门的利益相关者合作，促进有关发展中国家私营部门的绿色发展。IFC 的合作和交流职能主要包括：针对私营部门公司和金融机构的环境和社会风险及影响管理，设定标准并对在行业内设定统一标准的动议提供支持；识别并传播私营部门在金融、环境和社会绿色性领域的良好国际行业惯例；通过与中央银行和监管机构就建立有利于金融机构管理环境和社会风险的支持环境进行对话，并就环境和社会风险管理的收益与单个金融机构进行沟通，促进发展中国家绿色金融市场建设；在银团贷款及与其他金融机构的合资项目中的环境和社会问题上发挥主导作用，促进各参与机构间的协调与合作；在适当情况下，与世界银行和多边投资担保机构进行联络和协调，为公共部门提供咨询产品；在联合投资的情况下，通过与其他国际金融机构合作，对各自尽职调查的结果及对客户要求采取的环境和社会补充行动达成共识等。这些职能充分体现了 IFC 作为国际金融组织在环境与社会绿色发展领域所起到的重要作用。

国际金融公司除颁布了“政策”外，还建立了《绿色性框架》，这一框架进一步详细阐述了 IFC 致力于绿色发展的战略承诺，是公司风险管理不可或缺的一部分。《绿色性框架》包括《可持续性绩效标准》和《国际金融公司信息使用政策》，这一框架也成为赤道原则的主要基础之一。“绩效标准”描述了国际金融公司有关环境和社会绿色性的承诺、作用和责任。《国际金融公司信息使用政策》反映了公司致力于运营透明度和良性治理的承诺，并概述了公司有关其投资和顾问服务的机构性披露义务。

其中“绩效标准”的制定面向客户，为他们如何识别风险和影响提供指导，旨在帮助客户以绿色的经营方式避免、缓解、管理风险和影响，包括客户在项目活动中与利益相关者的沟通以及披露信息的义务。在直接投资（包括通过金融中介机构提供的项目和公司融资）的项目中，IFC 要求客户采用“绩效标准”来管理环境与社会风险和影响，从而增强发展机遇，“绩效标准”还可适用于其他金融机构。

在项目融资过程中，国际金融公司需要客户对项目的社会和环境风险进行管理，并负责审查拟进行的项目是否符合“绩效标准”的要求。“绩效标准”确立了在国际金融公司或其他金融机构进行的某一项投资周期内客户应达到的所有标准，它包括如下组成部分。

绩效标准 1：环境和社会风险与影响的评估和管理

绩效标准 2：劳工和工作条件

绩效标准 3：资源效率和污染防治

绩效标准 4：社区健康、安全和治安

绩效标准 5：土地征用和非自愿迁移

绩效标准 6：生物多样性保护和生物自然资源的绿色管理

绩效标准 7：土著居民

绩效标准 8：文化遗产

这些“绩效标准”对于帮助国际金融公司及其客户改善它们的环境和社会绩效至关重要。在每一个标准中均对目标和适用范围进行了说明，其后是具体要求，用来帮助客户在项目中避免相应的风险并最终实现目标。《绩效标准》为客户管理项目中的环境和社会风险、改善经营效果提供了一个世界范围内普遍接受的基本准则。绩效标准 1 确立了以下事项的重要性：①进行集中评估以识别项目的社会和环境风险、影响和机会；②通过披露与项目有关的信息以及与当地社区就直接影响它们的事项进行磋商，实现有效的社区交流；③客户在整个项目周期内始终对社会和环境绩效进行管理。第 2～8 项绩效标准确定了避免、降低、减缓对民众和环境影响或对该影响进行排查，以及在适当时改善条件的相关要求。尽管所有环境、社会风险和潜在影响都是应加以考虑的对象，但是，第 2～8 项绩效标准描述了需要在新兴市场中给予特别关注的潜在社会和环境影响，若预期存在社会或环境影响，则客户需要依据绩效标准 1 通过社会和环境管理系统对它们进行管理。除了满足“绩效标准”中的要求外，客户还必须遵守适用的国家法律。

2.2 赤道原则

2002 年提出的赤道原则，是用于评估、管理和发展与项目融资有关的环境和社会问题的一套自愿性原则，自提出之日起，迅速地被国际银行业广泛采用，成为国际项目融资中的行业标准和国际惯例，不仅促进了金融领域和银行业更加注重环境和社会管理实践的发展，提高了整个银行业环保业绩的溢出效应，更重要的是，以赤道原则为起点，绿色金融创新不断涌现，有力地推动了全球经济向低碳、生态经济转型。

2.2.1 赤道原则产生的背景

人类社会日新月异地向前发展，科技进步、物质丰富极大地满足了人类的需求，但是人类也面临着资源加速消耗、环境日益恶化、社会贫富差距不断加大、各种矛盾交织呼应的境况，甚至直接影响到人类社会的生存和发展。20 世纪 60 年代以来，环境问题逐渐引起世界各国的注意，许多国家开始制定各种法律法规来规范生产企业的环境行为，但这阶段采取的主要技术手段是“三废”物质的“末端治理”，不但费用高昂，而且效果不显著，环境问题并没有从根本上得到解决。70 年代后，环境问题继续恶化，许多国家把环境保护定为基本国策，环境污染的治理开始从“末端治理”向“全程控制”和“综合治理”方向发展。

80 年代末，随着全球性生态危机的到来，人类开始重新审视传统思维和价值观念，各国普遍认识到：人类社会要想生存下去，必须彻底改变传统的以消耗资源和破坏环境为代价的生产方式，走经济效益、社会效益和环境效益共赢的绿色发展道路。1987 年世界环境与发展委员会在《我们共同的未来》报告中正式提出了绿色发展理念，1992 年全球性的绿色发展纲领性文件《21 世纪议程》出台，这为金融业的健康发展带来了希望与曙光。由此可见，早在赤道原则诞生之前，无论是金融机构还是企业，都已经开始意识到了环境和社会风险将给自身经营带来的重要影响，开始关注绿色发展问题。由于商业银行自身在经济体系中所占据的独特地位，其所拥有的信贷资源对各类企业、机构、组织和个人都会产生重要影响，对整个社会的绿色环保和绿色发展起到了巨大的推动作用。

另外，20 世纪 70 年代以来，西方主要发达国家掀起了声势浩大的企业社会责任运动，非政府组织、企业界和政府都参与到了这场运动中。到了 90 年代，企业社会责任运动进入高潮，其重要的内容是维护劳工权利和保护环境。2000 年，联合国正式启动"全球契约"，进一步推动了企业社会运动的发展。随着企业社会责任运动的深入发展，非政府组织开始挖掘各种破坏环境和损害劳工权益事件背后的力量。它们认为，给缺乏环境和社会责任的企业提供贷款的金融机构也是帮凶，因为给企业提供资金便利，就代表金融机构认可该企业的项目，是企业行为的支持者。因此，在企业社会责任运动的背景下，大型跨国金融机构面临着来自利益相关者的外部压力，被要求在践行企业社会责任的过程中扮演重要的角色。①

赤道原则就产生在绿色发展和企业社会责任日益成为全球共识的背景下，随着经济全球化浪潮推进，环境问题全球化和金融资本全球化更进一步加快了赤道原则的推出。众所周知，赤道原则是关于项目融资环境社会标准的国际规范，而项目融资本身就属于国际金融范畴，是金融资本全球化的产物。项目融资是为满足大型项目融资需求而发展起来的一种新型融资方式，自 20 世纪 60 年代以来，国际上大型工程开发项目日益增多，既包括石油、煤炭、天然气等自然资源开发项目，也包括交通运输、电力、农林等基础设施建设工程项目。这些项目往往耗资巨大，投资周期长，项目的投资额度远超出项目投资者自身筹款的能力，投资风险更是超出投资者自身能够承受的限度，所以，传统的公司融资方式无法满足这些大型项目的融资需求。在这种情况下，以特定项目的资产、预期收益或者权益作为抵押而取得无追索权或者有限追索权的贷款，就作为一种新的融资方式发展起来。

项目融资所面临的环境和社会风险也就成为跨国银行必须面对的一个严峻问题。作为大型的国际融资项目，其面临的环境风险可能是国际化的，资金组合方式也是国际化的。当不同国家的银行在合作共同项目时，任何国家的环境标准都不具有说服力，必须要有一个国际认同的行业标准和准则来评估和审核银行的行为，赤道原则也就应运而生。由金融机构倡导发起的赤道原则，在本质上是保护金融机构的，很多环境危害，其产生的原因不易分辨，如果没有国际通行准则，金融机构可

① 于敏：《赤道原则对我国发展绿色信贷的启示》，载《中国乡镇企业会计》2009 年第 5 期。

能会受到各方的指责而无法解释自身项目与环境危害的相关程度，从而遭受信誉风险。所以，赤道原则的产生，根源于金融机构对项目融资风险管理的内生需求和公民社会要求金融机构承担社会责任的外在压力。其确定的执行标准和准则，可以帮助金融机构认清项目在消费环境容量方面的界限，从而自发地避免风险。

商业银行环境与社会责任的实践及赤道原则建立迄今大体经历了 4 个阶段：萌芽阶段、发展阶段、完善阶段和确立阶段（表 2-1）。1980 年，美国通过了《综合环境反应、赔偿与责任法》，即《超级基金法案》，主要规定被污染场所的所有人应负担整治责任。依据《超级基金法案》，贷款人有可能作为企业债权人而承担债务企业应支付的治理费用，这将使银行间接地遭受财务损失，从而迫使商业银行开始对环境与社会责任进行关注。1989 年，欧盟公布了《废弃物造成损害的公民法律责任指令》，规定造成损害的废弃物制造者负有法律责任，但若在某一合理期限内无法确认废弃物的制造者，则实际控制这些废弃物的当事人须承担法律责任，“实际控制”在某些情况下可能会被解释为贷款银行的责任。由此法案，欧盟的银行也开始重视环保问题。

表 2-1　商业银行环境与社会责任实践的演进及“赤道原则”的确立过程

阶段	时间	标志性事件
萌芽阶段	20 世纪 80—90 年代	1980 年，美国公布《超级基金法案》
		1989 年，欧盟委员会公布《废弃物造成损害的公民法律责任指令》
发展阶段	20 世纪 90 年代初—90 年代中期	1990 年，Fleet Factors 案例
		1992 年，联合国环境规划署（UNEP）的金融机构推动计划
		1992 年，全球银行的环保与绿色发展声明
		1993 年，欧盟委员会绿皮书
		1994 年，第一届商业银行与环境国际圆桌会议
		1995 年，全球金融服务业的环境政策与措施调查
完善阶段	20 世纪 90 年代中期—90 年代末	1997 年，美洲银行率先认同《环境责任经济体联盟原则》（CERES）
		1998 年，国际金融公司草拟该公司环境与社会披露政策与作业
		1999 年，银行业“生态贷款”生根发芽
		1999 年，美国道琼斯创立绿色群组指数
确立阶段	21 世纪	2003 年 1 月，关于金融机构和绿色的科勒维柯什俄宣言
		2003 年 6 月，赤道原则 I
		2006 年 4 月，国际金融公司开始使用《环境和社会可持续性政策和绩效标准》
		2007 年 7 月，赤道原则 II

资料来源：转引自冯守尊：《银行业绿色发展的最佳实践》，上海：上海交通大学出版社，2011 年版，第 34 页。

依据《超级基金法案》，美国法院在 1986 年判定马里兰银行负有清理污染场地的法律责任，因为法院认为，贷款银行拥有充足的工具和方法进行尽职调查以避免此风险，因此这也构成银行的责任，法院没有义务保护贷款银行因为自身的失误而导致的资金损失。随后在 1990 年关于参与污染设施和项目管理的案例中，法院裁定 Fleet Factors 由于其客户破产，遗留下大量的环境污染问题，必须由其承担清理污染的环境责任。以上著名案例对银行转变经营模式产生了重要影响，从 20 世纪 90 年代开始，银行践行环境与社会责任进入快速发展阶段。1992 年，联合国环境规划署（UNEP）推出了金融行动计划，目的是推动金融业将环保考虑整合到所有运营及服务的工作中，并促进私人部门在环保科技与服务上的投资。同年，联合国环境规划署与五家银行共同草拟和签署了《环境与可持续发展声明》，同意将环保因素整合至银行内部的营运与决策中，以促进绿色发展。1993 年，为了建立欧盟统一的环境责任处理方案，欧盟委员会出版了绿皮书，并邀请相关团体发表看法。1994 年，第一届商业银行与环境国际圆桌会议召开，会议由联合国环境规划署举办，目的是促进银行在环境管理方面的经验与意见交流。1995 年，联合国环境规划署进行了一项针对全球 90 家商业及投资银行所做的调查，调查全球金融服务的环境政策与措施，结果显示超过 80%的受访者认为目前已对其借贷执行了某种程度的环境风险管理。

在国际环保组织和部分商业银行的推动下，银行业普遍认识到环境风险是国际项目融资中不容忽视的一类风险，银行业不仅需要在经营过程中依据特定标准来评估此类事项，降低自身的经营风险；更重要的是，商业银行理应在推动社会绿色发展方面承担更多的职责；同时各国对环境问题的关切也将为银行业带来新的发展机遇。为此，1998 年，国际金融公司草拟了环境与社会的披露政策，成为该公司在环保领域的政策，用来提高其环境绩效。由于该公司在国际项目融资市场中具有极其重要的地位，所以此政策一经制定便迅速获得了众多银行的认同和支持。2002 年 10 月，荷兰银行和国际金融公司在伦敦主持召开了一个由 9 家商业银行参加的会议，讨论项目融资中环境和社会影响问题。会上，各银行提供了以往项目中的案例，这些项目因为环境或社会问题而引发争议，并不同程度地影响了银行的声誉和利益。随后，花旗银行建议制定一个框架来解决这些问题，各银行同意成立一个任务工作组来起草一个框架供其他银行参考。此后在多次会议中，花旗银行、荷兰银行、德意志银行和巴克莱银行决定在世界银行和国际金融公司的政策，特别是国际金融公司保障政策基础上，创建了一套针对项目融资中有关环境与社会风险的指南。这个指南在后来便成为赤道原则。2003 年 6 月 4 日，7 个国家的 10 家主要国际领先银行宣布采用并实行赤道原则，这些银行则被称为“赤道银行”。此后，赤道原则被广泛应用于国际融资实践，成为一项准国际惯例和行业惯例，被越来越多国家的银行所接受。现在无论是学术界还是实践领域，普遍认为赤道原则的正式诞生时间是 2002 年 10 月。赤道原则诞生后，迅速地被世界多国金融机构所接受，2006 年 7 月进行了一次修订，至 2013 年，全球共有来自五大洲的 70 多家金融机构采用了赤道原则，其中既有世界各国的主要银行，也有保险公司、双边开发机构和出口信贷机构等。

2.2.2 赤道原则的内容和特点

2.2.2.1 赤道原则的定义

目前，无论是学术界，还是金融实务界，对赤道原则的概念并没有形成一个统一的认识，人们从各自出发点对其内涵进行界定，结果就形成了众多不同的关于赤道原则的定义。比较有代表性的有：从性质来看，赤道原则是国际银行界首次制定和认可的全球项目融资的环境与社会标准[①]；旨在管理与项目融资有关的环境和社会问题的一套资源性指南，是金融机构的企业社会责任标准[②]。从功能来看，赤道原则是由世界主要金融机构根据国际金融公司的绿色发展政策与指南制定的，旨在用于判断、评估和管理项目融资中环境与社会风险的金融行业基准[③]。从功能与性质共同的角度来看，“赤道原则”是一套非官方规定的，由世界主要金融机构根据国际金融公司的政策和指南制定的资源性原则，旨在管理和发展与项目融资有关的社会和环境问题[④]。在众多的解释中，我们认为我国首家“赤道银行”——兴业银行对这一概念的把握是比较全面准确的：由全球主要金融机构参照国际金融公司的绿色发展政策与指南建立的一套自愿性金融行业基准，旨在判断、评估和管理项目融资中的环境与社会风险，是金融绿色发展的原则之一，也是国际金融机构践行企

① 张长龙：《接受赤道原则　促进金融和谐》，载《特区经济》2006 年第 6 期。

② 严启发、李丽、宋晓玲：《西方融资环保政策》，载《中国船检》2009 年第 3 期。

③ 张斌：《赤道原则对我国绿色信贷的启示》，载《中国金融》2009 年第 16 期。

④ 于东智：《赤道原则：银行绿色信贷与绿色发展的“白皮书”》，载《金融管理与研究》2009 年第 1 期。

业社会责任的具体行动之一。

一个饶有兴趣的问题是，这样一套准则为什么以“赤道原则”命名，国内学术界和实务界都对此鲜有提及，以至于绝大多数非专业人士都无法通过字面理解其含义。冯守尊在其主编的《赤道原则：银行业绿色发展的最佳实践》一书中，给出了比较全面的解释。他认为，以“赤道原则”来命名，一是为了纪念雨林行动组织抗击花旗银行集团的运动，该组织的主要宗旨就是保护赤道地区的自然与社会环境；二是赤道引申含义为非南非北而居中间，以“赤道原则”命名以示公平，也在于明确警示金融机构应重点关注并解决项目融资对南半球众多的新兴市场国家造成的环境与社会问题；三是赤道原则在形成的过程中，其草案曾被称为“格林威治原则”，但参会银行一致希望该金融行业基准不仅仅代表北半球的呼声，而应当是一项全球性倡议，“赤道”似乎更能体现这种平衡。

2.2.2.2 “赤道原则”的主要内容

现行的版本是 2006 年 7 月修订的赤道原则Ⅱ，包括正文和附件两个部分。其中正文包括序言、适用范围、具体原则和免责声明四个部分。

序言部分主要对与赤道原则有关的问题作了简要说明，包括赤道原则出台的动因、宗旨、意义、目的以及赤道银行的一般承诺。

适用范围规定各行业所有投资资金成本大于或等于 1 000 万美元的新项目以及对社会和环境产生新的显著影响的改建和扩建项目，项目融资的财务顾问等均受赤道原则约束。

具体原则部分则列举了“赤道银行”做出融资决定时需依据的十项原则（“赤道银行”承诺只把贷款提供给符合这十项条件的项目）。

第一项原则规定了项目风险审查和分类依据，将对社会或环境产生敏感、多样或规模空前显著不良影响的属于 A 类项目；预计会有有限的不利社会或环境影响，大部分是可逆转的并且可以采取措施减轻影响的属于 B 类项目；对环境仅产生极为轻微或根本不产生影响的属于 C 类项目。

第二项原则规定了 A 类项目和 B 类项目社会和环境评估要求，须出具评估报告，且在报告中要根据该项目的性质和规模给出相关管理措施以减缓项目对环境和社会的影响。

第三项原则规定了环境评估报告的标准与应包括的主要内容，这是赤道原则的核心部分。对于非经合组织国家的项目，上述评估报告要参考国际金融公司《环境和社会绿色发展政策和绩效标准》和《特定行业环境、健康与安全指南》。对于高收入的经合组织成员国的项目，赤道原则将过程简化，用高收入经合组织成员国的地方或国家法律标准代替国际金融公司的上述标准。这一项下面还有一个注释，规定环境评估要说明遵守东道国现行的法律、法规和项目要求的许可以及世界银行和国际金融公司预防和减少污染指南，对于坐落在低收入和中等收入国家的项目还需进一步考虑国际金融公司的保全政策。

第四项原则规定了环境管理方案要求，即借款人要对全部 A 类项目（在适当的情况下包括 B 类项目）准备行动计划，借款人要根据该计划建立一个社会与环境管理体系来实施规划内容。

第五项原则规定了公开征询意见制度和信息披露制度。对于全部 A 类项目和需要审查的 B 类项目所影响的区域，应采取一种贴近当地文化的方式向公众征询意见；同时，项目方应将项目的重大不利影响优先通知被征询方。

第六项原则规定了申诉程序。构建恰当的申诉机制，通过透明、文明的途径使得受项目影响的区域能够进行申诉。

第七项原则规定了独立审查制度。对于全部 A 类项目和需要审查的 B 类项目，赤道银行应聘请独立的社会和环境专家对项目评估报告、行动计划等文件进行全面独立审查。

第八项原则规定了承诺性条款，即借款人必须在融资文件中承诺的事项。遵守项目建设和运营过程中的环境管理方案；定期提供由本单位职员或第三方专家准备的有关环境管理方案遵守情况的报告；承诺遵守东道国社会和环境方面的所有法律法规和许可等。

第九项原则规定了独立监测和报告制度。在整个贷款期间，贷款银行应聘请或要求借款人聘请独立的社会和环境专家来核实所有需要监测的信息。

第十项原则规定了赤道银行的报告制度，每一家接受赤道原则的金融机构至少每年向公众披露其执行赤道原则的绩效和经验。

免责声明部分规定了赤道原则未给任何组织和个人创设任何权利和义务；接受赤道原则的金融机构在国际金融公司的帮助下，自愿独立地采用和执行赤道原则；不管实施结果怎样，这些金融机构都不能过度依赖国际金融公司和世界银行或向它们追索。

赤道原则的附件包括 4 个文件，即项目的分类；潜在的社会与环境影响和风险的列表；国际金融公司关于社会与环境绿色发展绩效标准；国际金融公司的《特定行业环境、健康和安全指南》。

2.2.2.3 赤道原则的特点

赤道原则的重要意义在于它第一次把项目融资中模糊的环境和社会标准明确化、具体化，为银行评估和管理环境与社会风险提供了一个操作指南。目前，采用赤道原则的金融机构已有 70 多家，其业务遍及全球 100 多个国家，项目融资总额占全球项目融资市场的 80%以上。赤道原则虽不具有法律条文的效力，但随着其在国际项目融资市场中的广泛应用，赤道原则已经逐渐成为国际项目融资中的行业标准和国际惯例。从其内容上来看，赤道原则具有以下特点：

（1）赤道原则是一套自愿性行为守则。从本质上看，赤道原则是对金融机构履行社会责任具有内在约束力的一个准则，金融机构采用和执行赤道原则是基于自愿的，是出于企业本身道德和经济因素综合考虑的一种社会责任的自愿承担。就法律性质而言，赤道原则并未在国际金融机构法律框架内，其主体也不是国际组织；赤道原则的采用与实施缺乏国家意志，违反赤道原则的责任直接归结于企业个体。由此可见赤道原则仅是金融业行业自愿行为准则，对采用的机构，乃至国际金融公司以及世界银行都不具有任何法律约束力。

（2）赤道原则以项目的社会和环境影响评估为核心。一方面，赤道原则主要通过规范金融机构向项目发放贷款的条件，使金融机构在提供融资的过程中，确保项目实施符合东道国环境保护有关法律及国际金融公司《环境和社会可持续性政策和绩效标准》和《特定行业环境、健康与安全指南》（《EHS 指南》）的相关要求，或将项目环境与社会损害控制在最低水平。提供融资的银行根据项目借款人的社会和环境评估报告，制定行动计划和管理体系，所有这些措施都是围绕社会和环境责任这个核心展开的。

（3）赤道原则特别强调规避由于政府制定的环境保护法律法规所可能产生的风险。由于融资项目执行地各国的法律法规差异很大，为了提高适应性，赤道原则强调其所要求的环境和社会风险只是最低标准，如果融资项目执行地国家有更高的环境和社会风险管理标准，就必须遵守其有关此方面的标准。赤道原则强调要在遵守项目执行地国家法律法规的基础上，执行赤道原则中的各项指标。国际大型银行在执行赤道原则的时候，其环境和社会风险管理专家要列出项目所在国所有与该项目相关的法律法规，以及有关要求的标准和指标，并与赤道原则所要求的相关指标进行比较，如果项目所在国要求的指标高于赤道原则，就执行项目所在国的标准，否则就执行赤道原则标准。所以，作为贷款银行代理人的环境和社会风险管理专家，必须对项目所在国的环境和社会方面的法律法规、许可、指标、标准等有全面的了解，否则，就可能遗漏潜在风险源，从而给贷款银行带来经济或者声誉损失。

（4）赤道原则特别关注利益相关者因为环境问题而抵制项目所导致的金融风险。利益相关者是指那些影响企业目标实现或受企业目标实现过程影响的任何个人和团体。随着公民社会的兴起，利益相关者对贷款银行经营绩效的影响越来越大，因此，赤道原则十分重视利益相关者的意见和诉求。为了更好地规避来自利益相关者对环境和社会问题抵制所导致的金融风险，赤道原则强调了与利益相关者的互动，要求贷款银行和项目公司建立与利益相关者互动的管理体系，对可能产生环境和社会不良影响的项目，贷款银行一般会派出环境和社会风险管理专家，帮助项目公司建立与利益相关者的互动机制，并对这些机制的有效性和连续性进行监督。

2.2.3 赤道原则实践的典型案例

2003 年 6 月之后，赤道原则就直接运用于世界上绝大多数大中型和特大型项目中，有些项目在是否符合赤道原则方面颇有争议，引起了全世界的关注。国际上一些比较著名的案例如卡拉努卡水电项目、萨哈林（即库页岛）2 号油气开发项目和印度那马达大坝项目等，在运用赤道原则过程中曾引起较大争议，从这些应用赤道原则的项目中，我们可以大致归纳出赤道原则在执行过程中的一些主要特点，并从中探寻该原则在国际融资实践中不断完善发展的轨迹。

2.2.3.1 卡拉努卡水电项目

2003 年 7 月 9 日，冰岛国家电力公司和一个由 19 家银行组成的银行财团共同签署了 40 亿美元的循环信贷协议。其中由巴克莱银行、三井住友银行、瑞典北欧斯安银行和法国兴业银行作为贷款安排行，各自承担 3.1 亿美元，其他财团成员每家各承担2.5亿美元。40亿美元的循环信贷作为冰岛国家电力公司的一般企业用途，包含公司的资本支出，即位于冰岛中心高地的卡拉努卡水电项目。虽然原则上赤道原则只适用于 5 000 万美元以上的直接融资项目贷款，授信贷款并不属于项目融资，但贷款牵头行巴克莱银行作为赤道原则的 4 家创始银行之一，认为卡拉努卡项目建设和冰岛国家电力公司筹集资金密切相关，因此，将评估水力发电项目的基准确定为环境影响评估政策和赤道原则。

根据赤道原则规定，签署银行期望环境评估报告能解决 17 个重要的环境和社会问题，但国际河流组织认为，该公司贷款违反了以下规定：①保护人类健康、文化遗产和生物多样性，受该项目影响地区的自然特征具有很高的价值，该项目的影响在很多方面是巨大且不可挽回的；②未对现有项目、建议项目和未来项目的累积影响进行评估；③未考虑环境与社会可行的、最佳的替代计划；④项目在预防污染、废物最少化、污染控制以及化学废物管理方面存在缺失。鉴于此，用于冰岛国家电力公司的 40 亿美元贷款不符合赤道原则，10 家签署赤道原则的银行成员中的 9 家银行抵制参与此笔贷款。但是巴克莱银行作为贷款的主导银行又组织进行了第二次环境影响评估，并且与国际河流组织共同认可了第二次环境评估的观点。但是也有人指出，实际上所谓第二次评估只是书面审查，根本未进行任何实地考察。由此可见，赤道原则在执行的过程中，既缺乏外部评鉴和公开披露机制，也缺少遵守和问责机制，因而也不能完全保证赤道原则遵守和执行的可信度。

2.2.3.2 萨哈林 2 号油气项目

萨哈林 2 号油气项目是投资规模最大和争议最多的项目之一，为该项目提供融资的银行包括 6 家赤道银行。萨哈林 2 号油气项目位于俄罗斯远东的萨哈林岛，项目平台位于一个濒临灭绝的灰鲸的捕食海域附近，长达 800 km 的项目管线穿越 24 个地震多发带、200 多条河流及其支流，这些河流正是野生大马哈鱼的产卵地。项目在开工初期就遭到了众多非政府组织和原住民的强烈抗议，指责其威胁濒临绝种的西部灰鲸，破坏珍稀鱼类和鸟类的栖息地，对地区渔业发展造成威胁。根据赤道原则规定，其属于 A 类项目，项目发起人应提交环境与社会评估报告，制定降低环境与社会影响的行动计划，邀请独立第三方专家对评估报告和行动计划等予以审查。提供融资的赤道银行必须对环境和社会影响评估报告履行严格的尽职调查义务。但是批评家指出，在项目评估过程中，有关金融机构并没有切实履行该项义务，在项目发起人违反多项赤道原则的情况下，错误地提供了融资便利。随着项目的进展，非政府组织和原住民的抗议愈演愈烈，最终诉诸法律诉讼，2006 年 9 月俄罗斯有关法院被迫判决撤销该项目的建设许可证，2007 年 1 月该项目自动终止。

2.2.3.3 印度那马达大坝项目

印度那马达谷计划建立 30 多个大型大坝，这些大坝建成后将淹没印度农业生产率最高的区域，并且将强制迁移约 200 万人口。20 多年来，当地民众和国际社会不懈地进行抗争，小农场主、原居民和渔夫拒绝搬离他们的土地，经过国际众多非政府组织的努力，世界银行和其他国际融资机构在 1993 年开始撤回项目资金，在 15 年的历程中，最终只建成 6 座大坝。在那马达大坝建设中，作为赤道银行之一的巴克莱银行是该项目的融资顾问，负责安排与该项目有关的融资活动，但在项目运作过程中该银行被认为至少在 5 个方面违反了赤道原则。而当时同为赤道银行的德意志银行、荷兰银行等已经拒绝为该项目提供融资。

通过以上赤道原则的国际实践案例我们可以看到，赤道原则是商业银行规避环境与社会风险的最佳行业惯例。提供融资的金融机构必须对它提供的资金用途负责，这使得赤道原则具有一种无形的威慑力，它迫使金融机构意识到，要有效地规避环境与社会风险，就必须严格遵守赤道原则，履行切实的尽职调查义务。从国际社会赤道原则的实践我们可以归纳出该原则在具体执行中的一些突出特点：

（1）“赤道银行”借助赤道原则担当了保护社会和环境的民间代理人的角色。一般来说，全球环境治理模式通常是国家通过签署、批准多边环境条约和协定并适用于一国境内的自然人、法人和其他组织，而在赤道原则中，承担环境和社会保护义务的主体是赤道银行，而不是国家，其依据是一个特殊的金融文件，而不是国际条约和协定。“赤道银行”通过督促项目的发起人和借款人，直接监督环境和社会标准在项目中的应用，从而实现保护社会和环境的目的。“赤道银行”的环境和社会保护行为与各国政府的官方行为相呼应，成为一支强大的民间力量。

（2）在实践中，赤道原则已经发展成为行业惯例。赤道原则不是一个国际条约，也尚未形成一个国际组织，接受这些原则的金融机构无须加盟或签订协议，只需各自宣布已经或将要建立与该原则一致的内部政策和程序即可成为“赤道银行”。赤道原则本身没有授予任何组织和个人强制执行的权利，因而，法律拘束力并不强。但它已经成为国际项目融资的社会和环境方面的行业标准和行业惯例，具有一种无形的威慑力。它虽不具备法律条文的效力，但具有约定俗成的行业惯例威力，谁若忽视它，不但可能会承受巨额的财务损失，而且将在国际项目融资市场中步履维艰，甚至可能会被迫退出国际项目融资市场。

（3）非政府组织是监督赤道原则实施的主要力量。非政府组织有强大的社会影响力和公信力，西方国家的社会利益制衡机制中离不开非政府组织。因为赤道原则是一套自愿性的指南，缺乏强制执行机制和机构，此时非政府组织的监督尤为重要。非政府组织充分运用赤道原则，对赤道原则金融机构加以规范，它的积极参与可以使银行逐步认识到如果不处理项目融资引发的环境和社会问题就有可能威胁自身的业务。因此对非政府组织提出的异议，赤道银行一般都要积极回应。甚至由于非政府组织的反对，一些“赤道银行”不敢向有争议的项目融资，如印度的那马达大坝项目，有些非政府组织甚至还以项目违反东道国法律为由直接向法院提起诉讼，如萨哈林 2 号项目。

（4）“赤道银行”的中心工作是进行审慎性审核调查。首先审查是否属于项目融资，因为赤道原则只适用于项目融资，而不适用于公司融资。其次审查按照赤道原则的标准分项目类是否准确，“赤道银行”用通用术语把项目分为 A 类、B 类或 C 类（高、中、低环境或社会风险）。对 A 类和 B 类项目（高风险和中风险），借款人要完成一份《环境评估报告》和以减轻污染与监控环境和社会风险为内容的《环境管理方案》，银行要对《环境评估报告》《环境管理方案》和贷款协议进行形式和实质审查，重点考查这些文件是否充分考虑环境与社会问题，是否违反了赤道原则等，必要时银行要委派专家进行独立调查，核实得到的材料，以确定环境和社会风险系数。赤道原则虽然以国际金融公司和世界银行的环境与社会政策为基础，但并不能对它们行使追索权，所以，即使“赤道银行”同国际金融公司及世界银行是同一项目的贷款主体，也要各自进行审慎性审核调查。

2.3 联合国环境规划署金融行动

联合国环境规划署金融行动（UNEP FI）是一个联合国和金融部门之间的全球伙伴倡议。该倡议可推动金融机构和其他投资者在清洁和可再生能源的投资，与 170 多个签署该倡议的金融机构及其他各种机构共同合作，发展和推动环境和经济的绿色发展。金融机构声明在环境和绿色发展方面的金融行动将应用于所有的金融服务中，对该倡议的支持也属于自愿行为。

2.3.1 联合国环境规划署金融行动的产生和发展

联合国环境规划署金融行动是联合国环境规划署与全球金融行业的一个公司部门合作项目。总部位于日内瓦，是联合国和全球金融业的联盟，以建立专项课题研究、举行绿色金融领域的专业培训、鼓励金融机构之间的成功经验及信息共享、组织国际性和地区性论坛及会议等为手段，致力于在全球金融机构的业务运营中推行最佳的绿色发展战略。UNEP FI 通过发现、推广和实现金融机构在其各运营层面采纳环境与绿色发展最佳实践，来实现机构的使命。

UNEP FI 现有会员包括全球 190 多家银行、保险公司和投资机构。金融机构要成为 UNEP FI 的合作伙伴，需要具备以下条件：首先，必须签署遵守绿色金融原则的承诺，根据公司的业务重点，签署 UNEP FI 开发的《绿色发展宣言》；其次，积极参与 UNEP FI 网络及其举办的活动，参与经验分享和最佳实践展示；再次，每年必须提交简报，定期报告成果，该简报需涵盖已实施的或计划实施的绿色发展制度、措施，以及公司近期内相关议题的财务报告、绿色发展报告和企业社会责任报告；最后，每年缴纳会费，会费依照企业的总资产计算得出。

UNEP FI 是第一批推动将绿色金融纳入政治议程的国际组织。20 多年来，该组织一直致力于界定绿色金融的内涵。通过政策、技术、法律、培训工作，分析和发现银行、保险公司以及投资者在全球发展大趋势下的风险和机遇，深入探讨从气候变化到资源稀缺、能源安全、水资源压力等一系列问题。UNEP FI 的工作不仅是分析风险，也分析国际大趋势，为低碳、低能耗企业创造新的投融资机遇。一些金融机构正在积极布局以更好地利用这些新的商机。UNEP FI 在绿色金融方面的最早活动经历可以追溯到 1992 年的联合国地球峰会。近些年，已有许多大规模绿色金融计划被成功实施。

作为一项公私合作伙伴项目，UNEP FI 积极与公共部门（政策制定者、政府和国际组织）进行沟通，因时因地制宜，提升其对金融部门最佳实践和具体需要的认知。作为联合国下属机构之一，UNEP FI 还致力于促进公司部门之间的对话，并为私营金融部门向国际政策制定者表达意见和提出政策建议打开一条独特的渠道。

2.3.2 联合国环境规划署金融行动与其他原则的区别

2.3.2.1 联合国环境规划署金融行动与“负责任的投资原则”的区别

“负责任的投资原则”是联合国支持的一项全球倡议。该倡议由联合国秘书长在 2005 年通过联合国环境规划署金融行动和全球契约召集发起。2006 年，开发并推出“负责任的投资原则”后，成立了独立的秘书处，专职负责该原则的推广、采纳和实施。联合国环境规划署金融行动和全球契约均为该倡议委员会的成员，支持其开展活动。

联合国环境规划署金融行动会员涵盖了银行业、保险业、投资行业等各类金融机构;“负责任的投资原则”的成员则主要来自于投资界,尤其是机构投资者。

联合国环境规划署金融行动为会员提供各种共同协作的平台,集中在特定议题(气候变化、生物多样性、水与金融及各种新问题等)、地区(亚太、北美、拉美、非洲及欧洲)和行业(银行业、投资业、保险业);而“负责任的投资原则”会员则主要关注六大原则的实施。

2.3.2.2 联合国环境规划署金融行动与赤道原则的区别

赤道原则是世界银行/国际金融公司倡议的一项行动;联合国环境规划署金融行动则是联合国系统成员之一。

赤道原则关注“项目融资”中的环境与社会风险分析;而联合国环境规划署金融行动的使命是推广和促进绿色金融最佳实践贯彻到金融机构的各运营层面,包括大型和小型项目的风险分析、绿色金融产品、责任投资、绿色保险等。

全球约有 70 多家银行采纳了赤道原则,联合国环境规划署金融行动约有 200 家联署机构,大部分采纳了赤道原则的成员同时也是联合国环境规划署金融行动的成员。

2.4 促进绿色信贷发展的环境立法和公约

为了保护人类赖以生存的环境,解决人类在经济发展和环境资源持续利用过程中出现的问题,各国必须各自采取行动保护自己管辖范围内的资源和环境,包括环境保护的经济金融手段,也包括制定法律,以规范人们利用自然资源的行为。但是仅靠各国单独采取行动还远远不够,国际社会已形成普遍共识,必须在国际范围内广泛地进行合作,制定国际环境公约,共同采取行动,以达到对环境资源持续利用的最终目标,这些国际环境立法和公约对各国的环境政策、环境风险形成了重大影响,并有效推动了绿色信贷的发展。

2.4.1 国际环境立法和公约概述

国际环境法和公约是一系列关于调整国际法主体在利用、保护和改善国际环境而形成的法律关系的法律规范的总称。[①]人类社会发展到现阶段，保护环境已成为人类社会面临的共同任务，需要制定有关的国际法则、规则来协调各主权国家的意志，处理国与国之间的有关关系，规范各国行为，使其符合自然生态规律，保护地球环境和资源的合理利用，促进和保证整个人类社会的绿色发展。

与所有的国际法一样，国际环境法的主体是国家，国家的主权特征决定了它可以独立参加并确立包括国际环境关系在内的国际关系，独立自主地直接承担国际法规定的义务。一些国际组织如世界自然保护同盟等也被视为国际环境法的主体。现今跨国性国际保护行动往往是由国际保护组织首先提出、酝酿并组织实施的，许多国际环境保护条约也是在国际保护组织推动下签订的。国际环境法的对象是主体之间为保护、改善和合理利用环境资源而发生的国际关系。为了实现绿色发展的最终目标，这种法律关系的参加者在享有相应权利的同时，也必须依法承担相应义务，国际环境法正是以此来调整国家之间的关系，规范国家行为，限制、控制和防止不利于人类环境的行为，禁止和制止破坏地球环境的活动，鼓励和倡导合理利用环境资源，维护全球生态环境。

国际环境法是一个与许多法律紧密交叉的边缘性法律体系，它与国内环境法共同组成了广义的国际法，即人类赖以生存的地球环境必须从国际和国内两个方面予以保护，任何国家都必须遵从共同的自然法则。各缔约国有义务使自己的国内立法与相应的国际条约相一致，许多国际环境法律文件都直接规定了各国有义务进行国内立法。另外，国际环境法具有很强的公益性和普遍性，保护环境是全人类的共同事业，其最终目的是要协调人类社会与自然的关系。因此，国际环境法和公约不管是在哪一领域，都遵循着一些共同的原则，如经济、社会发展与环境保护相协调的原则；各国共同又分别负有保护全球环境责任的原则；尊重国家主权原则；为保护环境进行国际合作的原则；兼顾各国利益和优先发展中国家需要的原则；禁止转移污染和其他环境损害的原则；重视预防污染和环境破坏的原则；各国对其造成环境损害承担责任的原则等，这些原则保证了国际环境立法和公约在兼顾各国利益的基础上，能够得到广泛的认可和实施。

① 李一丁：《里约20年来国际环境法发展述评》，载《河北法学》2013年第2期，第109页。

2.4.2 主要的国际环境立法和公约[①]

2.4.2.1 与保护臭氧层有关的国际环保公约

臭氧层是地球和人类的保护伞，由于广泛使用氯氟碳化合物（CFCs），臭氧层遭到严重破坏，其结果是损害人类健康，危害农作物和生物资源，破坏生态系统，引起气候变化等。为了保护臭氧层，国际社会签订了一系列国际公约，如 1985 年 3 月通过、1988 年 9 月生效的《保护臭氧层维也纳公约》和 1987 年 9 月通过、1989 年 1 月生效的《关于消耗臭氧层物质的蒙特利尔议定书》及其修正案（1990 年和 1992 年两次修正），规定发达国家于 1996 年、发展中国家于 2010 年逐步淘汰 40 多种受控物质（ODS），由于这些多为基本化工原料，涉及的相关产品至少有数千种。

2.4.2.2 《控制危险废物越境转移及其处置巴塞尔公约》

随着工业的发展，危险废物的产生与日俱增，逐渐成为世界各国面临的主要公害。据统计，全世界每年产生的危险废物已从 1947 年的 500 万 t 增加到 5 亿多 t，其中发达国家占 95%。由于处置场地少，技术复杂，代价昂贵，特别是国内制定了严格的环保法规，加上民众环保意识较强，一些发达国千方百计地将危险废物转移到发展中国家。危险废物越境转移会对人类健康和生态环境造成灾难性的危害。为此，1989 年 3 月通过了《控制危险废物越境转移及其处置巴塞尔公约》。公约控制的危险废物按来源分为 18 种，按成分分为 27 种。1994 年，包括中国在内的 64 个公约缔约方通过决议，规定立即禁止向发展中国家出口以最终处置为目的的危险废物，从 1998 年起，以再循环利用为目的的危险废物出口也被禁止。

2.4.2.3 《濒危野生动植物物种国际贸易公约》

“二战”后，世界范围内的野生动植物贸易不断发展，影响了生态多样性。1973 年 2 月签订了《濒危野生动植物物种国际贸易公约》。按照物种的脆弱性程度，公约将受控物种分为 3 类列入 3 个附录，并对其贸易进行不同程度的控制。附录 1 列入了所有受到和可能受到贸易的影响而有灭绝危险的物种 800 余种，基本上禁止贸易；附录 2 列入所有那些目前虽未濒临灭绝，但如对其贸易不严加管理，以防止不

---

① 百度百科（http：//baike.baidu.com/link？url）。

利于其生存的利用，就可能变成有灭绝危险的 35 000 种物种，应严格限制贸易；附录 3 列入任一成员方认为属其管辖范围内，应进行管理以防止或限制开发利用，而需要其他成员国合作控制贸易的物种，应对贸易加以管理。这 3 类物种不断变化，越来越多的物种被纳入第二类和第一类的范围。许多野生动植物物种或其相关产品的贸易受到严重影响。

2.4.2.4 《生物多样性公约》

《生物多样性公约》是一项保护地球生物资源的国际性公约，具有法律约束力，旨在保护濒临灭绝的植物和动物，最大限度地保护地球上的多种多样的生物资源，以造福于当代和子孙后代。1992 年 6 月 5 日在巴西里约热内卢举行的联合国环境与发展大会上 150 多个国家签署了《生物多样性公约》。生物多样性公约的目标广泛，用于处理关于人类未来的重大问题，成为了国际法的里程碑。

2.4.2.5 《卡塔赫纳生物安全议定书》

2000 年 1 月 28 日在加拿大蒙特利尔召开的《生物多样性公约》缔约方大会特别会议上通过了《卡塔赫纳生物安全议定书》。它是处理生物安全这一新的环境问题和合理解决环境与贸易问题的国际法律框架，从而使各国在最大限度降低生物技术对环境和人类健康可能造成的风险的同时，尽可能从生物技术开发和应用中获得最大的惠益。

2.4.2.6 《联合国气候变化框架公约》

《联合国气候变化框架公约》是 1992 年 5 月 9 日联合国政府间气候变化专门委员会就气候变化问题达成的公约，于 1992 年 6 月 4 日在巴西里约热内卢举行的联合国环境与发展大会（地球首脑会议）上通过。《联合国气候变化框架公约》是世界上第一个为全面控制二氧化碳等温室气体排放，以应对全球气候变暖给人类经济和社会带来的不利影响的国际公约，也是国际社会在应对全球气候变化问题上进行国际合作的一个基本框架。这是一个有法律约束力的公约，旨在控制大气中二氧化碳、甲烷和其他造成“温室效应”的气体的排放，将温室气体的浓度稳定在使气候系统免遭破坏的水平上。该公约对发达国家和发展中国家规定的义务以及履行义务的程序有所区别，要求发达国家作为温室气体的排放大户，采取具体措施限制温室气体的排放，并向发展中国家提供资金以支付它们履行公约义务所需的费用；而发展中国家只承担提供温室气体源与温室气体汇的国家清单的义务，制定并执行含有关于温室气体源与汇方面措施的方案，不承担有法律约束力的限控义务。公约建立了一个向发展中国家提供资金和技术，使其能够履行公约义务的资金机制。

2.4.3 我国已加入的国际环境公约①

2.4.3.1 危险废物的控制

（1）控制危险废物越境转移及其处置巴塞尔公约（1989 年 3 月 22 日）。

（2）控制危险废物越境转移及其处置巴塞尔公约（修正案）（1995 年 9 月 22 日）。

2.4.3.2 危险化学品国际贸易的事先知情同意程序

（1）关于化学品国际贸易资料交换的伦敦准则（1987 年 6 月 17 日）。

（2）关于在国际贸易中对某些危险化学品和农药采用事先知情同意程序的鹿特丹公约（1998 年 9 月 11 日）。

2.4.3.3 化学品的安全使用和环境管理

（1）作业场所安全使用化学品公约（1990 年 6 月 25 日）。

（2）化学制品在工作中的使用安全公约（1990 年 6 月 25 日）。

（3）化学制品在工作中的使用安全建议书（1990 年 6 月 25 日）。

2.4.3.4 臭氧层保护

（1）保护臭氧层维也纳公约（1985 年 3 月 22 日）。

（2）关于消耗臭氧层物质的蒙特利尔议定书（修正的）（1987 年 9 月 16 日）。

2.4.3.5 气候变化

（1）联合国气候变化框架公约（1992 年 6 月 11 日）。

（2）联合国气候变化框架公约的京都议定书（1997 年 12 月 10 日）。

2.4.3.6 生物多样性保护

（1）生物多样性公约（1992 年 6 月 5 日）。

（2）国际植物新品种保护公约（1978 年 10 月 23 日）。

（3）国际遗传工程和生物技术中心章程（1983 年 9 月 13 日）。

2.4.3.7 湿地保护、荒漠化防治

（1）关于特别是作为水禽栖息地的国际重要湿地公约（1971 年 2 月 2 日）。

---

① 信息来源于环境保护部官方网站（http：//gjs.mep.gov.cn/gjhjhz/）。

（2）联合国防治荒漠化公约（1994 年 6 月 7 日）。

2.4.3.8 物种国际贸易

（1）濒危野生动植物物种国际贸易公约（1973 年 3 月 3 日）。

（2）濒危野生动植物种国际贸易公约（第二十一条的修正案）（1983 年 4 月 30 日）。

（3）1983 年国际热带木材协定（1983 年 11 月 18 日）。

（4）1994 年国际热带木材协定（1994 年 1 月 26 日）。

2.4.3.9 海洋环境保护

（1）海洋综合类：联合国海洋法公约摘录（摘录第 12 部分《海洋环境的保护和保全》）（1982 年 12 月 10 日）。

（2）油污民事责任类：①国际油污损害民事责任公约（1969 年 11 月 29 日）；②国际油污损害民事责任公约的议定书（1976 年 11 月 19 日）。

（3）油污事故干预类：①国际干预公海油污事故公约（1969 年 11 月 29 日）；②干预公海非油类物质污染议定书（1973 年 11 月 2 日）。

（4）油污事故应急反应类：国际油污防备、反应和合作公约（1990 年 11 月 30 日）。

（5）防止海洋倾废类：①防止倾倒废物及其他物质污染海洋公约（1972 年 12 月 29 日）；②关于逐步停止工业废弃物的海上处置问题的决议（1993 年 11 月 12 日）；③关于海上焚烧问题的决议（1993 年 11 月 12 日）；④关于海上处置放射性废物的决议（1993 年 11 月 12 日）；⑤防止倾倒废物及其他物质污染海洋公约的 1996 年议定书（1996 年 11 月 7 日）。

（6）防止船舶污染类：①国际防止船舶造成污染公约（1973 年 11 月 2 日）；②关于 1973 年国际防止船舶造成污染公约的 1978 年议定书（1978 年 2 月 17 日）。

2.4.3.10 海洋渔业资源保护

（1）国际捕鲸管制公约（1946 年 12 月 2 日）。

（2）养护大西洋金枪鱼国际公约（1966 年 5 月 14 日）。

（3）中白令海峡鳕资源养护与管理公约（1994 年 2 月 11 日）。

（4）跨界鱼类种群和高度洄游鱼类种群的养护与管理协定（1995 年 12 月 4 日）。

（5）亚洲—太平洋水产养殖中心网协议（1988 年 1 月 8 日）。

2.4.3.11 核污染防治

（1）及早通报核事故公约（1986 年 9 月 26 日）。

（2）核事故或辐射紧急援助公约（1986 年 9 月 26 日）。

（3）核安全公约（1994 年 6 月 17 日）。

（4）核材料实物保护公约（1980 年 3 月 3 日）。

2.4.3.12 南极保护

（1）南极条约（1959 年 12 月 1 日）。

（2）关于环境保护的南极条约议定书（1991 年 6 月 23 日）。

2.4.3.13 自然和文化遗产保护

（1）保护世界文化和自然遗产公约（1972 年 11 月 16 日）。

（2）关于禁止和防止非法进出口文化财产和非法转让其所有权的方法的公约（1970 年 11 月 17 日）。

2.4.3.14 环境权的国际法规定

（1）经济、社会和文化权利国际公约（1966 年 12 月 9 日）。

（2）公民权利和政治权利国际公约（1966 年 12 月 9 日）。

2.4.3.15 其他国际条约中关于环境保护的规定

（1）关于各国探索和利用包括月球和其他天体在内外层空间活动的原则条约（1967 年 1 月 27 日）。

（2）外空物体所造成损害之国际责任公约（1972 年 3 月 29 日）。

第3章 中国绿色信贷的发展历程及障碍因素

在我国，以银行信贷为主要形式的间接融资占绝对主体，银行信贷投向在很大程度上决定了生产要素的流向和配置，因此绿色信贷就成为我国绿色金融的主体。中国绿色信贷起步较晚，1995 年国家宏观层面的绿色信贷政策和制度开始推出；2007 年在国家环保总局、银监会和人民银行联合下发的《关于落实环保政策法规防范信贷风险的意见》中首次提出了“绿色信贷”的概念；2012 年银监会发布《绿色信贷指引》，标志着我国绿色信贷进入规范和快速发展阶段。在国家绿色信贷政策指导下，各地方政府纷纷因地制宜地推出了适合本地发展的绿色信贷政策。

实践中，我国政策性银行在发展低碳经济和绿色信贷的进程中扮演了重要的引导和支持角色，在开发性金融、国际合作以及农业等项目中，有力践行了绿色信贷原则，成为政府引导经济绿色发展的重要手段。商业银行也越来越重视发展绿色信贷，将支持节能减排和环境保护作为自身经营战略的重要组成部分，基本形成了自身的绿色信贷政策体系。近年来，各商业银行严格控制对高污染、高能耗和产能过剩行业的信贷投放，节能减排、新能源等贷款稳步增长，不断创新绿色信贷产品，有效引导资金流向有良好环境表现的企业或项目，经济杠杆作用初见成效。但是目前我国绿色信贷仍处于起步发展阶段，绿色信贷总量还相当微薄，实践中存在着诸多如绿色信贷制度缺失、激励约束机制匮乏、社会责任感不强、标准不统一、信息交流不畅等制约绿色信贷发展的障碍因素，需要在今后的发展中不断完善提高。

3.1 中国绿色信贷的发展历程

3.1.1 绿色信贷产生的背景

中国经济经历了 30 多年的快速发展，取得了世界瞩目的成就，但是与此同时面临的能源短缺、温室气体排放量大、环境污染等问题也越来越严重。

从能源结构和能源消费来看，中国“富煤缺油少气”的能源结构，导致经济发展受自然资源禀赋的限制，我国在未来很长的时间内都无法改变能源以煤炭为主的现实，“高煤”的能源结构决定了我国在经济发展过程中对空气、环境的负面影响较大。近年来英国 BP 公司发布的《世界能源统计年鉴》中的数据显示，2013 年，全球一次能源消费增长了 2.3%，石油仍是世界上的主要燃料，占全球能源消费的 32.9%，2013 年石油消费量为 9 133 万桶/d，煤炭消费量达 38.27 亿 t 油当量，比上年增长 3%，是消费增速最快的化石燃料。2013 年中国仍然是世界上最大的能源消费国，一次能源消费为 28.52 亿 t 油当量，占全球消费量的 22.4%，占全球净增长的 49%。煤炭消费为 19.25 亿 t 油当量，占世界煤炭消费量的 50.3%。中国发电量为 53 616 亿 kW·h，比 2012 年增加 7.8%，占世界发电量的 23.2%。2014 年，全球一次能源消耗增长了 0.9%，中国和印度能源消耗分别增长了 2.6%和 7.1%，是全球能源消耗增速最大的两个国家。中国一次能源消费为 29.72 亿 t 油当量，占世界一次能源消费的 23%和全球净增长的 61%。世界煤炭占全球一次能源消费的比重降至 30%，然而中国煤炭占一次能源消费的比重仍高达 66.03%（表 3-1）。

表 3-1　2014 年代表性国家和地区一次能源消费结构

国家或地区	原油/%	天然气/%	原煤/%	核能/%	水力发电/%	再生能源/%	合计（以油当量计）/10^6t
中国	17.5	5.6	66.0	1.0	8.1	1.8	2 972.1
美国	36.4	30.2	19.7	8.3	2.6	2.8	2 298.7
巴西	48.1	12.1	5.2	1.2	28.2	5.2	296.0
印度	28.3	7.1	56.5	1.2	4.6	2.2	637.8
法国	32.4	13.6	3.8	41.5	6.0	2.7	237.5
世界	32.6	23.7	30.0	4.4	6.8	2.5	12 928.4

资料来源：2015BP《世界能源统计年鉴》。

从温室气体排放来看，近年来全球大气中温室气体总量和浓度逐年增加，1750年工业革命以来，通过化石燃料燃烧等方式向大气中排放的二氧化碳总量已相当于3 750亿t碳，除了约45%被海洋和陆地生物圈吸收外，另约55%的碳留存在大气中，使得大气中的二氧化碳浓度逐年上升。2014年二氧化碳平均含量甚至超过了400 ppm[①]（1 ppm为百万分之一）。这是过去近100万年甚至可能更长的时间里，都未曾发生过的事。气候学家已经证明，诸如二氧化碳之类人类制造的温室气体，“很有可能”是全球气候变化的主要原因。每次年均二氧化碳浓度有所上升，各种灾难的发生概率，如海平面升高、严重的热浪、某些类型的极端天气，都会随之上升。自2006年起，我国二氧化碳排放量已居世界首位，排放总量比美国高1倍，碳减排压力巨大。全球碳计划（global carbon project）公布的2013年度全球碳排放量数据显示，2013年全球人类活动碳排放量达到360亿t，平均每人排放5 t二氧化碳，创下历史新纪录。其中，碳排放总量最大的国家为中国，排放二氧化碳约为95.24亿t，占27.1%；其次是美国，占15%；欧洲占10%，而印度占7.1%。中国的碳排放超过美国和欧盟的总和，占世界总排放量近30%。国际能源署指出，尽管2014年全球经济继续增长，温室气体排放量却与前一年持平。中国的二氧化碳排放量在2014年下降了2%，是10多年以来的首次同比下降，这也帮助了全球温室气体增长速度在过去一年保持了停滞状态。习近平总书记在巴黎气候大会上承诺中国二氧化碳排放将在2030年左右达到峰值，并争取尽早实现。

从环境状况来看，据环保部数据，2014年全国开展空气质量新标准监测的161个地级及以上城市中，有16个城市空气质量年均值达标，145个城市空气质量超标。全国有470个城市（区、县）开展了降水监测，酸雨城市比例为29.8%，酸雨频率平均为17.4%。2014年，全国202个地级及以上城市开展了地下水水质监测工作，监测点总数为4 896个，其中国家级监测点1 000个。水质为优良级的监测点比例为10.8%，良好级的监测点比例为25.9%，较好级的监测点比例为1.8%，较差级的监测点比例为45.4%，极差级的监测点比例为16.1%。[②]近几年受汽车尾气等的影响，空气质量不断恶化。2013年年初，从我国的东北到西北，从华北到中部乃至黄淮、江南地区，都出现了大范围的重度和严重污染，北京、石家庄、邯郸、

① ppm为10^{-6}，这里1ppm指的是CO_2的体积分数为1 μl/L，即1 L气体中有1 μl CO_2。

② 数据来源：2014年中国环境状况公报。

保定、长春等 33 个城市空气质量达到严重污染程度。其中北京局部地区 $PM_{2.5}$[①]浓度更是高达 993 μg/m³。我国平均大约两天就发生一起环境污染事件，环境污染已成为威胁人类生活质量和生命安全的重要因素。

环境危机正在越来越严重地制约中国经济的发展。在传统工业化模式下，不断增长的 GDP 数字是以资源衰竭、环境恶化和公众健康的不断透支为代价的。根据世界银行的测算，我国生态环境的破坏或者环境污染的影响对国民经济造成的损失占 GDP 总值的 13%左右，这一数据甚至高出了经济增长的水平，这不仅会直接影响人们的生活水平，还会危及经济的后续发展。转变高耗能、高污染的经济增长方式，大力推进节能减排，发展以低耗能、低污染、低排放为标志的低碳经济和绿色经济，实现绿色发展，正在成为中国经济发展的必然选择。中共中央提出了科学发展观，建设和谐社会，建设资源节约型、环境友好型的社会。党的十七大报告更把节能减排提到这样的高度："坚持节约资源和保护环境的基本国策，关系人民群众切身利益和中华民族生存发展。必须把建设资源节约型、环境友好型社会放在工业化、现代化发展战略的突出位置，落实到每个单位、每个家庭。"报告同时强调，要在全社会牢固树立"生态文明"的观念。这些都意味着环保政策在中国得到了极大的重视，同时也为中国经济增长从传统工业化到新型工业化模式的转变提供了一个良好的机会。党的十八大报告首次单篇论述"生态文明"，并第一次提出"推进绿色发展、循环发展、低碳发展"，"建设美丽中国"。

金融作为现代经济的核心，是一种与社会经济制度紧密相关、相互影响、互为因果的支撑因素。随着传统经济发展方式向绿色低碳经济逐步转型，金融也必然要走向绿色化，绿色金融已成为现代金融发展的必然趋势。在我国，以银行信贷为主要形式的间接融资占绝对主体，银行信贷投向在很大程度上决定了资金等生产要素的流向和配置，绿色信贷成为绿色金融的最为重要的组成部分。商业银行的信贷政策要充分考虑并协调配合国家的产业政策，以支持社会、经济和环境的绿色发展。

当出现温室气体的高额排放、环境污染等事件时，我们首先谴责的往往是事件的直接制造者——"两高"企业、产能过剩企业、环境违法企业等。随着认识的不

① $PM_{2.5}$ 是指大气中直径小于或等于 2.5 μm 的颗粒物，称为细颗粒物。世界卫生组织（WHO）认为，$PM_{2.5}$ 浓度小于 10 μg/m³ 是安全值。美国的现行标准为 35 μg/m³ 浓度的 $PM_{2.5}$ 对应的空气质量指数为 100，即高于 35 μg/m³ 为不达标。国内现行的标准为 75 μg/m³ 浓度的 $PM_{2.5}$ 对应的空气质量指数为 100，即高于 75 μg/m³ 为不达标。

断深化和理论的升华，人们越来越意识到危害环境的企业的背后支撑力量——银行的作用。银行作为资金配置的重要市场主体，当它为企业项目提供资金的时候，则意味着其对该项目和该企业的认可和支持。银行的行业特性要求其发挥和承担更多社会责任，即主动把对经济、社会和环境和谐统一的追求纳入自身的发展目标中，真诚推动与各利益相关者的互动。所以银行和其他金融机构在向重大项目提供资金支持时有责任、有义务评估、监督项目的环境和社会影响。

银行的业务导向是环境保护事业的一个十分重要的增强机制。银行在信贷管理中强调企业的环境表现，对环境友好型、资源节约型企业给予贷款，对高能耗、高污染企业不予贷款；对一个特定借款人的节能改造项目予以贷款支持，而其高能耗项目则贷不到款。正是由于信贷资金对企业发展具有决定性作用，因此银行业务是否强调节能环保对企业的经营活动具有很强的导向作用。发展绿色信贷，是时代赋予银行业的重要使命。

3.1.2　宏观绿色信贷政策的发展

我国绿色信贷在政策制度方面的发展大体经历了三个阶段。

3.1.2.1　酝酿萌芽阶段（1995—2006 年）

1993 年 6 月 21 日，国家环保局、国家计委、财政部、中国人民银行发布了《关于加强国际金融组织贷款建设项目环境影响评价管理工作的通知》，其中提出进一步加强国际金融组织贷款项目环境影响评价的管理工作；1995 年 2 月，中国人民银行下发了《关于贯彻信贷政策与加强环境保护工作有关问题的通知》，要求各级金融部门将重视支持自然资源和环境的保护体现在信贷工作中，银行考虑贷款时要把生态资源保护和污染防治这些要素加入进去，以推动经济建设和环保事业协调发展，这是在新形势下加强环保工作的一项重大举措；1996 年 3 月，我国政府颁布《中华人民共和国国民经济和社会发展“九五”计划与 2010 年远景目标纲要》，确立绿色发展为我国的基本国策。1996 年，国务院颁布了《关于环境保护若干问题的决定》，就实行环境质量行政领导负责制、维护生态平衡、保护和合理开发自然资源、严格环保执法，强化环境监督管理、大力发展环境保护产业、加强宣传教育，提高全民环境意识等问题做出了具体规定。2004 年，发改委、人民银行和银监会联合发布了《关于进一步加强产业政策和信贷政策协调配合控制信贷风险有关问题的通知》，明确了对属于禁止类目录的建设项目，各金融机构要立即停止各种形式的新增授信支持，对已实施的项目授信要采取妥善措施予以收回；对于限制类目录所涉及的建设项目，各级投资主管部门要立即停止审批，拟建项目一律停止建设；在建项目暂停建设，由各级投资主管部门牵头进行清理整顿，区别对待，分类处理；在清理整顿期间，各金融机构要停止给予新的各种形式授信支持。2005 年 12 月，国务院发布了《关于落实科学发展观　加强环境保护的决定》，再次强调了金融部门要制定有利于环境保护的金融政策。

3.1.2.2　启动实施阶段（2007—2010 年）

2007 年以后，我国加大重视环境保护与经济发展之间的关系，重点实行行政手段与经济手段相结合，推动绿色发展。当年，结合我国发布的《节能减排综合性工作方案》，2007 年 6 月 29 日，中国人民银行发布了《关于改进和加强节能环保领域金融服务工作的指导意见》，要求各银行类金融机构要认真贯彻国家环保政策，严格授信管理，将环保评估的审批文件作为授信使用的条件之一，严格控制对高能耗、高污染行业的信贷投入，加快对落后产能和工艺的信贷退出步伐。2007 年 7 月 15 日，银监会颁布《关于防范和控制高耗能高污染行业贷款风险的通知》，指出商业银行要进一步加强高能耗、高污染行业贷款的贷前调查、贷中审查和贷后检查，严把“两高”贷款闸门。国家环保总局、银监会和中国人民银行于 2007 年 7 月 30 日联合发布了《关于落实环保政策法规　防范信贷风险的意见》，该意见首次提出的“绿色信贷”理念，为银行业金融机构支持节能减排提供了政策依据，要求银行业金融机构依据环保部门通报的情况，严格贷款审批、发放和监督管理。指出金融机构应依据国家产业政策，进一步加强信贷风险管理，对鼓励类项目在风险可控的前提下，积极给予信贷支持；对限制和淘汰类新建项目，不得提供信贷支持；对属于限制类的现有生产能力，且国家允许企业在一定期限内采取措施升级的，可按信贷原则继续给予信贷支持；对于淘汰类项目，应停止各类形式的新增授信支持，并采取措施收回已发放的贷款。2007 年 11 月 23 日，银监会印发了《节能减排授信工作指导意见》，银行业金融机构要从战略规划、内部控制、风险管理、业务发展着手，防范高耗能、高污染带来的各类风险。2007 年 11 月，银监会发布的《关于加强银行业金融机构社会责任的意见》指出，银行业金融机构的社会责任至少应包括节约资源、保护和改善自然生态环境。2007 年我国颁发的一系列文件阐明了发展绿色信贷的紧迫性和重要性，标志着环境保护国家意志的强化，标志着我国绿色信贷的正式起步，这就为有关环保法律的制定、修改和绿色信贷政策的法律化提供了难得的历史机遇。

2008 年，中国银行业协会发布了《中国银行业金融机构企业社会责任指引》，对银行业金融机构履行企业社会责任的管理机制和制度提出了建议。2009 年中国银行业协会首次公开发布《中国银行业社会责任报告》，报告从银行业发展概况、银行业对经济社会发展贡献情况、银行业对利益攸关者尽责情况等六个方面，介绍了银行履行社会责任情况。

2009 年 12 月 23 日，中国人民银行又联合银监会、证监会、保监会共同发布了《关于进一步做好金融服务支持重点产业调整振兴和抑制部分行业产能过剩的指导意见》（以下简称《指导意见》），明确指出要严格控制产能过剩行业的信贷投放，加大力度支持环保产业。《指导意见》明确要求，对于符合重点产业调整振兴规划要求、符合市场准入条件、符合银行信贷原则的企业和项目，要及时高效保证资金供给；对于不符合产业政策、市场准入条件、技术标准、项目资本金缺位的项目，不得提供授信支持；对属于产能过剩的产业项目，要从严审查和审批贷款。其中，禁止对国家已明确为严重产能过剩的产业中的企业和项目盲目放贷；对不符合重点产业调整和振兴规划以及相关产业政策要求，未按规定程序审批或核准的项目，尤其是国家明令限期淘汰的产能落后、违法违规审批、未批先建、边批边建等项目，银行业金融机构不提供任何形式的信贷支持。《指导意见》的提出进一步加大了对节能减排和生态环保项目的金融支持，支持发展低碳经济。鼓励银行业金融机构开发多种形式的低碳金融创新产品，对符合国家节能减排和环保要求的企业和项目，按“绿色信贷”原则加大支持力度。

2010 年 5 月 8 日，中国银监会联合中国人民银行出台了《关于进一步做好支持节能减排和淘汰落后产能金融服务工作的意见》（银发[2010]170 号），各银行业金融机构积极响应，进一步完善绿色信贷政策，以“节能减排、绿色环保和循环经济”为重点，开展符合国家产业政策与环保要求的信贷业务，防范环保风险，优化信贷结构，为促进绿色信贷发展提供制度保障。

3.1.2.3 推进发展阶段（2011 年至今）

“十二五”时期，我国又站在了新的历史发展起点上，适应转变经济发展方式这一主线的需要，对各个方面的工作都提出了更高的要求。面对新的形势和任务，2012 年 2 月 24 日，中国银监会印发了《绿色信贷指引》，要求充分发挥银行业金融机构在引导社会资金流向、配置资源方面的作用，配合国家节能减排战略的实施，贯彻落实《“十二五”节能减排综合性工作方案》《国务院关于加强环境保护重点工作的意见》等宏观调控政策，积极有效开展绿色信贷，加大对绿色经济、低碳经济、循环经济的支持，防范环境和社会风险，优化信贷结构，提高服务水平，更好地服务实体经济，大力促进节能减排和环境保护，促进发展方式转变。此次新《绿色信贷指引》的出台更强调银行环境风险管理制度及体系的完善。该指引对银行的组织管理、政策制度、流程管理、内控管制与信息披露以及监督、检查都提出了具体要求。这预示着绿色信贷政策要加快实施，力求更大成效。

2013 年，银监会推进绿色信贷统计制度，明确了 12 类节能环保项目和服务的绿色信贷统计范畴。2014 年 6 月，银监会发布《绿色信贷实施情况关键评价指标》，完善绿色信贷考核评价体系，超过 100 个指标对组织管理、能力建设、流程管理、内控管理、信息披露等方面进行了规范。将考核评价结果作为银行业金融机构准入、工作人员履职评价和业务发展的重要依据，探索将绿色信贷实施成效纳入机构监管评级的具体办法，为开展绿色银行评级奠定基础。

2015 年 1 月 19 日，中国银监会与国家发展和改革委员会联合发布《能效信贷指引》，鼓励和指导银行业金融机构积极开展能效信贷业务，有效防范能效信贷业务相关风险，支持产业结构调整和企业技术改造升级，促进节能减排，推动绿色发展。能效信贷是指银行业金融机构为支持用能单位提高能源利用效率、降低能源消耗而提供的信贷融资，《能效信贷指引》将引导更多的银行业金融机构进入绿色信贷领域，发挥其在引导社会资源流向绿色经济、低碳经济领域的资源配置作用。2015 年 9 月 11 日，中共中央、国务院印发了《生态文明体制改革总体方案》，着重提出建立绿色金融体系。推广绿色信贷，研究采取财政贴息等方式加大扶持力度，鼓励各类金融机构加大绿色信贷的发放力度，明确贷款人的尽职免责要求和环境保护法律责任。建立绿色评级体系以及公益性的环境成本核算和影响评估体系。积极推动绿色金融领域各类国际合作。

2016 年 2 月 14 日，中国人民银行等八部委联合印发《关于金融支持工业稳增长调结构增效益的若干意见》提出推动加快工业信贷产品创新，大力发展能效信贷、合同能源管理未来收益权质押贷款、排污权抵押贷款、碳排放权抵押贷款等绿色信贷业务，积极支持节能环保项目和服务。2016 年 8 月 31 日，中国人民银行、财政部、国家发展和改革委员会、环境保护部、中国银行业监督管理委员会、中国证券监督管理委员会、中国保险监督管理委员会联合印发了《关于构建绿色金融体系的指导意见》（银发[2016]228 号，以下简称《指导意见》）。随着《指导意见》的出台，中国将成为全球首个建立了比较完整的绿色金融政策体系的经济体。《指导意见》强调，构建绿色金融体系的主要目的是动员和激励更多社会资本投入绿色产业，同时更有效地抑制污染性投资。构建绿色金融体系，不仅有助于加快我国经济向绿色化转型，也有利于促进环保、新能源、节能等领域的技术进步，加快培育新的经济增长点，提升经济增长潜力。《指导意见》提出了支持和鼓励绿色投融资的一系列激励措施，包括通过再贷款、专业化担保机制、设立国家绿色发展基金等措施支持绿色金融发展。

3.1.3 绿色信贷的地方行动

在绿色信贷政策的指导下，各地方政府纷纷结合当地特色开展创新型尝试，提出了自己的绿色信贷政策。据不完全统计，已经有 20 多个省份和城市（福建、陕西、山西、浙江、江苏、河南、河北、江西、辽宁、黑龙江、四川、青海、广东、辽宁、北京、重庆、深圳、沈阳、宁波和西安等）的当地政府、环保部门与银行部门，联合出台了有关绿色信贷的实施方案和具体细则。

2008 年 5 月，中国人民银行石家庄中心支行、河北省银监局、河北省环保厅联合制定的《河北省绿色信贷政策效果评价办法（试行）》发布实施，规定每两年对各金融机构绿色信贷实施效果进行一次综合评定。河北省银监局同时出台了积极的“绿色信贷”政策，提出对促进节能减排、改善生态环境的产业或产品，银行业金融机构将给予贷款支持；对从事生态保护和污染治理的项目和企业，将择优扶持；对能耗、排污不达标，或违反国家有关规定的贷款企业，坚决收回贷款；对不稳定达标或节能减排目标责任不明确、管理措施不到位的企业，调整贷款期限，压缩贷款规模，从严评定贷款等级。2008 年 8 月，山东省环保厅与人民银行济南分行联合出台的《绿色信贷指导意见》明确要求银行类金融机构信贷支持节能减排技术创新和节能环保技改，严格限制向环境信用差的企业放贷。近几年吉林省榆树市环保局与中国人民银行榆树支行先后联合出台了《关于加强环境保护　防范企业信贷风险的意见》《关于加强信息交流　进一步落实“绿色信贷”制度的意见》《关于落实“绿色信贷”制度，打造绿色金融环境的意见》等文件，进一步对绿色信贷的环保信息、授信对象、信贷流程等进行全面管理。

从 2009 年起，江苏省、上海市、浙江省三省市联合将长江三角洲区域内的企业按照其环境行为表现分为 5 个等级，并将评价结果及时通报金融管理部门，引导银行业金融机构对上述企业实施“区别对待、有保有压”政策。2009 年，陕西省西安市正式启动绿色信贷系统。环保部门向银行提供的违法信息更加明确，将企业划分为“恶意违法”和“一般违法”两类。8 类“恶意违法”行为将被限制贷款，要求各家商业银行把企业环保守法情况作为审批贷款的必备条件之一。同时，环保部门将加大向银行通报的频次与力度，违法单位的不良记录将直接导致其贷款受到影响。2010 年，广东省环保厅印发了《广东省环境保护厅重点污染源环境保护信用管理办法》，对各排污单位开展环境信用状况评价，并将评价结果抄送给广东省金融监管机构，作为其贷款决策的重要依据。河北省和山西省相继颁布了绿色信贷效果评价方法，对银行业金融机构执行环保信贷政策的情况开展考核评价，考核结果作为银行评优重要依据。2010 年 4 月，人民银行德惠市支行、德惠市环保局、德惠市银监办联合发布《关于下发银行信贷工作贯彻环保政策法规　防范信贷风险意见的通知》，制定绿色信贷工作操作规程，明确人民银行、环保、银行监督、银行业金融机构等各部门在“绿色信贷”工作中的职责和分工。2011 年 4 月，浙江省银监局与浙江省环保厅签署了绿色信贷工作合作备忘录，合作构建绿色信贷三大工作机制，即绿色信贷信息共享机制、绿色信贷管理机制和工作保障机制，督促银行机构实行差别化绿色信贷政策。

除此之外，各地方政府也加强了环保部门与金融系统的企业环保信息共享，为绿色信贷的开展提供信息参考。2007 年 5 月，深圳市环保部门与金融监管部门积极合作，将深圳市的企业环保信息正式纳入企业信用信息征信系统。2008 年 1 月，江西省环保厅与人民银行南昌中心支行联合发出《关于环保部门与人民银行建立信息共享机制的通知》，就建立信息共享机制、促进污染减排、防范信贷风险提出了具体措施。福建省环保厅与福建省银监局签订了信息交流与共享协议，建立了信息沟通和共享机制，将环境执法信息纳入人民银行征信管理系统，加强对企业环境违法行为的经济制约和监督。重庆市环保部门将环境友好企业，完成节能减排任务的企业，违反环评制度未批先建、超标排污的企业或项目业主等共 21 类环保信息纳入人民银行企业和个人信用信息基础数据库，环境违法企业贷款将受到限制。2010 年济南市环保局、中国人民银行济南分行营业管理部联合印发了《关于贯彻落实绿

色信贷政策 完善信息共享工作的通知》，将企业环保信息纳入银行信贷征信系统，作为银行向企业提供贷款的重要参考因素之一。

正是这些地方政策的实施，使得国家政策得到了进一步的细化和落实，而且这些政策也大力地推动了绿色信贷业务在地方上的发展。

3.1.4 银行业的绿色信贷状况

2014 年 11 月 4 日，国家开发银行、中国进出口银行、中国工商银行、中国农业银行、中国银行、中国建设银行、交通银行等 29 家银行加入中国银行业协会绿色信贷业务专业委员会，签署了《中国银行业绿色信贷共同承诺》，这是我国绿色金融不断发展壮大、逐步走向成熟的重要标志。

截至 2015 年年底，银行业金融机构绿色信贷余额 8.08 万亿元；其中，21 家主要银行业金融机构绿色信贷余额达 7.01 万亿元，较年初增长 16.42%，占各项贷款余额的 9.68%。贷款所支持项目预计可节约标准煤 2.21 亿 t，节约水 7.56 亿 t，减排二氧化碳当量 5.50 亿 t、二氧化硫 484.96 万 t、化学需氧量 355.23 万 t、氮氧化物 227.00 万 t、氨氮 38.43 万 t。

3.1.4.1 政策性银行的绿色信贷

低碳经济在我国还处于发展的初期阶段，需要政策的引导和支持。一般来说，节能减排项目、环保项目往往具有投资规模大、周期长、资金回收时间长、社会效益和生态效益大于经济效益的特点，商业银行从盈利的角度出发对其比较抵触，而政策性银行作为金融体系的重要力量，支持的是关系国民经济发展、社会稳定的国家基础设施、基础产业、支柱产业、绿色产业和高新技术产业的发展，因此，我国的政策性银行——国家开发银行①、中国进出口银行、中国农业发展银行在发展低碳经济和绿色信贷的进程中扮演了重要的引导和支持角色，在信贷投放时充分考虑环境因素，把保护环境和合理利用、开发资源作为自己义不容辞的重要职能，成为政府干预经济、引导金融的重要手段。

（1）国家开发银行。作为开发性金融机构，国开行力求在绿色信贷、支持环保

① 国家开发银行具有开发性金融性质，不是真正意义上的商业银行，所以暂时将其归到政策性银行当中进行分析。

及节能减排事业中发挥先锋先导作用。从 1994 年成立起，就开始探索如何介入环境保护领域，始终将环保及节能减排领域作为业务发展的重点。

首先，国开行制定了一系列关于环保贷款和绿色信贷的制度规范。2006 年 12 月，国开行加入了联合国全球契约计划，高度关注业务发展中环境保护的基本原则。2007 年，先后出台了《国家开发银行节能减排专项贷款业务指导意见》《国家开发银行污染减排贷款工作方案》《关于落实节能减排目标项目贷款评审的指导意见》等多项具体措施。2008 年 2 月，成立了赤道原则工作小组，在业务发展中引入赤道原则理念，坚持绿色发展和履行社会责任，连续六年荣获人民网颁发的“人民社会责任奖”，被中华环保联合会评为“低碳经济发展突出贡献企业”。

其次，国开行总行专门设立了负责环保及节能减排项目的开发评审部门，并由多个部门共同负责环保和社会风险管理，在保障资金安全、风险可控的前提下，充分考虑项目的环境效益、社会效益，推动环保与节能减排重点项目建设，履行银行社会责任，促进社会和谐发展。在环保及节能减排领域的重点、信贷投向包括三大类、18 个子项。主要包括：①城镇及水环境综合治理，包括城镇污水处理及回用、城镇生活垃圾资源化利用和无害化处置；②工业污染治理和循环经济，包括工业污水污染治理、清洁生产等；③十大重点节能工程和清洁能源，包括区域热电联产、余热余压利用。国开行在项目评审、决策阶段，严格执行环保审查程序，要求贷款项目的环评合格率保持在 100%，严格执行国家产业结构调整指导名录，控制“两高一资”行业贷款，支持加快淘汰落后产能项目，对限制类和淘汰类的项目一律不予支持。

再次，国开行通过与环保部、环保部对外合作中心及企业合作，开展环保项目贷款。2009 年 2 月，国开行与环保部签订了开发性金融合作协议，在未来七年内，对环保部规划的重点环保工程提供 1 000 亿元信贷资金的支持。截至 2011 年 12 月底，国开行为支持协议中列出的环境重点项目工程发放贷款 1 123 亿元，超出了预期的融资规模。与环保部对外合作中心开展合作，引入北欧基金的资金，为国内的环保项目贷款提供担保，拓宽了环保建设项目融资的有效途径。同时，与深圳水务集团、北控水务集团等大型水务公司合作，积极开发市场化主体，在污水处理厂建设、流域治污等方面承担项目融资和建设。

最后，建立环境效益指标评价体系。2010 年，国开行与环保部共同开展课题合作，建立了支持环保及节能减排项目形成的环境效益测算体系，量化测算国开行重点支持的13类环保项目的节能量、4类环保实施建设项目的减排量。经初步测算，2006—2010年，国开行贷款支持的建成项目投产后，可新增COD削减能力3 054 t/d，新增二氧化硫消减能力223万t/a。

截至2011年年底，国开行环保及节能减排贷款余额达到6 500亿元，占到全行贷款余额的12.7%，贷款余额近五年内平均增长率达到了37.5%[①]。截至2012年年底，国开行环保及节能减排贷款余额达8 453亿元，占全行贷款余额的13.2%。国开行贷款支持的项目每年可节约能源折合1 091万t标准煤，削减化学需氧量97万t。截至2014年6月底，国开行绿色信贷项目的贷款余额超过1.3万亿，占同期全行贷款余额的18%。国开行绿色信贷项目每年可节约标准煤6 660万t；减少二氧化碳排放1.76亿t，减少二氧化硫及氮氧化物排放310万t；削减化学需氧量100万t。

（2）中国进出口银行。在支持绿色信贷方面，中国进出口银行颁发了《环境与社会评价指导意见》《关于贯彻落实国家节能减排政策的若干意见》《关于进一步明确“两高一剩”行业信贷政策，做好我行节能环保领域金融服务工作的通知》等文件，对各经营主体和业务管理部门的业务运行发挥了很好的导向作用。2012年2月，银监会《绿色信贷指引》下发后，中国进出口银行建立了环保风险信贷退出机制，规定在贷款发放环节再次审核客户环保合规信息和项目环保要求落实状况，严格控制对“两高一剩”行业的信贷投放，加大对循环经济、环境保护及节能减排技术改造项目的信贷支持。

进出口银行发挥自己的优势，引进国际金融机构优惠贷款，利用转贷的机会推进以节能减排与新能源贷款为主要内容的绿色信贷业务。2007年中国进出口银行与日本国际协力银行和瑞穗实业银行设立了中日节能环保产业投资基金。2009年，中国进出口银行批准并向武汉凯迪控股有限公司发放中德财政合作能效、可再生能源贷款和人民币配套资金贷款，发展生物质能以弥补我国化石资源不足，减少环境污染，共计人民币1.4亿元；2011年，中国进出口银行成功获得世行节能（三期）1亿美元贷款转贷权，将融资服务从水泥、钢铁等工业节能领域扩大至建筑节能领域；首度为节能项目融资引进合同能源管理机制；继续扩大中美主权担保贷款支持

① 《国开行：环保贷款期限最长可达20年》，人民网，2012-05-17，http：//finance.people.com.cn/bank/GB/17911914.html。

领域；欧洲投资银行应对气候变化框架贷款项目、亚洲开发银行绿色煤电项目等其他绿色信贷项目。2011 年，新签转贷协议 36 份，协议金额 6.24 亿美元，年末贷款余额 262.2 亿美元。实施节能减排及新能源贷款项目 54 个，批准贷款 74 亿元人民币，贷款余额约 47 亿元，继续保持主力转贷行的地位。[①]2013 年，中国进出口银行基于转贷业务平台，先后为中小民营企业、国有大中型企业提供了超过 6 亿美元的节能减排和新能源优惠贷款资金。在进出口银行支持的项目中，除涉及风电、太阳能、生物质能等可再生能源领域外，还包括天津整体煤气化联合循环电厂、中国节能环保集团公司拉法基瑞安水泥余热发电、武钢集团节能技改等百余个项目。2015 年，中国进出口银行福建省分行与中福海峡（平潭）水务工程有限公司签订了 7 500 万元人民币节能环保贷款，用于支持平潭综合实验区金井湾污水处理厂一期项目建设。中国进出口银行吉林省分行累计办理节能环保类贷款 2.73 亿元，用于支持省内造纸企业吉林泉德秸秆综合利用有限公司采用清洁生产工艺，综合利用农作物秸秆，生产环保用纸。

此外，中国进出口银行在境外投资项目中重视考察项目对周边环境和生态的影响，受到国际好评。中国水电甘再项目公司于 2007 年 8 月 31 日与中国进出口银行签署了关于柬埔寨甘再水电站项目的借款合同，采用了国际上标准的有限追索的项目融资方式，甘再项目执行过程特别关注环境保护、征地移民以及与当地社区的和谐发展，并且得到中国进出口银行在贷后检查过程中的认可和肯定。2009 年，中国进出口银行还向葛洲坝集团承建的赤道几内亚首都马拉博城市污水管网与污水处理厂工程提供 9 亿元人民币对外承包工程贷款。该项目是赤道几内亚政府为完善城市基础设施建设、改善城市环境、防治水污染而建的，具有良好的社会效益。

（3）中国农业发展银行。作为支持“三农”的重要力量，中国农业发展银行在支持绿色农业、绿色经济上不遗余力。农发行根据自身业务特点在修订的《信贷政策指引》中明确提出，重点支持农村清洁能源、流域和农村综合环境治理等领域；支持我国大型灌区配套节水改造、大型江河湖水系治理、农村饮水安全，择优选择水热电气、垃圾污水处理及农村环境综合治理等项目。对节能减排显著的地区和企业及项目实行一定程度的信贷政策倾斜。

农发行把绿色信贷政策规定作为贷款准入的一个重要条件。在贷款调查环节，

---

① 中国进出口银行网站，http：//www.eximbank.gov.cn/index.shtml。

将客户的环保、节能问题作为调查的一项重要内容，认真调查核实客户的治污设施建设投资情况、运转情况、排放达标情况，严格执行“环保一票否决”制度，对不符合国家政策要求的项目坚决不受理。在评级授信环节，对“被列入国家产业政策限制类或淘汰类，或被国家有关部门认定为高能耗、高污染的客户”采取重评和下调客户信用等级的措施；对限制类新建项目不得授信，对已经介入并授信的限制类客户，逐步压缩授信规模，直至退出；对列入淘汰类项目严禁准入，已经授信的立即中止，并采取措施收回已发放的信用。2009 年 6 月，由于广西平果凯特生化有限公司因环境违法被行政处罚，为规避信贷风险，农发行收回了该公司总额为 2 100 万元的贷款。农发行把环境评价报告作为贷款申报的必备材料之一，以项目获取有关主管部门审批通过作为项目授信、合规审查的最低要求。密切关注国家新的准入条件和环保标准，聘请道路、水利、电力等方面的专家作为该行的外聘专家，重点对项目的可行性、环境影响、项目建设可能出现的问题提出意见，从严审查审批贷款，切实防范因违背国家环保政策形成的信贷风险。同时对涉及绿色信贷的项目提高审批效率。2007 年以来，农发行利用政策性信贷杠杆引导资金和贷款流入国家环保节能行业，并从破坏、污染环境的企业和项目中抽离，促进了节能环保和农发行信贷业务的和谐发展。累计发放贷款 35.48 亿元支持以天然林保护、退耕还林、湿地保护、荒漠化及石漠化治理、重点区域及流域水土保持工程等为重点的农业生态环境建设，涉及项目 30 多个，建成后可新增绿地面积 8 837 亩，治理沙漠石化面积 115 km^2，改善水面污染 251 km^2；累放贷款 67.02 亿元，支持以保障粮食安全、降低农业生态损耗、提高农业综合生产能力为重点的农田水利基本建设和农业生产基地开发与建设，涉及项目 70 多个，建成后预计增加或改善灌溉面积 300 余万亩，增加蓄水 160 余万 m^3，新增良田 180 余万亩。[①]2008 年开始，农发行对绿色产业的投放力度不断加大，重点支持了我国大型灌区配套节水改造、大型江河湖水系治理、农村饮水安全、农村清洁能源开发，择优选择水热电气、垃圾污水处理及农村环境综合治理等项目，对节能减排显著的地区和企业及项目实施了一定程度的信贷政策倾斜。2009 年农发行涉及节能减排贷款余额 308.23 亿元，较 2008 年增加 167.97 亿元，增幅 148%，主要投向生态及生活环境改善、能源综合利用改造、循环经济试点、节能减排技改等项目建设。2012 年，农发行在开展贷款客户风险排查和分

① 《中国农业发展银行去年发放绿色信贷逾 270 亿元》，中国证券报，2008-02-25。

类排队时，结合国家产业行业政策和绿色信贷要求，将 2.8 万多家贷款客户分类，针对各类贷款管理特点提出了限制和退出的规定。为进一步发挥政策性资金在支持农业和农村经济、节能环保、绿色发展中的作用，农发行将有限的信贷资金重点用于支持城镇污水处理、河道治理、垃圾处理、水资源节约利用等以改善农村生态和生活环境为主的重点工程项目。其中，江西省分行发放贷款 20.4 亿元支持县级城市防洪工程及河道治理，重庆市分行发放贷款 6.4 亿元用于支持当地水库建设工程项目、污水综合处理工程项目、饮水安全工程建设，有力推动了地方经济与资源环境的协调发展。截至 2012 年 10 月末，农发行新投放符合国家节能减排等绿色信贷要求的贷款 73.48 亿元，贷款余额达 522.76 亿元。①

3.1.4.2 商业银行的绿色信贷

（1）基本形成了自身的绿色信贷政策体系。在国家绿色宏观经济政策的引导下，各家商业银行越来越重视发展绿色信贷，将支持节能减排和环境保护作为自身经营战略的重要组成部分，建立了有效的绿色信贷促进机制和较为完善的环境、社会风险管理制度，根据国际条约、国际惯例、国内法律、环保标准以及环保指导性文件相应制定了一系列绿色信贷政策和管理制度，在政策方面基本形成了自身的绿色信贷政策体系。

2008 年中国建设银行制定了“两高”行业的授信操作细则以及《关于加强中国建设银行节能减排授信管理工作的方案》，2009 年制定了基本涵盖钢铁、水泥等高耗能、高污染和产能过剩行业的 53 个审批指引，2012 年颁布了《落实银监会绿色信贷指引工作方案》和《中国建设银行节能减排信贷指导意见》，2015 年制定了《中国建设银行绿色信贷实施方案》；2010 年以来中国工商银行先后制定了《关于加强绿色信贷建设工作的意见》《关于进一步做好信贷支持节能减排工作的意见》《关于对境内公司贷款实施绿色信贷分类及管理的通知》《中国工商银行绿色信贷发展战略》等多项制度；招商银行在 2007 年宣布正式加入联合国环境规划署金融倡议项目，发布了《招商银行绿色金融营销指导意见》，并且为了推动绿色金融业务的发展而推出了“绿色金融营销指引”，发布了《关于加强高耗能、高污染行业信贷风险管理的指导意见》，2009 年制定了《绿色金融信贷政策》，提出“环保为先”原则；交通银行制定了《交通银行“绿色信贷”工程建设实施办法》，对全部信贷

① 《农发行 522 亿元绿色信贷支持节能减排》，金融时报，2012-12-11。

客户和业务实行了环保分类管理，2010 年还积极制定了《关于对境内公司贷款实施绿色信贷分类及管理的通知》，提出了针对 31 个具体行业的绿色信贷管理和操作要求，2012 年又制定了《绿色信贷政策》和《绿色信贷实施办法》；2010 年中国民生银行出台《中国民生银行绿色信贷政策指导意见》，要求总行有关部门和经营机构积极开展多元化、多层次的绿色信贷产品开发和创新；浦发银行制定了《上海浦东发展银行信贷投向政策指引》，明确提出了对节能减排项目的信贷支持，2008 年，在全国商业银行中率先推出首个针对低碳经济的整合服务方案《绿色信贷综合服务方案》；2012 年，更是推出《绿创未来——绿色金融综合服务方案 2.0》，包含了“五大板块、十大创新产品”，形成了目前业内最全的、覆盖低碳产业链上下游的绿色信贷产品和服务体系。

截至目前，绿色信贷理念基本已被国内银行业金融机构广泛接受，众多政策的出台也为绿色信贷的具体执行奠定了基础。但是，总体来看，绿色信贷的覆盖面及被接受程度仍较低，全国 25 家规模较大的银行业金融机构中只有 13 家发布了绿色信贷规范文件，而且已出台的政策文件基本上只是框架和理论上的内容，存在不够细致、可操作性较差等问题。由于认识、信息、理论等方面的制约，各家商业银行各自为政，绿色信贷标准、统计口径不一，实施绿色信贷还存在着许多制度性和技术性的问题。

（2）严格落实和执行具体信贷措施。重视并加强环境与社会风险管理，如兴业银行构建了环境与社会风险专家库，开发了环境与风险管理系统模块；把环保标准纳入客户授信准入和审批的重要依据，实行“环保一票否决制”，如中国银行、中国建设银行、中国工商银行、深圳发展银行、中信银行、交通银行、华夏银行等；对信贷业务实行差别化行业授权管理、名单式管理，如中国银行、中国工商银行等；各行均严格控制对高污染、高能耗和产能过剩行业的信贷投放，坚决清理和退出不符合国家产业政策的项目或行业的存量授信；积极开发绿色信贷产品，中国农业银行推出“金穗环保卡”“低碳基金托管”“再生资源增值税退税账户托管贷款”，兴业银行积极为客户提供购碳代理财务顾问业务、碳资产质押授信业务、碳交付保函等，中国光大银行的绿色零碳信用产品等。各大银行主动参与 CDM 项目和碳交易，上海浦东发展银行创新排放权（碳权）交易金融服务，推出以化学需氧量（COD）和二氧化硫排污权为抵押品的抵押贷款。招商银行推出节能收益抵押贷款、法国开发署（AFD）绿色转贷款、排污权抵押贷款、绿色设备买方信贷、绿色融资租赁、清洁发展机制（CDM）融资综合解决方案等六项新产品。北京银行与 ING 集团共同签署“碳中和”行动与企业责任谅解备忘录，约定在降低碳排放水平、制定碳排放补偿标准、参与碳排放补偿项目等方面继续加强合作。

（3）节能减排贷款稳步增长，但占比还较低。近年来各大银行纷纷加大了在国家节能减排重点工程和重点推广技术、新能源行业、资源综合利用、循环经济等节能减排和环境保护相关领域的信贷投放，信贷余额保持较高增长速度。截至 2011 年年底，各行在以上领域的贷款余额超过 2 万亿元，其中国家开发银行、四家大型商业银行和交通银行的节能环保相关贷款余额共计 19 557 亿元。节能环保项目的贷款总额逐年递增（表 3-2）。

表 3-2　2004—2014 年银行业金融机构节能环保项目贷款统计

年份	节能环保项目贷款额/万亿元	节能环保项目贷款占总贷款的比例/%	节能环保项目贷款涉及的项目数/个	节能环保项目贷款涉及的企业数/户
2004	0.089	1.86	882	1 395
2005	0.13	1.87	1 334	1 847
2006	0.20	2.65	1 999	2 649
2007	0.34	2.70	2 715	3 505
2008	0.37	3.11	2 983	3 615
2009	0.86	8.93	6 412	4 099
2010	1.01	—	6 522	4 558
2011	1.47	—	7 932	—
2012	3.58	—	10 874	—
2013	1.61	—	14 403	—
2014	1.87	—	15 718	—

资料来源：《2007—2014 年度中国银行业社会责任报告》。

截至 2014 年年底，银行业金融机构绿色信贷余额 7.59 万亿元。其中，21 家主要银行业金融机构绿色信贷余额达 6.01 万亿元，占其各项贷款的 9.33%，贷款所支持项目预计年节约标准煤 1.67 亿 t、水 9.34 亿 t，年减排二氧化碳当量 4 亿 t。[①]

① 《2014 年度中国银行业社会责任报告》。

（4）对“两高”[①]、过剩产能、环境违法企业的制约取得初步进展。各行建立了较为完善的“两高”行业及落后产能的风险管理制度，加大对“两高”、过剩产能和落后产能行业贷款的控制和管理力度，对高污染、高排放、产能过剩的行业贷款在下降（表 3-3）。2007 年山西晋韵钢铁有限公司、安徽蚌埠九采罗化工有限公司以及兰州九州乳液有限公司等 12 家企业被拒绝或停止贷款，据统计，仅 2007 年一年，工、农、中、建、交五大银行所收回的不符合国家节能减排政策的企业贷款就多达 39 亿元。

截至 2013 年年底，银行业金融机构“两高一剩”行业信贷规模 14 041 亿元，同比减少 4 634 亿元，同比降低 24.8%。截至 2014 年年底，“两高一剩”行业贷款余额 2.3 万亿元；节能环保贷款余额 1.87 万亿元，同比增长 16.85%，共计支持 15 718 个节能环保项目。

表 3-3　产能过剩行业贷款统计

行业	项目	2009 年	2010 年	2011 年
钢铁	贷款余额/亿元	6 247.16	7 028.94	7 927.20
	占总贷款余额比重/%	2.13	1.98	1.95
水泥	贷款余额/亿元	1 133.99	1 492.50	1 566.12
	占总贷款余额比重/%	0.39	0.42	0.39
平板玻璃	贷款余额/亿元	126.82	154.03	148.37
	占总贷款余额比重/%	0.04	0.04	0.04
煤化工、电石	贷款余额/亿元	872.90	984.10	1 068.13
	占总贷款余额比重/%	0.30	0.28	0.26
造船	贷款余额/亿元	818.43	845.04	775.34
	占总贷款余额比重/%	0.28	0.24	0.19
合计	贷款余额/亿元	9 199.31	10 504.65	11 485.16
	占总贷款余额比重/%	3.14	2.96	2.82

资料来源：《2011 年度中国银行业社会责任报告》。

（5）加强国家合作与交流、培训。为合规履行绿色信贷责任，提升绿色信贷业务水平，银行业金融机构广泛开展信贷指引、行业政策、审批政策、环保政策、国际标准等相关内容的培训，普及绿色信贷业务知识。主动与国际金融公司等国际组织、境外知名银行、非政府组织以及媒体广泛地进行环保绿色信贷方面的交流与合

① “两高”行业指钢铁、铁合金、水泥、电解铝、电石、焦炭、火力发电等高能耗、高污染行业。

作，多次举办绿色信贷研讨会、研修班，为绿色信贷政策和管理制度的制定创造条件，积累经验。银行业金融机构将社会责任理念纳入公司战略决策之中，将社会责任管理融入公司治理。截至 2014 年年底，银行业从事社会责任工作的专职员工达 1 200 余人，组织社会责任培训 300 余次，社会责任理念深入人心。2014 年 11 月 4 日，由 29 家主要银行组成的中国银行业绿色信贷专业委员会正式宣告成立，同时编写国内乃至世界首本绿色信贷教程，这是中国银行业集体发力绿色信贷的标志性大事。[①]中国光大银行在全行开展低碳金融培训并印发低碳金融服务产品手册和案例手册，还针对节能减排需求较旺盛的地区开展区域性低碳金融业务培训。招商银行与法国开发署共同组织了绿色金融培训会，邀请来自发改委、国家能源局及住房和城乡建设部等机构的有关领导和专家对新能源、工业节能、建筑节能等领域的法规政策进行全面系统的讲解。

（6）绿色度较低。当前我国银行业还普遍存在企业社会责任意识淡薄、片面追求利润最大化的缺陷，虽然我国政府明确了宏观绿色经济政策的导向，但是各大银行往往把绿色信贷作为响应国家政策的“秀”，把“绿色”表面化。即使行内制定了有关绿色信贷的政策、规范和细则，但是执行力度不强。大部分商业银行的绿色信贷贷款余额占比相对于贷款总额来讲还是较低，与银行自身实力严重不对称。退出“两高一剩”行业贷款的步伐相对较慢，有些商业银行“两高一剩”行业贷款仍占主要份额，绿色信贷虽有涉及，但只是贷款业务中较小的一部分。甚至还有部分银行盲目逐利而不关注环保责任，违规给高污染、高耗能企业提供贷款，成为一次次环境恶化事件的背后推手。深圳发展银行、华夏银行为存在严重环境污染问题和生态破坏问题的亚洲浆纸业有限公司（APP）等公司提供融资；招商银行为存在严重环境污染问题、生态破坏问题的紫金矿业集团以及存在潜在环境污染的翔鹭集团的 XP 项目等提供融资；交通银行为存在严重环境污染问题和生态破坏问题的中国石油天然气集团公司、中国华电集团鲁地拉和龙开口水电站、亚洲浆纸业有限公司（APP）等公司提供融资[②]……严重影响了商业银行的绿色形象。

《中国银行业绿色度状况评估报告》以 2010 年在中国市值排名前 50 位的中资银行（涵盖 3 家政策性银行（纳入国开行）、5 家大型商业银行、12 家股份制银行、

① 《2014 年度中国银行业社会责任报告》。

② 《中国银行业环境记录 2010》。

24 家城市商业银行和 6 家农村商业银行）为评估对象，以绿色信贷战略、绿色信贷管理、绿色金融服务、组织能力建设、沟通与合作作为衡量指标，采取百分制打分，将银行执行绿色信贷情况分为五个等级：A 级（80 分以上）、B 级（60～80 分）、C 级（40～60 分）、D 级（20～40 分）、E 级（0～20 分）；N 表示没有披露任何相关信息。评估结果显示，我国银行绿色度水平整体偏低。排名前 50 的中资银行中，只有 12%的银行全面执行了绿色信贷政策，制定了与绿色信贷有关的战略，且在绿色信贷管理、绿色金融服务、组织能力建设以及沟通和合作方面都采取了行动。一半以上的银行在落实绿色信贷政策方面情况不佳。其中，42%的银行等级为 E，即评分不足 20 分，表明这些银行在落实绿色信贷政策方面只采取了少量的措施或提出了绿色信贷有关的理念但并未采取任何措施；18%的银行没有任何和绿色信贷有关的信息。50 家银行中，仅兴业银行一家评分等级为 A 级。

根据对北方某省境内国开行、农发行、工商银行、农业银行、中国银行、建设银行及其他全国性股份制银行的最新调研，少数银行“漂绿”并对外宣传为“绿色银行”，加入某绿色金融国际组织，但在每年该省几百亿的贷款里，只有两笔符合该组织标准的绿色信贷。此外，某个被环保界和银行界普遍认可的绿色信贷标杆银行，并没有按照自身制定的绿色信贷基础标准进行放贷审核；在省一级分行也没有设立绿色信贷机构，甚至连专员都没有，“更不要说省以下分行、支行了”。①

由上可见，绿色信贷在中国仍然任重道远。

3.2 绿色信贷对保护生态环境、发展绿色经济的作用

改革开放 30 多年来，我国社会经济发展取得了举世瞩目的成就，人民生活得到了巨大改善，2010 年我国国内生产总值（GDP）跃居世界第二，经济总量仅次于美国，已经成为全球经济体系的重要组成部分。但是在发展的过程中，出现了资源的过度开发和低效利用以及生态环境恶化的趋势，经济发展与生态平衡的矛盾日益尖锐，以牺牲资源和环境为代价、单纯追求高增长的经济发展模式已经难以为继，取而代之的是低碳经济、绿色发展理念。党的十八大报告明确提出：“建设生态文明，是关系人民福祉、关乎民族未来的长远大计。面对资源约束趋紧、环境污染严

① 《银监会酝酿出台“绿色信贷”国标》，经济参考报，2012-08-27。

重、生态系统退化的严峻形势，必须树立尊重自然、顺应自然、保护自然的生态文明理念，把生态文明建设放在突出地位，融入经济建设、政治建设、文化建设、社会建设各方面和全过程，努力建设美丽中国，实现中华民族永续发展。”

绿色信贷政策作为经济手段中的重要一种，被发达国家所广泛采用，是国际上通用的一项环保措施，其在治理污染、保护生态环境、促进绿色发展方面具有重要的作用。

3.2.1 绿色信贷能够有效规范企业经营行为

绿色信贷主要是通过融资环节影响企业资本成本，进而对企业生产经营产生影响，抑制企业的环境污染行为，鼓励和规范企业正规经营行为。绿色信贷不仅对低碳和节能减排的项目及企业实施绿色信贷优惠支持，也对那些污染环境的企业实施信贷控制，对严重污染环境的企业，银行甚至还会采取相应的措施来收回已经发放的贷款，从资金源头上防制企业进行盲目投资和低水平重复建设。因此，绿色信贷的有效实施，能够直接或间接截断“两高一剩”企业的资金链条，通过增加企业的融资成本来抑制企业投资于有可能造成环境污染、资源浪费的项目，其效果就相当于对高耗能、高污染和产能过剩企业开征污染税，既惩罚了污染企业，有效限制了企业的污染行为，又不至于降低市场的资源配置效率。绿色信贷通过银行信贷严格控制对污染企业的资金投入，遏制其投资冲动和规模扩大，这就促使企业进行节能减排或将资金投入到非污染行业中去，使这些企业在防污治污上由被动变为主动，促进企业环境意识的觉醒或提高，增强企业的社会责任感，通过绿色创新，促进经济结构的调整和经济增长方式的转变。

3.2.2 绿色信贷能够引导资金流向

银行在配置与调控资源上具有独特的作用，实施绿色信贷，银行在管理项目融资上适用更为严格的评审标准与流程，可以依靠科学的筛选工具选择优质项目，决定了只有那些效益好、能效低、环境和社会风险能够得到控制的项目或企业才能获得融资支持，而限制了那些对环境和社会造成损害的项目或企业的发展，从而将金融资源引向那些有良好环境表现的企业或项目，实现更有效的配置。为了规避绿色金融的惩戒和赢得相应的发展机会，很多创业者就会更多地涉足于环境风险低的领域，很多成功的企业就会在上市融资和再融资上更多地倾向于绿色产业、环保产业，从而使得投资结构优化，不断推进产业的环保化。2007 年以来，我国商业银行逐渐加大对节能减排、新能源等国家政策鼓励领域的支持力度，将工业节能改造、资源循环利用、污染防治、生态保护、新能源可再生能源利用和绿色产业链列为重点支持项目。

3.2.3 绿色信贷能够有效克服市场失灵和政府失灵

环境资源属于公共产品，同时又是公共资源，环境污染问题具有很强的负外部性，但由于其具有的产权不明晰或具有多重性，市场机制在这一领域显然是无能为力的，从而进入“破坏环境”的纳什均衡状态。这种负外部性只能通过行政管制和外部性的内部化来加以解决。从行政管制来看，政府的介入往往以事后处罚为主，并且会因地方保护主义、办事程序拖沓效率低等原因而导致政府失灵。如政府制定的某些经济发展目标，如 GDP 的增长、经济增长速度的提高等，使经济主体片面追求经济总量的增加而忽视质量的提高，无形之中又加重了政府和市场失灵的程度，使“生态赤字”越来越严重。绿色信贷将环境风险纳入金融机构的风险管理当中，借助市场机制、政府管制、行业自律、社会监督等多重力量，既可解决市场失灵，又能回避政府失灵，推进经济的绿色可持续发展。

3.2.4 绿色信贷能够缓解环境和生态问题

面对资源约束趋紧、环境污染严重、生态系统退化的严峻形势，以绿色信贷推进生态文明建设是时代赋予金融行业的责任与使命。

从发达国家的经验来看，一旦环境退化水平超过生态阈值，可能造成实物上的不可逆转或者逆转费用极其高昂。而解决环境问题，关键在于生态补偿机制。所谓生态补偿，是调整环境保护（或破坏行为）相关主体利益关系的一种制度安排。在形式上，生态补偿表现为消费自然资源和使用生态系统服务功能的受益人。绿色金融本质上是一种市场化的生态补偿机制。银行业金融机构在执行绿色信贷的过程中，需要重点关注其客户及其重要关联方在建设、生产、经营活动中可能给环境和社会带来的危害及相关风险，包括与耗能、污染、土地、健康、安全、移民安置、生态保护、气候变化等有关的环境与社会问题。银行通过履行审慎性的审核调查义务，可以更有效地去评价、识别环境与社会风险；通过金融杠杆作用和资源配置功能引导社会资源流向，实现经济的可持续发展以及人与自然的和谐共处，促进金融与实体经济的良性互动和可持续发展。因此，绿色信贷应当成为金融生态经济发展的重要组成部分，通过吸收运用生态经济原理，在实现自身可持续发展的基础上不断推动我国生态经济发展的进程。

3.3 我国绿色信贷发展的障碍因素

绿色信贷在我国的发展已经有了一个良好的开局，环保和绿色能源企业得到了政策和资金上的扶持，经济杠杆初见成效。但目前我国的绿色信贷总量还相当微薄，绿色信贷额度占总信贷额度其实还只是一个很小的部分，在实践中还存在着诸多因素阻碍着我国商业银行绿色信贷的发展。

3.3.1 与绿色信贷相关的制度性安排缺失

绿色信贷是低碳经济和“两型”社会建设中金融业的深刻变革，是银行业传统信贷经营理念的重大变迁，作为一种新生事物，它的发展离不开战略上的指引和制度上的保障。当前我国政府和银行业基本从战略高度肯定了绿色信贷的重要意义，但是制度性的安排还存在很多漏洞，这成为绿色信贷发展的根本性制约因素。

（1）绿色信贷政策基本已成体系，但强制性和可操作性较差。近年来我国的环保部、中国人民银行、银行业监督管理委员会相继出台了大量绿色信贷相关政策——《关于改进和加强节能环保领域金融服务工作的指导意见》（银发[2007]215 号）、《关于落实环境保护政策法规防范信贷风险的意见》（环发[2007]108 号）、《节能减排授信工作指导意见》（银监发[2007]83 号）、《绿色信贷指引》等，基本形成了较为完善的政策体系，在战略高度上肯定了绿色信贷的重要性，对绿色经济的发展具有引导意义。但这些政策以行政规定为主，具有明显的“软法”性质，缺乏国家法的强制拘束力。指导性规范、自愿性规范相对较多，强制性规范较少，法律责任相对弱化。此外，政策性文件规定的多为综合性、原则性、指导性的内容，但是对具体细则，如绿色信贷中涉及的准入、技术、排放、能源消耗、环评监管、循环利用能力和高污染高耗能等的准确认定及标准，应该对什么样的企业实施什么样的信贷控制，对什么样的企业实施什么样的信贷支持，并没有明确的相关规定，可操作性较差。

（2）环境保护和绿色信贷的相关立法缺失。我国要想建立有效的环境经济政策体系并借助金融机构使其充分发挥作用，必须将环境经济政策上升到立法的高度。政策规范仅仅是绿色信贷的软约束，没有强制性的法律做保障，环境违法成本过低，绿色信贷将缺乏有效的长效机制。目前，现有的《中国人民银行法》《银行业监督管理法》《商业银行法》直接服务于经济发展，对环境保护的重视度低，因此，对节能减排形势下出台的绿色信贷政策的支撑和保障还不够充分，不利于环境经济政策的有效实施。由于我国环境经济政策和绿色信贷的法律保障体系存在空白，如缺乏《绿色金融促进法》《生态环境补偿法》等，使得致力于环境保护和绿色发展的企业和银行得不到应有的生态补偿，生态利益无法转化为经济利益，从而丧失了积极性。现行法律中还缺乏对商业银行社会责任的详细规定，从而导致商业银行对其自身的社会责任认识不足。在 2006 年 1 月 1 日起施行的新《公司法》中，仅仅在第五条提到“公司从事经营活动，必须遵守法律、行政法规，遵守社会公德、商业道德，诚实守信，接受政府和社会公众的监督，承担社会责任。”该规定虽然肯定了企业有承担社会责任的义务，但缺乏实际内容，仅具有宣示意义，无可操作性，亦非公司承担社会责任的实质性条文。此外，立法中对环保违法企业的惩罚力度过低，对造成环境污染的企业只能采取罚款的手段，最高限额也仅为 10 万元，从而造成企业的违法成本很低，不具有法律应有的威慑力。

（3）绿色信贷执法不严，导致“守法成本高、违法成本低”。现实生活中当某些企业或银行出现破坏生态环境的事件时，执法难度较大，众多力量如地方政府、人情因素等成为阻挠环境执法的重要因素。据原国家环保总局公布的数据，2003—2005 年的 3 年间，全国 70 000 宗环保违法案件仅有 500 件得到处理。“破窗效应”下，会促使更多的企业漠视给生态环境带来的污染和危害。只有当市场参与者无法从违法使用环境资源的行为中得到额外利益，违规者被及时发现与阻止，并得到应有的惩罚，才能真正实现依靠市场机制配置环境资源。因此，遏制违法行为，加强环境监管，是信贷政策有效支持环境保护的重要前提。

3.3.2 激励约束机制匮乏

激励约束是现代经济学和管理学的重要内容，即激励约束主体根据组织目标、人的行为规律，通过各种方式去激发人的动力，使人有一股内在的动力和要求，迸发出积极性、主动性和创造性，同时规范人的行为，朝着激励主体所期望的目标前进的过程。亚当·斯密在《国富论》中提出“经济人”的假设，即市场参与者都是自私或自利的，总是在约束条件下进行成本收益的比较分析，以寻求自身利益的最大化。“我们不打算怀疑任何人在自私方面会有缺陷——自利是人性的普遍特征，也是人们行动的基本动力……来自于他们对自己的利益的关注。”①亚当·斯密将自利动机视为市场社会里经济行为者最主要、最持久的天性和动机。经济学的一个基本原理就是：市场主体是否实施某种行为或交易，是由其行为或交易所带来的收益与成本的比较来决定的。如果收益大于所付出的成本，该市场主体就必然实施该行为或交易。反之，就不实施。

企业和商业银行作为自主经营、自负盈亏的独立经营主体，追求利润最大化是其本性。企业是否愿意节能减排、减少环境污染，银行是否愿意执行绿色信贷政策，不只是简单的思想觉悟问题，也不能仅仅依靠政策的导向，希望无数市场主体主动遵循绿色原则并不现实，其核心是构建利益激励机制，通过对市场主体成本和收益的调整，改变交易双方的效用函数，进而影响人们的行为选择。因此，从经济学角度看，在理性经济人追求自身利益最大化的假设前提下，激励约束机制的匮乏所导致的收益结构失衡，是制约绿色信贷和低碳经济发展的核心条件。

目前我国缺乏相应的激励约束机制，对环境污染企业、违规贷款银行的惩罚力度不够，难以形成可置信的威胁，造成违法成本很低，污染的收益往往比成本高，甚至高出很多，破坏环境比保护环境更容易获利。

3.3.2.1 政府及监管部门对银行的激励约束不足

客观来看，作为自主经营、自负盈亏的独立市场主体，商业银行必须强调贷款的安全性、流动性和盈利性。银行对绿色金融限制性政策执行到位，是由于这些受限的行业、企业和项目面临更大的政策风险，出于安全性考虑必须主动规避；在促

---

① 亚当·斯密：《国富论》，北京：商务印书馆，1992 年版，第 148 页。

进环保产业发展方面难以有较大进展，是由于环保项目普遍公益性、外部性较强，环保产业具有投资周期长、产出效益低、风险较高、企业规模小等特点。在缺乏外部扶持和激励政策的情况下银行提高绿色“门槛”意味着可能丧失部分客源，加大对环保产业支持力度意味着承担更大的市场风险，经营业绩的压力导致其持“观望”态度。造成金融机构实施绿色信贷的内在动力不足，同时也降低了企业对银行绿色产品的需求，因而不能有效地吸引商业银行支持环保项目。可见，正向激励的缺失是绿色信贷发展缓慢的重要原因之一。从约束机制上看，国家对商业银行向违法违规项目和企业发放贷款的行为没有具体的责任追究和处罚措施，银监会也没有硬性规定披露各商业银行绿色信贷的执行情况，这就使得部分抱有侥幸心理的银行违规向污染企业提供贷款，真正执行绿色信贷政策的银行反而失去了客户和市场，不利于调动商业银行的积极性，影响了绿色信贷政策的实施和推进。

3.3.2.2 政府及监管部门对企业的激励约束不足

目前环保部门对造成环境污染的企业只采取罚款的手段，最高限额也仅为 10 万元，从而造成企业的违法成本很低，而对于环境保护做得好的企业则缺少如税收优惠、贷款贴息等鼓励性经济扶持政策，严重影响了企业加大环保投入的积极性。环境污染给经济带来了巨大的损失，但污染事故赔偿的罚款力度难以反映污染的社会成本，污染事故赔偿的比例有逐年下降的趋势，从 2000 年的 1/5 下降到 2009 年的 1/20。[①]

在华的“环保违规名单”中很多在国际上以绿色、环保著称的跨国公司赫然榜上有名：上海松下电池有限公司“废水处理设施未保证正常运转致废水超标排放”；长春百事可乐公司“超标排放污染废水”；日资上海花王有限公司“任意排放超标废水”……这些知名跨国企业，处处标榜社会责任，时时宣扬公益形象，在环保方面也拥有良好口碑，但进入中国后却不约而同地违背各自的环保承诺，违反基本的环保法规。例如，一家日本公司，在本国的 8 家工厂中有 7 家已达到污染物零排放，但在中国的工厂却连最基本的排放标准都没有达到。为什么在本国能够做到低碳排放、环境保护，在中国却摇身一变成为污染大户？一个非常重要的原因就是在西方国家，企业侵害社会和消费者利益的行为会受到法律的严厉制裁，企业自然不敢违

① 陈伟光、卢丽红：《中国商业银行绿色信贷外部障碍与环境风险管理框架的构建》，载《广东金融学院学报》2011 年第 3 期，第 68 页。

规，在中国，则环保监察和执法力度相对较弱。

3.3.2.3 公众对银行和企业的激励约束不足

社会公众对环境保护的意识不强，缺乏对银行和企业环境违法行为的主动监督和约束。而国外在推动商业银行践行社会责任中，NGOs 扮演了不可忽视的角色。实际上，对全球产生广泛影响的 SA8000 标准、“道琼斯绿色发展指数”和“多米尼道德指数”等一系列与社会责任相关的企业标准基本上是 NGOs 的贡献。对全球银行业产生广泛影响的赤道原则，也是一个根据世界银行和国际金融公司的有关环保指导方针起草、确立的“民间标准”。对这个民间标准产生极大影响的又是非政府组织在 2003 年 1 月所发布的另一个“民间标准”——《关于金融机构和绿色性的科勒维科什俄宣言》。该宣言提出了 NGOs 希望金融机构遵守的 6 条原则，即绿色性、不伤害、负责任、问责制、透明度以及绿色市场和管理等，这个宣言实际上成为了 NGOs 衡量金融机构环境与社会问题的一个参考标准①。无疑，NGOs 积极倡导的“民间立法”，弥补了国家公权力以及“硬法”的不足，对于包含着很大的伦理、道德色彩的企业社会责任的兴起起到了很大的推动作用。而且，在维护劳工权利、环境与生态保护、消除贫困等方面，NGOs 不仅是各种民间标准的倡导者，也是这些领域具体的身体力行者，同时还是对包括商业银行在内的企业践行相关法律与政策的监督者。即使在国内，“胡润百富”以及《南方周末》等报刊定期推出的年度企业社会责任、慈善排名等，也已极大地调动了国内企业与个人践行社会责任的积极性，但这还远远不够。

3.3.2.4 商业银行内部的激励约束不足

我国的商业银行长期以来绩效考核体系都是以经济指标为主，并未将环保绩效纳入其中。绿色信贷评估涉及面广，评估成本高，绿色信贷所支持的项目有相当一部分是社会效益较高但是经济效益并不太好的项目，各分支机构为了完成考核指标，主要从经济利益出发来考量，自然限制了绿色信贷规模的扩大。银行业内部必须建立相应的激励约束机制，为商业银行各分支机构实施绿色信贷提供动力。

---

① 详见“赤道原则”，http：//www.hudong.com/wiki/%E8%B5%A4%E9%81%93%E5%8E% 9F%E5% 88%99，2009-09-16。

3.3.3 商业银行的短期经营目标与社会责任之间存在矛盾

1953 年，被誉为“企业社会责任之父”的美国学者霍华德 • R. 鲍恩（Howard R. Bowen）在其著作《商人的社会责任》中，正式提出了企业及其经营者必须承担社会责任的观点，即“商人有义务按照社会所期望的目标和价值来制定政策、实行决策或采取某些行动。”

彼德 • 德鲁克说：“一个健康的企业和一个病态的社会是很难共存的”。企业通过承担环保、慈善和其他社会责任，不仅能够产生巨大的社会效益，而且能卓有成效地改善企业的竞争环境，还会赢得各种利益相关者的广泛支持和更多的商业机会，从而取得竞争优势，提高经营绩效。从长期看，企业的经营绩效和社会责任是相互兼容、相互促进的。但是，从短期看，如果银行更注重生态效益和社会效益，承担更多的社会责任，那么往往要牺牲一定的经济效益。从绿色信贷来看，一方面，如果银行想把更多的资金投向绿色环保企业，那么所投入的信息搜寻成本、风险评估成本、贷前调查成本、贷后跟踪成本、构建评价体系成本等将大大增加，会降低企业利润；另一方面，钢铁、电力、水泥等“两高”行业往往是高利润行业，长期以来各大银行对其趋之若鹜，如果银行减少甚至停止对“两高”企业的贷款，在立法和奖惩机制不完善的情况下，则意味着银行要放弃一块利润丰厚的信贷市场，这与其追求利润最大化的经营目标产生矛盾。同时，以前各银行在此类行业已经累计投入巨额信贷资金，一旦停止或压缩贷款，可能直接导致部分企业停产，这必然致使信贷资金遭遇风险。因此，为了避免因信贷资金受到危及而受到责任追究，且为了确保完成经营利润指标，一些银行高层往往放宽标准，变通行事，使得绿色信贷政策难以得到充分贯彻。

2007 年 12 月 5 日，银监会办公厅公布了《中国银监会办公厅关于加强银行业金融机构社会责任的意见》，2008 年年初，国资委发布了《关于中央企业履行社会责任的指导意见》。2009 年 1 月 12 日，中国银行业协会发布了《中国银行业金融机构企业社会责任指导》。然而，我国的银行业普遍社会责任意识不强，没有把承担社会责任融入企业文化当中去，没有把绿色信贷切实贯彻到整个信贷流程中，这不难从银行业社会责任报告中体现出来。从 2006 年开始，我国商业银行陆续定期公布《企业社会责任报告》，只有少数银行对其绿色信贷的实施成果及相关数据进行披露，其他银行根本就不涉及。

而发达国家的商业银行非常重视企业社会责任，披露的社会责任信息都是非常详尽的，如汇丰、花旗等国际知名银行一般从经济、社会、环境等多个方面进行披露，每一方面还进一步细分为若干子栏目。例如，在汇丰银行 2006 年公布的银行社会责任报告中，分为纳税、雇员、企业慈善捐款、雇员参与义务工作小时、环境保护等多个栏目。而且，在每一个具体栏目又进一步细分，如“环境保护”栏目又分为“废气排放和资源耗费的业务占全球业务的比例”“每名员工耗用能源和公干旅游所产生的二氧化碳”等子栏目。在各个栏目中，不仅有当年的详细数字，也列出与往年的变化比较，有的栏目还比较全球排名等。相对而言，我国商业银行社会责任报告的披露则简化得多，内容极其简单，负面信息根本不披露，选择性披露的动机非常明显。在利益的诱惑面前，企业社会责任报告成为一种变相的广告，绿色信贷成为一场迎合国家政策的“作秀”。

3.3.4 绿色信贷标准不统一

绿色信贷是一个新兴事物，虽说我国政府制定了一系列绿色环保政策规划，为绿色经济发展指引了战略方向，但是这些政策更侧重于宏观战略导向，属于原则性、综合性的界定和规划。“绿色信贷”中涉及的各项标准，国家还没有明确的相关规定，一些环保标准的提法也极为笼统，如缺乏具体的环境风险评级标准、绿色信贷指导目录、污染行业信贷指南等，没有规定绿色信贷的具体审核细节和规则，对绿色信贷中涉及的准入、技术、排放、能源消耗和循环利用能力等标准，尚没有统一明确的实施细则。

缺乏统一的绿色信贷标准不利于新兴事物的健康发展。具体表现在：其一，统计数据缺乏统一口径，绿色信贷业务数据统计涉及对贷款投向和企业项目的考核评估，是一个非常复杂的过程，当前各商业银行的统计数据基本上是“各成一家”，没有什么可比性。其二，绿色信贷执行标准不一，各商业银行在控制“两高”企业贷款时，只能按照各自的理解去识别、界定、确定绿色信贷战略方针、政策制度、流程产品，出台本行的信贷审核标准和管理制度。标准不一，规范性差、随意性强，降低了绿色信贷的可操作性。其三，对资金资源配置不公平，有些绿色信贷项目在这家银行贷不到款，转身到另外一家却可以贷到。其四，缺乏事前遏止和防范的具体措施，从实际来看，往往是企业在已经出现了污染环境行为之后，绿色信贷才能发挥一些惩罚性质的作用，但绿色信贷最重要的作用却是要遏止和防范企业的污染行为，而我国对于这种防范的具体标准还没有做出详细规范的规定，这就导致了实施的目的还不能完全达到。

3.3.5 地方保护主义干扰

地方保护是地方政府以财政收入最大化为利益导向的结果。中国的地方保护一般具有产业针对性，主要包括作为地方财政来源或地方经济发展基础的支柱产业，以及对失业和通货膨胀具有遏止作用的稳定社会产业。受保护严重的产业包括建筑、采掘、电力、邮电通信、交通运输和仓储等服务业，以及烟草、酒类和汽车等制造业，相对来说，对经济和税收增长贡献越大的产业受保护程度越高。[①]中国很早就有地方保护主义，改革开放以后地方保护主义愈演愈烈。根据国务院发展研究中心委托北京大学光华管理学院所做的问卷调查，中国企业普遍感受到地方保护主义的存在，且这个结论并不随着企业的规模、性质和行业而发生根本变化。

长期以来，我国地方政府的政绩评价标准和干部考核方式存在“唯 GDP 论”的现象，过分注重 GDP，片面强调以经济指标衡量政绩，忽视环境保护、空气质量等指标。现阶段一些“两高”行业仍属于高利润、高回报的企业，是当地经济发展的支柱产业和纳税大户，地方政府为了保证财政收入和经济增长，无视国家的环保政策，以牺牲资源和环境为代价寻求跨越式发展，保住那些“两高”企业，不遗余力地通过各种形式寻求银行的信贷支持，把压力转移到银行上，使得绿色信贷的开展阻力重重。地方政府和银行之间往往权责不分，银行的信贷行为有时还被地方政府的行政权力所控制，迫于压力只能继续向这些“两高”企业提供信贷资金支持，导致商业银行经营行为扭曲。绿色信贷政策的执行在地方保护主义面前显得有些无能为力。

据环境保护部公布的数据，2003—2005 年全国 70 000 宗环保违法案件仅有 500 件得到处理，这其中很重要的一个原因就是地方政府的纵容和袒护。2010 年 6 月发布的数据显示，在一次对环评机构的抽检中，75 家被抽查的环评机构，30 家出

---

① 张千帆：《中国地方保护主义及其治理机制》，载《石河子大学学报》（哲社版）2012 年第 4 期，第 50 页。

现了质量和管理问题，比例高达 40%。环评频频出现问题的一个重要原因就是地方政府为了 GDP 的增长，为了尽快招商引资，在项目环评中“走过场”，对环评造假睁只眼闭只眼，甚至直接参与造假。河北省任丘市麻家坞镇的任丘恒达化工有限公司，由其生产而排出的气体和污水已经严重影响和破坏了当地的环境和居民的健康，但因为该化工厂是当地的重点引资项目，是投资 2 008 万元的“大厂”，因此顺利通过了省环保厅的验收，成了有环评报告的达标企业。

3.3.6 环保信息沟通共享机制不健全

能源、资金、人才等是资源，信息也是一种资源，而且它能够有效地促进其他资源更有效地配置和发挥效用。信息与经济间存在着相互作用的关系。经济活动产生信息并伴随着信息流转，而“信息是每一个经济的生命线”，“如果没有可靠的信息，市场就不可能很好地运转”①。信息的特性会直接影响人们的经济行为。信息经济学认为，市场上不完全信息和非对称信息是一种常态，经济个体是自私的，按照最大化原则行事，但他通常并不具有做出最优决策所需要的信息，因此，经济个体的能力是有限的，理性也是有限的。个人理性选择的结果可能是非理性的，个人理性并不必然导致集体理性。这样，各个决策个体之间直接的相互作用和影响成为经济分析的出发点。信息经济学的研究成果有力地说明了不完全信息和非对称信息是怎样导致市场运行低效率甚至市场失灵的。

在绿色信贷市场上，同样也存在着非常严重的信息不对称，环保部门、银行、地方政府、企业之间信息沟通不畅，缺乏有效的信息传递和信息共享机制，尤其是高排放、高污染的企业由于占有私人信息，会给委托人——银行带来逆向选择和道德风险。信息上的制约主要体现在：

（1）从企业与环保部门之间的关系来看，作为环境监督的主体，由于事权不同，加之人力物力所限，环保部门不可能完全具体地掌握全国所有企业的污染状况数据，有很大一部分数据需要地方支持与传送，而生产企业的环保信息变化较快，如在企业生产的过程中，采用了什么样的环境保护标准、采取了什么样的环保措施、是否能够顺利执行等，一般地方环保部门都无法及时地对这些信息进行更新，自然

① 世界银行：《1998/1999 年世界发展报告〈知识与发展〉》，北京：中国财政经济出版社，1999 年版。

传递给环保部的信息就更会存在企业环境信息针对性不强、时效性不够等缺陷。而且因地方环保部门与企业之间可能存在着违规性的连带关系，出于对企业袒护的目的，可能会存在瞒报不利信息的行为，进一步造成企业环保信息总量的缺失。

（2）从环保部门与银行之间的关系来看，三部委下发的《关于落实环境保护政策法规防范信贷风险的意见》要求各级环保部门与商业银行建立统一的信息共享平台，完善信息沟通机制，共享企业的环保信息，但是要做到这一点并非易事。目前我国缺乏统一的环保信息管理与发布机制，银行征信系统还没有完整地加入环保信息，银行获得企业环保信息渠道非常有限，通常都是中央银行从环境保护部门获取生产企业的污染状况，然后再把这些信息通过银监会传递给商业银行。这种多步骤多部门的间接信息传递方式导致银行不能及时获取生产企业的环保信息，对于绿色信贷的决策起到了时滞性的阻碍作用，特别是一些地方把不利的环保信息屏蔽掉，使银行对企业的环保信息及其真实情况难以全面及时地掌握，从而可能造成商业银行所获取的信息与企业的真实信息不匹配，有可能使银行对企业的环境行为判断失误，从而影响其做出正确的信贷决策，这在一定程度上制约了绿色信贷业务的开展。

但是企业的环境状况往往是动态的，企业违规黑名单仅仅只是代表某一个时间点上这批企业严重违反了国家的环境标准，所以仅仅依靠违规企业名单来进行绿色贷款的操作是不科学的。贷款银行难以及时全面掌握企业环保真实情况，无法成为银行用来衡量环境风险的工具，影响了银行绿色信贷的执行效果。同时，银行还不能提供使用环境信息的反馈情况，环保与银行系统没有真正做到信息互通、数据共享。

（3）从银行之间的关系来看，各家银行对使用环保信息之后的情况反馈还缺乏有效的衔接，特别是银行之间发放绿色信贷的标准不同，而且彼此之间信息不共享，可能使得同一家企业在一家银行有资格获得贷款，而在另一家银行却没有这种资格。同时，同一企业同时向多家银行申请绿色信贷时，需要分别重复审批，这也是一种社会资源的浪费，也严重阻碍了绿色信贷政策的有效实施。另外，银行基于自身的利益考虑也存在不愿意公开自己的客户信息的可能性，阻碍各银行之间的企业环保信息共享。

3.3.7 缺乏交叉学科人才

由于银行自身人才结构的问题，银行系统对于国家环境保护法律法规知识匮乏，对于环境保护可以说完全是一个外行，在银行内部，虽然金融人才非常多，但是了解国家环保法规、环境风险的人员很少，金融与环保专业复合型人才更是少之又少，银行在新员工录用时并不主动吸纳一些工程院校毕业的学生，而为了能够正常开展工作，许多银行的绿色信贷业务往往都是从其他岗位调任的人员来实施开展，即使是银行对此做出相关培训，但是由于培训期较短，培训人员很难获得扎实牢靠的专业知识。

①由于银行员工对环保专业知识的陌生，在政策实施与工作开展中就会缺乏创新的知识要求，这就直接造成了我国绿色信贷产品的创新能力不足，导致了绿色信贷不能形成产品的多样化，从而也就使得我国绿色信贷进展缓慢。②在专业人才匮乏的情况下，银行员工难以对环境风险进行定量评价，缺少对企业环境风险的动态变化把握。目前银行业大多以环境合规评价取代环境风险定量评价，导致环境高风险企业、环境合规型企业和环境友好型企业，在现有的项目信贷评估模型下进行的评级，其结果可能毫无差别。③银行员工把目光主要投向银行的信贷风险、流动性风险、利率风险等传统风险，对环境风险的认识和重视程度不足，更不用说对风险的识别、判定和防范等，制约了绿色信贷的发展。

第 4 章

国内外绿色信贷的实践经验及比较

随着经济的快速发展和世界人口的不断膨胀，随之而来的是越来越严重的环境问题，环境的恶化使经济和社会面临严峻的挑战，影响到各行各业的持续健康发展，金融业也不例外。尤其从 20 世纪 90 年代以来，人们对环境问题的关注越加深化，普遍认为除了对环境污染事件的直接制造者——企业进行谴责和惩罚之外，还提出为企业投资提供资金支持的商业银行也应承担责任。当商业银行为企业营运项目提供资金支持时，即意味着银行认可企业的项目，银行是企业行为的支持者。因此，银行和其他金融机构在向重大项目提供资金时有责任评估、监督项目的环境和社会影响。在这样的共识下，在 1992 年联合国环境与发展大会上，联合国环境规划署推出了《银行界关于环境与绿色发展的声明》（简称《UNEP 声明》），该声明得到了 100 多个机构和团体的积极响应，1995 年又推出《联合国环境规划署保险业环境举措》，为环保产业与金融业在新形势下的开展指明了方向。

21 世纪初以来，商业银行在环境和社会问题方面的政策的执行情况不断受到包括政府、多边贷款机构以及非政府组织和社区民众在内的利益相关方的质疑，要求商业银行提供一些指导方针解决投资项目引起的环境和社会问题。2002 年 10 月，国际金融公司和荷兰银行等 9 家银行在伦敦主持召开会议讨论项目融资中的环境和社会问题，会议提出了赤道原则，它是一套非官方规定的、旨在管理和发展与项目融资有关的社会和环境问题的自愿性原则。赤道原则在国际金融发展史上具有里程碑意义，它第一次确立了国际项目融资的环境与社会的最低行业标准。

发达国家商业银行开展绿色信贷的行动已有 30 年的历史，无论立法规范、政策引导，还是产品创新、风险防控，都积攒了较为丰富的经验。我们力争基于发达国家商业银行开展绿色信贷的实际状况，对比分析中外绿色信贷实施的不同，并从中总结出对我国有益的启示。

4.1 国外绿色信贷的实践

4.1.1 英国的绿色信贷实践

4.1.1.1 概况

作为《京都议定书》的签订国家之一，英国明确规定了其碳减排数量和进程，因此，基于减排活动的金融支持也有很大的发展。英国的绿色信贷实践主要从以下 3 个方面来阐述：

（1）通过完善的立法为绿色信贷和环境保护提供法律保障。吸取了泰晤士河先污染后治理、最终付出巨额成本的教训，英国在 20 世纪中后叶起，在立法指导思想上侧重对污染的预防，遵循“绿色发展”“污染者付费”及“污染预防”三个基本原则，并且根据这些原则制定了环境影响评价体系、综合污染控制和环境管理标准。英国环境保护的关键就是制定完善的法律，尤其是明确相关的环境标准。例如，《污染预防法》就列示了 9 000 个流程，只要采用这些流程的相关企业都必须经过环境保护部门的审批，通过制定严格的技术标准和发放排污许可证的形式达到控制污染的目的。这种早期的环境管理体系使污染企业受到了一定程度上的制约，环保理念和社会责任意识也日益提高。而之后的环境标准管理则创建了一套法规体系，取代了之前通过不断修改法律来适应不断变化的环境问题的做法。如 1972 年制定的世界上第一部控制危险废物的法律《有毒废物处置法》、1974 年制定的《污染控制法》。目前在英国实施的保护环境及防治污染的法律主要有 1990 年的《环境保护法》、1991 年的《水资源法》、1993 年的《清洁大气法》、1995 年的《环境法》、2001 年的《污染预防法》以及《废弃物管理法》等，这些法律构成了英国环境保护法规体系的框架，绿色信贷的有关规定在这些法律条文中都有所体现。

（2）出台相关激励政策鼓励绿色信贷。英国政府颁发了《贷款担保计划》，规定小企业向金融机构借贷最高可达 7.5 万英镑，政府担保 80%。但是政府会对企业的环境影响等进行评估，该计划侧重于为环境友好型企业提供担保。这种政府担保型的贷款政策有效激励了民间符合环保政策的中小企业通过商业银行进行贷款，而那些中小型污染企业融资受到限制，有效地制约了其发展。英国政府为了取得广大公众和非政府组织的支持，投资 1 200 万英镑发起“气候变化沟通倡议”，改变了公众对气候变化的态度。2010 年 2 月 1 日，英国又公布了发展小规模可再生能源发电补贴政策，发展可再生能源成为英国全民政策。

（3）商业银行积极践行企业社会责任和绿色信贷。由于相关的法律法规严格规定了生产标准，并要求污染者付费，因此商业银行贷款时必须充分考虑高污染企业贷款所面临的风险。为了避免贷出的款项无法按时收回，银行必须在对企业的评估系统和信贷管理系统中考虑环境和社会因素。巴克莱银行在 2003 年宣布采纳赤道原则，这一事件对于英国绿色信贷发展具有十分重要的意义。巴克莱银行根据自身的优势，制定了一个涵盖所有的融资条款和 50 多个行业的、统筹兼顾社会和环境因素的信贷指引。该指引规定了客户的环境违法信息，并规定了不同的环境风险等级，以便该银行对贷款进行审查和评估。同时为了与同行分享本行的经验，该行与联合国环境规划署合作，向全球 170 多个金融机构提供了该指引，为世界其他银行评估和审核贷款提供了强有力的导向。该行的绿色发展项目遍及世界 50 多个国家，如该行意在使弱势群体享受到主流的金融服务而实施的非洲融资计划，通过在英国和南非开设 100 多万个基本银行账户，并在加纳实施一个创新的微型金融方案的方式，目前已使 80 000 多个贸易商得到实惠。此外，该行通过吸引和留住年轻的专业人才、聘用外部咨询公司或行业环保专家等方法，成立了银行内部的环境风险评估人才储备库。

4.1.1.2 汇丰银行——绿色发展的践行者

汇丰银行是世界上最早接受赤道原则的银行之一，始终把环境保护和回馈社会作为一项重要使命，把绿色发展作为发展战略的重要部分，在绿色信贷的推广中发挥了积极的带头作用。其特色主要体现在以下几个方面：

（1）塑造绿色发展的企业文化。汇丰银行全球企业绿色发展总监西蒙·马丁说：企业绿色发展部门是一个重要的部门，是塑造整个集团文化的部门。绿色发展不是在做慈善，而是应该像经营商业一样来经营绿色发展。包括利用“绿色贷款”政策鼓励企业走在绿色发展的道路上；另外，通过推出环球气候变化基准指数，追踪那些最可能从应对气候变化中获益的主要公司的股价表现，让机构更有把握地投资于气候变化事业。[①]

（2）贷款标准明确。汇丰银行在发放贷款和进行投资的过程中，坚持遵循国际最高标准，这些国际标准包括“赤道原则”“联合国全球协定”“责任投资原则”以及世界银行、国际金融公司的相关指引，并从环境保护和社会责任角度出发，制定了一系列涵盖环境敏感行业的绿色发展信贷政策，明确了不提供信贷支持的行业和领域，包括能源、化工、矿产与金属、森林土地与森林产品等。在贷款提案中，信贷经理通常使用环境监测一览表全面地评估其环境风险，对于那些被政府界定为“双高”即高耗能和高污染的行业，更要全面细致地进行评估。

（3）力行碳中和。汇丰集团是一个有着 30 万员工、在全球 80 多个国家和地区运营的庞大机构，仅维持机构运作的用水、用电，每年就会给环境带来几十万吨的二氧化碳排放。汇丰非常重视自身给环境带来的影响，并于 2005 年成为了第一个实现碳中和的大型国际银行。通过购买“绿色电力”来减少因使用电力而产生的碳排放；通过购买碳抵免额度来抵消剩余的碳排放量，以达到碳中和。在日常营运中制定了具体的减排指标，推行环保节能举措，通过减少自身营运所消耗的能源、水以及固体废物和二氧化碳排放来降低对环境的直接影响。

（4）对环境保护、节能减排的信贷支持力度不断增加。2007 年汇丰银行斥资 1 亿美元，携手国际四大环保组织——气候组织、守望地球组织、史密森尼热带研究中心和世界自然基金会，在全球启动了为期 5 年的“汇丰与气候伙伴同行”项目，以应对气候变化所带来的挑战。由表 4-1 可以看出，汇丰银行近几年的绿色信贷授权许可交易数量大体上是逐年上升的，可见该行对绿色信贷的支持力度。而且，从项目融资这一栏也可以看到，融资主要是对 B 类和 C 类的项目发放的，也就是说该行融资的对象主要是对环境有一般的负面影响或是基本无负面影响的项目和企业。对于 A 类，即对环境有严重负面影响的项目，该行对其融资的数量是极少的，2005—2009 年只占总数量的 7.5%、1.3%、6.8%、3%、7.7%。

---

① 《汇丰绿色发展战略：商业经营“企业社会责任”》，经济观察网，http：//www.eeo.com.cn/finance/banking/2009/10/16/153167.shtml。

表 4-1 英国汇丰银行绿色信贷交易表

年份		授权许可交易	贷款	咨询	项目融资		
					A 类	B 类	C 类
2005	数量/件	67	67	n/a	5	38	24
	价值/万美元	4 601	4 601	n/a	809	1 917	1 875
2006	数量/件	76	76	n/a	1	41	34
	价值/万美元	5 171	5 171	n/a	80	2 708	2 383
2007	数量/件	129	103	26	7	57	39
	价值/万美元	8 705	8 705	n/a	1 407	5184	2114
2008	数量/件	148	100	48	3	59	38
	价值/万美元	6 842	6 842	n/a	178	4 348	2 316
2009	数量/件	80	65	15	5	32	28
	价值/万美元	6 844	6 844	n/a	1 296	2 754	2 794

资料来源：*HSBC Holdings plc Sustainability Report 2007*；*HSBC Holdings plc Sustainability Report 2008*；*HSBC Holdings plc Sustainability Report 2009*。

注：n/a 表示无数据。表中的 A 类、B 类、C 类三类项目即是按照 ESRM 政策所分的三种环境与社会风险类型。

4.1.2 美国的绿色信贷实践

4.1.2.1 概况

美国是世界上绿色信贷开展较早同时也较为成功的国家之一。其主要原因就是美国的非营利组织对于环境保护的关注较为强烈，对政府、企业和银行的政策和行为具有一定的施压作用。美国的绿色信贷实践主要从以下四个方面来阐述：

（1）完善的法律体系是美国绿色信贷发展最突出的特色，也是其持续发展的基础。自 20 世纪 70 年代以来，美国国会通过的有关环境保护的法律就有 26 部，涉及水环境、大气污染、废物管理、污染场地清除等。法律对污染者或公共机构应采取的行动提出了严格的要求。美国还订立了许多有利于绿色信贷业务顺利开展的相关法律、法规，着重明确了政府、企业和金融机构的行为和三者的关系。例如，1980 年美国联邦政府出台的《全面环境响应、补偿和负债法案》中规定，金融机构必须对贷款企业造成的环境破坏承担责任，并支付相应的修复成本。

（2）美国政府为引导企业节能减排，刺激和促进绿色信贷产业的发展，出台了一系列积极的支持和鼓励政策。①税收政策，如《能源税收法》（1978 年）中规定凡购买太阳能和风能能源设备所付金额前 2 000 美元的 30%和金额后 8 000 美元的 20%，均可从当年须缴纳的所得税中抵扣。亚利桑那州 1999 年颁布的有关法规中规定，“对分期付款购买回收可再生资源以及污染控制型设备的企业可减免 10%的销售税”。②财政政策，如专门设立财政专项基金，鼓励中小企业履行环保义务。③信贷担保及援助政策，如对中小企业从事环保产业或环境友好型产业提供贷款优惠或担保。

（3）美国的银行是国际上最先考虑环境政策，特别是与信贷风险相关的环境政策的银行。由于严格的法律法规的约束，商业银行在进行信贷投放时，需要率先考虑其资金使用所需承担的环境责任，因此，美国的商业银行普遍重视环境风险。美国国内的各大银行也十分注重信息系统建设，建立了有效的信息沟通机制，实现各银行与环保部门的环境保护数据信息共享。

（4）美国的民间组织对环境保护的高度关注有力地推动了商业银行绿色信贷业务的开展和企业社会责任的承担。2000 年，美国 Hunt 石油公司和韩国 SK 公司投资 16 亿美元在秘鲁开发 Camisea 燃气工程。该项目 75%的天然气开采作业地点位于土著人的领地内。在该项目开始投产的 18 个月内，输气管道就破裂了 4 次，并且至少有 3 次重大的溢漏事故。2004 年 5 月，秘鲁卫生部流行病学办公厅一个报告证实，22 个土著社区及众多的农业社区不得不忍受直接或间接的影响，包括鱼类的消失、山体滑坡及传染病发生等。花旗银行作为该项目的资金支持方，遭到以国际雨林行动网络为首的众多环保 NGO 的强烈指责。

4.1.2.2 花旗银行的绿色之路

花旗银行是美国最早签署联合国环境声明的一家银行，也是赤道原则的重要发起人和积极实践者，在绿色信贷实施方面取得了较为显著的成就。

（1）花旗银行在内部建立了完善而严格的环境事务管理机制，当中针对绿色信贷的主要有：环境与社会政策评估委员会、环境政策和流程培训机制、环境与社会问题风险管理机制、外部公共和私人事务合作机制以及涉及环保的业务开发机制等，其中 2003 年花旗银行制定的环境与社会风险管理（environmental and social risk management，ESRM）体系更是被融入整个信贷系统中。在这一体系中，突出信贷风险与声誉风险两个角度，并已通用于全世界的交易，只要是被 ESRM 部门评估过或者提供过咨询的，这些交易最后无论是否施行，花旗银行都会在一个系统里进行输入存贮。

（2）形成了一系列绿色融资标准与指引。花旗银行在赤道原则、碳原则以及关于气候变化和人权的立场声明的基础上，采取了全面的环保政策，制定了新的投资标准，所有业务开展严格遵守其制定的环境与社会风险管理政策（ESRM 政策），为筛选交易、提供客户咨询、促进创新以及用环保的方式发展业务提供了坚实的基础。

（3）环境和社会风险评估流程严密。按照 ESRM 规定的交易，环境与社会风险分为 A、B、C 三种类型。其中，A 类表示预计的交易收益会对环境与社会造成非常不利的负面影响，结果是不可逆转的；B 类表示预计的交易收益会对环境与社会造成有限的负面影响，通常是很具体、可逆的，而且可以通过缓解措施来改善；C 类表示预计的交易收益会对环境与社会造成非常小的负面影响，可以看成是轻微的甚至是无不利的影响。这样的分类标准完全是严格按照赤道原则来进行的。交易一旦被归为 A 类，则必须得到 ESRM 部门总监和指定的高级信贷员的共同评估。

花旗银行在其信贷系统中纳入了 ESRM 原则，环境和社会风险的评估流程非常严密。比如，项目融资如果超过 1 000 万美元，银行一般要履行的程序是：首先，对项目环境风险进行初步评估，依据赤道原则在重点审查中属于高风险类的，到底是哪类级别，要向上提交，由花旗银行环保和社会风险政策审查委员会进行审查。然后，对项目风险进行分类，也就是对项目的背景资料及其环境和社会风险进行分析、评估，形成详细的分类信贷报告。之后，对项目风险评估做出决策。在高级信贷风险总监审查完上述信贷分析报告的基础上，要起草一份是否给项目提供融资的建议书，提交给花旗银行更高级别的管理者，决定是否提供项目融资。最后，组织对项目进行全面审查，由信贷资产管理团队通过一套授信管理体系来监管项目进程，确保项目融资的全过程依法合规。

以花旗银行中国有限公司为例，其坚持花旗集团对全球的承诺，认真审查可能违反赤道原则或具有约束力的国际协定的所有交易，大力支持中国的节能减排及环保项目。2008 年，花旗为中国的清洁能源和可再生能源发电项目提供了 9.8 亿元人民币的贷款，其中包括了 5 个太阳能公司项目、1 个风能发电项目和 1 个生物发电项目。而且，花旗中国还作为出口融资机构分别为两个可再生能源项目提供了 3.4 亿元人民币和 2.1 亿元人民币的贷款，同时也担当了项目的财务咨询和协调方。花旗银行还为天威英利业务子公司——保定天威英利新能源有限公司牵头发放了3.15 亿元人民币的银团贷款。

4.1.3 日本的绿色信贷实践

作为亚洲新兴国家的代表，日本的环境保护和绿色信贷经验对于我国具有更现实的借鉴意义。日本的绿色信贷经验主要有以下三个方面：

首先，在立法方面，20 世纪五六十年代，日本为了发展经济，环境保护并未得到足够的重视。环境污染严重，如北九州市的死海、粉尘、七色烟，大牟田市的七色河等环境公害，废气污染引发的哮喘病，水质污染引发的“水银中毒”“骨瘤症”等威胁到人们的健康。为解决以上问题，加强对大气、水质的保护，日本 1958 年制定了《公共水域水质保全法》《工厂排污规制法》，1962 年制定了《烟尘排放规制法》等，正式拉开了全国性环境保护的序幕。20 世纪六七十年代，日本进一步加大环境立法工作，先后出台了《公害对策基本法》《大气污染防治法》《噪声规制法》《水质污染防治法》《海洋污染防治法》《恶臭防治法》《自然环境保护法》《节能法》等，1993 年制定了《环境基本法》。在被称为日本“资源循环型元年”的 2000 年出台了六项法案：《建立循环型社会基本法》《废弃物处理法》（修订）、《资源有效利用促进法》（修订）、《建筑材料循环法》《可循环食品资源循环法》《绿色采购法》。2002 年还通过了《车辆再生法》。除全国性法规外，日本部分地区特别是工业污染集中的地区，也相应制定了更细致、更严格的法规。

其次，在政策方面，日本政府对企业设立的防止污染的设施给予补贴支持。1960 年以来，日本政府先后通过日本发展银行、小商业财金公司、人民财金公司给企业提供软贷款，之后，为了应对需求的增加，中央政府又于 1965 年成立污染控制服务公司，也就是目前的环境事业团。其主要目的是对企业和地方政府提供环境方面的技术及财政支持。根据日本政府的财政与信贷投资计划，环境事业团主要从事贷款项目、建设和转让项目以及全球环境项目。与此同时，日本政府制定了另一项宏观调控政策，即税收支持。对于某些环境污染严重的地区，政府会给予比其他地区更优惠的资助，这些地区新厂的建立以及旧厂的扩建都会受到更严格的限制。以汽车为例，对于使用清洁能源的汽车，日本政府会给予一系列的优惠政策：减免新车购置税、对节能型汽车发放一次性补助等。对于油耗较大、废气排放较多的汽车，则会增收相应的税费。

最后，在银行实践方面，走在日本绿色信贷前列的是瑞穗实业银行和三菱东京日联银行。瑞穗实业银行于 2003 年宣布采纳赤道原则，是日本最早加入赤道原则的银行。瑞穗实业银行在 2004 年 10 月就已经编制完成《瑞穗实业银行赤道原则实施手册》，并将其应用于其遍布全球的项目融资和财务顾问活动中。2006 年瑞穗建立了绿色发展部门，成为第一家将“绿色发展”概念迁移到银行业务中的日本银行，同时也成为该行实行项目融资的一个重要考虑因素。瑞穗实业银行在世界项目融资中的业绩排名第三位，其中前十名的银行中有七家采纳了赤道原则。而在采纳赤道原则前，瑞穗实业银行的业绩排名是第 18 位。该银行的主要经验是通过强化产品创新来实现高效的绿色信贷，如参与温室气体排放额度交易机制、进行可再生资源和碳交易方面企业的经纪、推出大宗商品衍生品和专门与生态、环境相关的结构性产品、加强社会责任投资和可再生能源私募基金等。三菱东京日联银行也是日本遵循赤道原则的典范金融机构之一，对于甚少有银行涉及的环保型基础设施方面，在日本政府开展援助机制的帮助下，该行积极介入为环境友好型基础设施企业提供信贷支持。

4.1.4　德国的绿色信贷实践

德国是国际绿色信贷政策的主要发源地之一，经过数十年的发展，绿色信贷政策已经较为成熟，体系比较完善。在德国，银行业主动参与“赤道原则”的制定与推广。“赤道原则”已经成为德国银行业普遍遵循的准则，在项目授信审批时，严格按照“赤道原则”对项目进行分类，以行业《环境、健康与安全指南》（EHS Guidelines）为依据，评估项目对社会和环境的影响和风险（包括健康和安全等方面），并提出降低和管理不利影响的方法。同时，政府积极参与开发绿色信贷产品。德国政府支持国家政策性银行——德国复兴信贷银行（KfW Bankengruppe，KfW）运用资本市场和商业银行来实施对环境项目的金融补贴政策，最大效率地发挥政府补贴资金的作用。经过数年的发展，德国政府参与的绿色信贷产品已经形成较为完备运行模式。作为政策性金融机构的德国复兴信贷银行，在环保领域充当了三方面的角色：①经济界伙伴；②联邦政府环保目标的执行者；③实现绿色发展项目的融资者，项目服务对象包括政府部门、企业、个人等。

德国实施绿色信贷政策的主要经验是：①主动参与绿色信贷为德国银行业赢得发展先机。德国银行业较早参与到国际绿色信贷中，不仅规范了行业在环保领域的发展准则，促进了银行业绿色发展和国家绿色战略，而且为银行业赢得了全球发展先机。②国家对绿色信贷项目予以贴息贷款，“杠杆效应”显著。德国绿色信贷政策的一个最重要特征就是国家参与到了其中，对环保、节能项目予以一定额度的贷款贴息，对于环保节能绩效好的项目，可以给予持续 10 年、贷款利率不到 1%的优惠信贷政策，利率差额由中央政府予以贴息补贴。实践证明，国家利用贴息的形式支持环保节能项目的做法取得了很好的效果，国家利用较少的资金调动起一大批环保节能项目的建设和改造，“杠杆效应”非常显著。③以政策性银行为基础开发了支持绿色信贷的金融产品。德国复兴信贷银行在整个绿色信贷政策体系中发挥着重要的作用，围绕着其开发出了支持绿色信贷的金融产品。复兴银行的节能环保金融产品从最初的融资到后期金融产品的销售都没有政府的干预，各项活动都通过公开透明的招标形式开展，保证了过程中的公正、透明，政府的主要作用就是提供贴息及制定相关的管理办法，这样保障了资金高效公平的使用。④环保部门的认可是企业获得绿色信贷的关键。在德国绿色信贷政策的实施过程中，环保部门发挥着重要的审核作用，以确保贴息政策能够准确地支持节能环保项目。每个节能环保项目要想得到贴息贷款，必须要得到当地或上级环保部门的认可后才能申请。①

4.1.5 加拿大的绿色信贷实践

加拿大是在绿色信贷领域走在世界前列的发达国家之一，这体现在以下几方面：

（1）加拿大十分重视绿色信贷业务法律建设。自 20 世纪 60 年代，加拿大即开始制定保护水和防止空气污染等的相关法律。1970 年，加拿大政府成立了防治污染办公室，开始全面考虑环境保护和污染治理问题。1988 年出台的《环境保护法》经过 1999 年修订后，更强调从源头治理污染。现在加拿大的工业界和商业界都认为是这部法律使得他们有了统一的标准来实施清洁生产，尽量不排废物、降低成本、增加利润、减少污染，实施清洁生产已成为企业的自愿行动。1995 年加拿大制定的《污染预防行动计划》要求：企业必须做污染预防计划，提交计划书（该计划书

① 陈柳钦：《国内外绿色信贷发展动态分析》，载《决策咨询通讯》2010 年第 6 期，第 5 页。

是企业贷款评估的重要依据），污染预防计划书的摘要要送交环境部。摘要包括该企业预防污染的目标、如何预防污染、期限等内容。政府则通过媒体、网站等向社会公告企业的预防污染计划书摘要，接受公众的监督。

（2）加拿大重视绿色信贷业务发展的政策指导。加拿大在促进循环经济的工作中重视新技术的开发和利用。注重企业和学术团队应用新的科技手段探索新的环保经济发展模式，解决生态环境问题，对有限的资源进行循环利用，减少进入生产和消费过程中的物质和能源流失。对废物的产生，通过预防方式而不是末端治理的方式来加以避免。加拿大政府、社会团体及各社区对全国的生态和环保状况都密切关注。政府通过每半年出版的《加拿大生态环境状况》杂志和网络信息，向全体公民免费发布生态环境状况的信息。政府部门介入融资的项目，必须进行公开咨询。同时建立政府行为和企业环境表现公开制度，公布政府有关环保的方针和政策、城市发展和城市环境质量、重点流域水质等状况，鼓励公众监督政府和企业的环境行为，建立生态环境评估和巡查制度，通过权威媒体向社会公布结果。

（3）加拿大积极支持商业银行实施绿色信贷业务。加拿大各商业银行在实施赤道原则时，形成了较为通用的环境评估决策机制、评估和审核信贷要求机制等。以加拿大商业发展银行（BDC）为例，该银行在对信贷申请进行评估和审核时严格按照下列程序进行（图 4-1）。

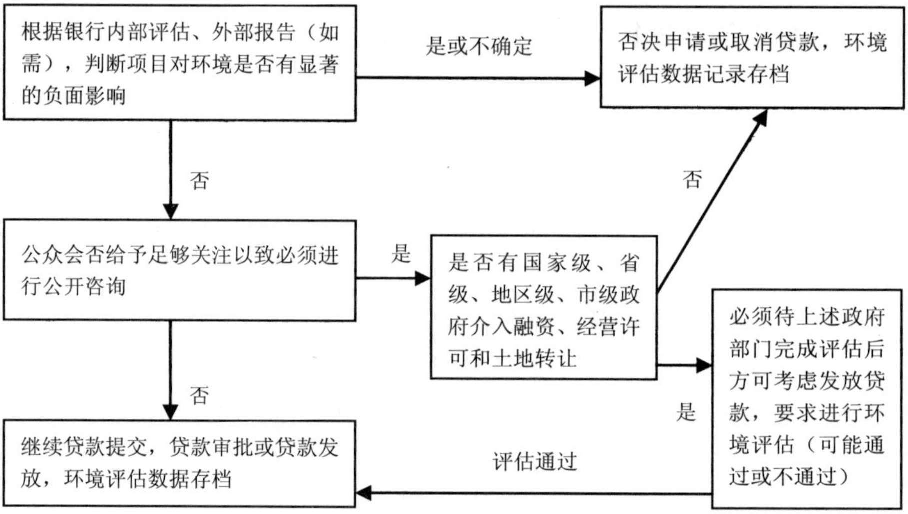

图 4-1　加拿大商业发展银行（BDC）绿色信贷流程

4.2 我国商业银行绿色信贷实践

4.2.1 兴业银行绿色信贷实践

兴业银行作为国内首家“赤道银行”，是我国倡导绿色信贷的先行者。2007 年 10 月，兴业银行正式签署了《金融机构关于环境和绿色发展的声明》，加入联合国环境规划署金融行动，并做出遵守相关环境法律法规的承诺，同时建立环境管理系统，将环境因素纳入其商业信贷决策的考量范畴。2008 年 10 月 31 日，兴业银行正式宣布采纳“赤道原则”，成为全球第 63 家、中国首家“赤道银行”。近年来，兴业银行已经成为国内践行绿色信贷的典范。

（1）成立了专门机构和制定发展战略。2009 年初设置了专门负责能效金融、环境金融和碳金融的产品开发与市场推广机构——绿色金融中心。并相继出台了《节能减排业务管理办法》《节能减排项目准入细则》《环境金融领域节能减排项目属性认定标准》等一系列节能减排项目贷款准入指引以及组织多期节能减排培训，同时，兴业银行通过加强对电力、煤炭、焦炭、铁合金、钢铁、有色金属、电石等行业中落后产能的分析和研究，形成严格的内部信用业务准入规范，坚决退出落后生产能力企业贷款。支持“资源节约型、环境友好型”社会建设，促进循环经济、节能减排、环境保护和低碳经济发展。兴业银行还充分利用银监会“信息披露系统”和国家各部委发布的环保信息，将其作为授信前调查、授信中审查以及授信后检查各环节的重要参考依据。

（2）积极开展绿色信贷产业和服务。2004 年兴业银行在国内率先开发气候变化类融资产品，专为节能减排和清洁能源项目提供资金支持，被称为能效贷款。能效贷款是指对合格借款人发放的贷款，用于能源设备以及改善建筑、工业流程和提高能源效率的项目或商品和服务。与一般企业贷款相比较，能效贷款的特点表现为：经济效益和社会效益并重；适当降低担保门槛，以借款人和项目现金流的测算作为风险考量的重点；向中小企业提供中长期贷款，但期限不超过 5 年；提供专业的技术援助，包括合格项目贷款确认和节能技术审查及咨询服务；根据客户现金流的实际状况，可以采用分期还款的方式。在国际金融公司的帮助下，2006 年 5 月，兴业银行将能效贷款付诸实施，这一绿色信贷产品推出后广受欢迎，一期额度 4.6 亿元，不到 11 个月就全部用完，实施节能减排项目 46 个，其中绝大部分贷给中小企业，具体涉及工业锅炉改造、节电、余热回收以及工业能源利用等。项目完成后，每年可减少大约 350 万 t 二氧化碳等气体排放，相当于 21 万多辆出租车在路上行驶一年所排放的气体。在第一期合作成功的基础上，2008 年 2 月 25 日，兴业银行又与国际金融公司在北京签署了二期合作协议，不仅扩大了贷款额度，而且拓展了融资范围。到 2010 年 12 月末，已累计发放节能减排贷款 478.6 亿元，支持的项目每年可节约标准煤 1 871.41 万 t，减排二氧化碳 5 165.08 万 t，减排二氧化硫 2.01 万 t，减排化学需氧量（COD）76.84 万 t，节水量 4 389.10 万 t，年综合利用固体废物 673.76 万 t。2010 年，兴业银行在《兴业银行年度信用业务准入细则》中明确优先支持节能减排业务，绿色信贷服务范围已拓展到能效金融、环境金融、碳金融三大板块；覆盖能效、新能源和可再生能源、CDM、SO_2 减排、污水处理和水域治理、固废处理六大领域，并针对不同客户群体和项目类型量身定做八种融资服务模式，并为碳交易前中后各环节量身定制金融服务。

（3）开展绿色信贷的国际合作。兴业银行于 2004 年开始与国际金融公司合作，全面落实绿色信贷政策。通过与国际金融公司合作，兴业银行不仅扩展了经营领域、引进了一定资金、分散了信贷风险，同时学到了现代经营理念、尝试了先进的风险管理及技术，提升了整体水平和效益，增强了市场竞争能力。从实践情况看，绿色金融不仅没有成为兴业银行的财务负担，还为其开创了新的业务领域，获得了优质的资产和新的收入来源。

4.2.2 工商银行绿色信贷实践

2007 年 7 月，国家发布《关于落实环境保护政策法规防范信贷风险的意见》后，中国工商银行作为国内最大的商业银行，率先做出反应，特别提出要建设绿色信贷模范银行。

（1）中国工商银行从战略层面上明确了绿色信贷建设的方向。2007 年 9 月向全系统下发了《关于推进“绿色信贷”建设的意见》，严格控制信贷市场准入，对不符合环保政策的项目和企业不发放贷款。2010 年，工行继续深入发展绿色信贷业务，先后制定了《关于加强绿色信贷建设工作的意见》《关于进一步做好信贷支持节能减排工作的意见》《关于对境内公司贷款实施绿色信贷分类及管理的通知》等多项制度。明确了工商银行绿色信贷的内涵、工作目标与原则，实现了绿色信贷管理对整个信贷流程的全覆盖。一方面严格控制“两高”行业的信贷投入；另一方面加大对节能减排和环保项目的支持力度。2011 年，印发工商银行《绿色信贷建设实施纲要》，立足于整个集团范围，从战略层面明确了绿色信贷建设的基本宗旨、基本原则和实施要点，从信贷文化、分类管理、政策体系、流程管理、产品与服务创新、考核机制以及能力建设等方面，提出了全行绿色信贷体系建设的方向与工作要求。

（2）规范绿色信贷流程。在信贷整个过程中，工商银行一直坚持环保“一票否决制”，深入发展绿色信贷。一是注重绿色信贷执行，不断强化绿色信贷理念，完善工作机制，严密信贷调查、授信评级、审查审批、贷后管理及系统控制等流程。畅通环保信息沟通渠道，充分依靠人民银行信用系统及环保部门获取环保信息，密切关注掌握环保立法。工商银行信贷投放一直坚持“有保有压”的原则，对于符合国家环保标准的在建及续建项目后续资金的需要，银行要重点满足。同时，该行将绿色信贷作为长期经营战略，对“两高一剩”行业的信贷投放进行严格限制。二是注重贷后环保监测，将企业环保发展变化情况作为贷后调查的重要内容，要求信贷管理人员时刻关注企业环保状况，最大限度地加强对环境违法突发事件可能带来的信贷风险的防范。对那些因环保问题而可能引发的信贷风险，严格区分贷款调查、审查、审批和贷后管理的责任，严肃处理。三是注重信贷人员业务培训，该行逐步建立起环保政策库，尽可能全面地收集和整理国内外环保方面的各项政策及典型案例，并作为银行信贷培训的一项必修课，加强培训和教育，使信贷人员第一时间了解和掌握，使其可以结合环保政策和银行的信贷政策发放信贷，切实提高信贷质量，有效落实绿色信贷。

（3）完善环保信息的收集和管理。2007 年工行要求建立详细的企业环保名单，并对所有贷款项目和企业严格实行环保“一票否决制”。2008 年，工行将企业环保信息逐步录入本行的 CM2002 系统中，在全行范围内初步建立了对境内有融资余额法人客户环保信息的识别、监控、反馈与处置机制。

截至 2010 年年底，工商银行投放绿色贷款余额已达到 5 074.52 亿元，重点支持节能减排和资源综合利用、清洁能源开发利用、生态与历史文化保护等领域项目。国家发改委批准的清洁发展类项目中，工商银行融资支持的达 257 个，贷款余额

633.86 亿元，项目建成后，年可减排二氧化碳 7 180.19 万 t。同时，工商银行环境友好及环保合格客户的数量以及贷款余额占比高达 99.9%以上，其余不到 0.1%的客户正在环保达标评审的过程中。这些成果，不仅促使银行业信贷业务持续健康发展，而且也将有利于我国节能减排目标的实现，加快推动经济发展方式转变，提高经济社会发展的质量和效益。

以中国工商银行云南省分行为例，近年来，他们一直把推进绿色信贷作为长期坚持的重要战略之一，制定了信贷投放要有利于促进生态保护、有利于预防和控制污染等绿色信贷基本原则，主动引领信贷资金流向绿色经济领域。工行云南省分行于 2007 年 9 月为玉溪市星云湖—抚仙湖出流改道工程项目提供了 9 000 万元的贷款，助推了该项目的顺利实施，收到明显的生态、经济、社会效益。2009 年，为切除洱海污染源，该行为“洱海流域村落面源污染治理工程”建设项目发放贷款 7 000 万元，积极支持洱海污染治理，洱海周边村落卫生状况已经得到全面改善，呈现出整齐、干净的面貌。项目的实施促进了周边地区旅游业的发展，增加了当地居民的经济收入。洱海湖滨区的环境得到恢复，水生生态系统得到改善，水生生物增加，带动了水产业的发展。项目的实施有效改善了洱海水质及其流域大大小小的河流与湖泊的水环境，洱海的健康生态系统逐步得到恢复。

4.2.3 浦发银行绿色信贷实践

浦发银行是国内较早践行绿色信贷的商业银行。早在 2006 年就发布了中国银行业第一份《企业社会责任报告》，2008 年在全国商业银行中率先推出《绿色信贷综合服务方案》，形成国内首个绿色信贷产品体系。2009 年成功实施国内银行业第一单国际碳交易即 CDM 财务顾问业务、第一单国际碳资产抵押业务和第一单国际碳交易离岸资金托管业务，为中国首个海上风电项目——上海东海大桥 10 万 kW 海上风电项目牵头银团融资。2011 年成功完成联合国 EB 注册的、装机容量第一的水电项目 CDM 保理融资，并在国内银行业率先推出并成功实施支持节能服务产业的合同能源管理买断型保理融资和合同能源管理未来收益权质押融资。同年还与亚开行合作在国内商业银行中率先推出首个建筑节能特色融资产品。另外，在国际合作方面，浦发银行更是目前国内唯一一家同时与国际金融公司（IFC）、法国开发署（AFD）、亚洲开发银行（ADB）三大国际权威机构开展绿色信贷全面合作的金融机构。2011 年又制定并实施了《2011—2015 年企业社会责任发展战略规划》，明确提出积极践行对经济、社会、环境的“三重责任”，将社会责任工作有机融入品牌建设以及银行整体发展战略中。近年来更是大力发挥金融优势支持绿色信贷，身体力行地打造“低碳银行”，以求实现企业、社会和环境的协调发展。

浦发银行绿色信贷业务已经覆盖建筑、电力、钢铁、水泥、石油化工、可再生能源、排放权及碳交易等 20 多个行业和领域，涉及节约和替代石油、燃煤锅炉改造、余压余热利用等 60 多个技术类型，所有项目节能减排技术均比较成熟，具有较高的经济效益和社会效益。如与 IFC、AFD 的能效贷款合作已为全国 30 多个省、市节能减排项目提供信贷支持，广泛支持企业应用非化石燃料，降低能源的消耗，减少温室气体、化学需氧量、二氧化硫、氨氮和氮氧化物等的排放；为超过 29 个节能项目提供了累计 12.8 亿元贷款，预计年节约标煤约 87 万 t，年减排二氧化碳达到 218 万 t，另有 10 多个项目正实施中；在财政部和发改委的直接指导下，实施了 AFD 绿色中间信贷一期和二期 6 000 万欧元长期低成本资金的转贷，并配套 9.458 亿元人民币用以支持 19 个能效和可再生能源项目，预计年节约标煤 74.5 万 t，年减排二氧化碳 204 万 t。①

2011 年以来，浦发银行与法国开发署合作的绿色中间信贷已立项 10 笔，贷款总额近 10 亿元，其中 7 笔已完成放款；该行与国际金融公司合作的能效贷款立项 13 笔，贷款总额逾 6.5 亿元，目前已完成 4 笔放款。在宏观收紧、信贷资源紧缺的背景下，10 多亿元信贷投放有力支持了国内节能环保行业的发展，仅上述两项国际合作投放贷款所支持的项目，即可年节约标准煤逾 43 万 t，年减排二氧化碳超过 110 万 t，产生了非常好的经济效益与社会效益。2011 年 5 月，该行与亚洲开发银行顺利签约，在国内同业中率先推出建筑节能融资特色金融产品；在合同能源管理融资方面，创新取得重大突破，合同能源管理未来收益权质押贷款在上海分行试点成功并批量发展，多个大型项目正稳步推进，浦发银行已处在该项业务的行业领先地位。

在绿色金融服务领域的积极进取也为浦发银行赢得了社会各界的高度肯定，2011 年上半年，该行先后获得上海市政府颁发的 2010 年度上海金融创新成果提名奖、由贸易金融杂志等评选的“最佳绿色金融银行”等荣誉，并在清华大学举办的

① 马腾跃：《浦发银行：绿色信贷在行动》，载《中国金融家》2012 年第 7 期，第 122 页。

第四届中国环境投资大会上，成为唯一荣获“2010 环境金融贡献大奖”的金融机构。

4.3 国内外绿色信贷机制的差异比较

4.3.1 政策内涵方面的差异

国外并没有绿色信贷这一概念，更多使用的是绿色金融、环境金融，其内涵更加丰富，倡导银行承担包括自然资源保护、污染防控、生物多样性、气候变化、劳工权利、土著居民、文化遗产等包括资源环境与人权在内的社会责任。

自 20 世纪 90 年代初以来，国际上形成了一个声势浩大的包括环境保护和劳工权利等内容的社会责任运动浪潮，作为对企业营利性的一种修正和改良。运动组织开始对世界各大银行融资活动的环境与社会影响施压。在荷兰，成千上万的荷兰银行客户签署请愿书，要求银行撤销其融资的一个有争议的金矿，因为该金矿损害了土著人的利益；在德国，西德意志银行的主要政府股东举行听证会，对该银行融资的石油管道在厄瓜多尔毁坏部分亚马孙雨林进行讨论。基于此，银行意识到客户和股东对自己的责任有更高的期望，而银行声誉可能会因一些争议性的融资项目受到损害。

银行作为公民社会的组成部分，其有义务与所有其他企业一样，按照社会和环境绿色发展的方式进行运作；并且银行业作为现代经济的核心，其发挥的积极作用或者消极作用都将是显著的，因此国外大量知名银行签署联合性、自愿性的行动倡议如“赤道原则”“联合国环境规划署金融行动”“联合国全球契约”等。

因此，国外的绿色金融内涵不单单是从环境保护的角度，更多的是从银行应承担的企业社会责任的角度来进行的。

绿色信贷（green credit）是中国特色的概念。从《关于落实环保政策法规防范信贷风险的意见》以及《节能减排授信工作指导意见》等政策中不难看出，中国绿色信贷制度的内涵相对单一，主要是强调保护环境和节能减排。其采取的措施主要是限制和鼓励：对违反环保和节能等相关法律法规的项目或企业采取限制信贷措施，特别是“两高”（高污染、高能耗）行业；对有利于环境保护的节能环保项目或企业进行信贷支持。但在我国，企业社会责任理念刚刚兴起，金融业的绿色发展自愿性协议尚未被广泛接纳。目前，有且仅有兴业银行一家商业银行承诺采纳“赤道原则”。商业银行在引入国际先进环境与社会风险管理理念、承担企业社会责任的进程中还有很长的路要走。

4.3.2 主导模式方面的差异

发达国家的绿色信贷是一场自下而上的市场化革命。以商业银行为主体，主动规避社会和环境风险，承担企业社会责任，采用市场化为主的方式开展绿色信贷。在市场机制下，一方面企业环境违法带来的后果会直接转化为金融机构相关的信贷风险；另一方面，银行从环境保护的行为中也发现了商机，从而创新绿色金融产品，积极开展有利于环境的金融业务。

当然，政府在商业银行绿色信贷的发展中发挥了至关重要的支持作用。政府的作用主要体现在制定完善的法律体系，进行政策指导，及以提供贴息、减免营业税、政府基金等市场化手段参与、支持绿色信贷项目，发挥引导和激励作用。可以说，在绿色信贷的发展进程中，政府和市场——看得见的手和看不见的手相互之间的良好配合得到了极大的体现。

我国绿色信贷的发展更多的是依靠政府的力量，是自上而下推动的产物。我国的绿色信贷政策目前均由环保部、人民银行、银监会、发改委等部门发布，以限制性、约束性的行政手段来推动。这些政策多属宏观导向型，缺乏可操作性，对商业银行实施绿色信贷的具体指导意见不强。商业银行作为市场主体，缺乏企业社会责任感，缺乏主动开展绿色信贷业务的动力。从银行监察组织（Bank Track）2010 年编著的《结束差距——国际银行投资政策评估》（*Close the Gap Benchmarking Investment Policies of International Banks*）报告可以看出，中国的银行对待环境和社会绿色发展采取的措施和做法大多是抗拒和规避，只有少部分采取积极的措施。

4.3.3 信息共享机制方面的差异

国外关于环境信息的收集、披露和沟通机制较好。主要表现为：①由于法律责任的明确和监督机制的完善，政府环境管理部门和金融机构都有压力和动力对环境信息进行较好的收集、披露和沟通。②金融机构重视环境金融人才、环境专责部门

（如绿色发展室）、信息技术的完善，加强环境信息的有效收集和处理。③金融机构重视环境信息的披露。国际金融公司有关于信息披露的严格的政策，在其网站上提供了关于它的活动的广泛而全面的概述，包括投资指南和商业伙伴。国际金融公司也提供有限的项目信息在线查询，包括项目信息简介、环境评估、环境行动计划和环境审查概要。同时，有些出口信贷机构受国家信息自由法律的规定约束，必须披露更多的信息。除了对公司的贷款，为政府和国企所提供的贷款的细节也应公布。在管理混乱和不透明的国家中，透明度在阻止贷款被滥用方面至关重要，同时也给了这个国家的议会审查这些贷款的机会。

尽管我国已有原国家环保总局与银监会于 2008 年签订的《信息交流与共享协议》、环境保护部与人民银行于 2009 年下发的《关于全面落实绿色信贷政策进一步完善信息共享工作的通知》等政策文件，但依然存在以下问题：①由于体制和地方保护主义的影响，我国地方政府部门发布的企业环境违法数据针对性不强、时效性不够，无法满足银行及时审查信贷申请的需求。而且环保部门执法不严，导致大部分企业环境违法没有查处，更没有报送至人民银行征信管理系统。②受制于专业、技术、人才等因素，银行自身对企业环境信息的收集、处理能力不足。③国家并没有统一要求和规范银行业披露“两高”行业的贷款数据，导致银行目前对环境信息的披露处于自愿状态，所谓的沟通共享只是单向的沟通。即只规定了环保部门向金融机构提供企业的环境违法信息，而没有要求银行向环保部门和公众提供环境风险企业的贷款信息，更没有规定违规银行的责任措施。导致出现如紫金矿业重大环境污染事故时，不知道其背后的银行是谁，该银行也没有承担任何法律和道德上的压力。以上环境信息机制的缺陷制约了绿色信贷的实施。

4.3.4 统一信贷标准方面的差异

赤道原则以及世界银行集团国际金融公司制定的社会和环境绿色性绩效标准（以下简称绩效标准）与特定行业环境、健康和安全指南（EHS 指南）提供了一套基准框架和 62 个行业指引性文件。但赤道原则的适用范围有局限性，其仅适用于项目融资和咨询服务，二者在金融部门中仅占较小的市场份额，2009 年全球银团贷款市值为 2.257 万亿美元，而全球项目融资市场市值仅为 1 797 亿美元。基于此，部分银行针对不同行业制定了详细的环境政策。例如，荷兰合作银行单独针对农业、渔业等制定了行业环境政策。就农业环境政策而言，该银行将 7 个关于农产品的供应链立场声明作为其信贷指南的附录。《荷兰合作银行动物福利声明》和《荷兰合作银行对基因技术的态度》等文件涵盖了有关动物福利和转基因使用的要素。这些文件构成了一个非常好的农业政策。

目前，我国实行的绿色信贷机制是原则性、综合性的标准，缺乏适用于实际情况的环境风险评级标准，这导致商业银行不能根据实际项目情况制定合适的监管措施，导致绿色信贷机制的可操作性受到严重削弱。正是由于缺乏各行业信贷的环保指南和标准，许多银行难以准确把握项目和企业的环境风险。仅有少数银行如兴业银行在 2008 年针对主要行业制定了各种详细的信贷政策和指引，其中包括禁止向落后产能技术及“两高”行业贷款的规定。尽管一些银行声称遵守中国的绿色信贷政策或者声称制定了本行的绿色信贷政策，但是这些银行的相关政策与措施的具体内容和实施结果并未对外公布，在透明度上存在问题。

4.4 发达国家发展绿色信贷的经验借鉴

通过各国发展绿色信贷的经验分析，可以发现，其绿色信贷的成功实践都是有一定的规律性的，这为我国发展绿色信贷提供了以下几点借鉴。

4.4.1 环境立法是推进环保和绿色信贷的最大保障

许多发达国家之所以能够成功地实践绿色信贷业务，关键是因为他们具备完善的环保法律法规为其提供制度性约束。①通过立法明确环境责任，权、责、利这三方面才能有机地结合在一起，从而激励和促使政府、银行和企业三方形成合力去保护环境，减少污染。相反，在法律不能明确环境污染者责任的情况下，污染企业就不用担心招致经济索赔，从而得到额外收益。这样，银行在发放贷款时就不用担心企业因环境污染而导致无法按时偿还贷款，从而放松贷款在环境风险方面的审核和评估。②通过可操作性很强的法律条款为银行信贷和企业生产提供明确的标准和规范，使得企业在进行项目投资、银行在进行贷款审查时可以根据环境法律规定有据可查，什么样的行为是允许的、什么样的行为是禁止的。③执法严格。通过重罚污染企业从而提高企业的违法成本来打击污染环境的生产行为，促使企业自愿自觉地进行环保。

4.4.2 激励机制是发展绿色信贷的重要动力

根据发达国家的实践经验，政府不仅要制定完善的法律法规来限制银行和企业的活动，同时还要积极完善绿色信贷激励机制。如果说责任机制是基础，那么激励机制就是动力。企业和银行是激励机制的两个主要对象。对使用清洁能源、应用环保技术的企业及发展绿色信贷比较成功的银行给予支持和鼓励，如优先获得银行贷款、以差别利率减少借贷成本、延长借款期限、政府补贴、税收优惠等，环保企业的盈利能力提升，提供贷款的银行实际业务水平和盈利能力也会得到相应提升。如对环保、节能项目，德国、波兰政府予以一定额度的贷款贴息、较低的贷款利率和较长的还款期限等。对于环保节能绩效好的项目，德国政府给予持续 10 年、贷款利率不到 1%的优惠信贷政策，利率差额由中央政府予以贴息补贴。美国亚利桑那州 1999 年颁布的有关法规中，对分期付款购买回收再生资源及污染控制型设备的企业可减销售税 10%。只有完善激励机制，才能提高企业和银行保护环境、控制污染的积极性，才能使企业自觉遵守环保规定，使银行自愿遵守赤道原则、开展绿色信贷业务。

4.4.3 标准制定是发展绿色信贷的有力手段

细化绿色信贷相关的评估标准，使绿色信贷有章可循。在联合国环境规划署、非政府组织及有全球影响力的银行等的共同推动下，在自愿原则的基础上，金融机构逐渐形成了绿色信贷的国际惯例，其中影响最大的是“赤道原则”。据统计，至 2009 年年底，包括花旗银行、荷兰银行和德意志银行等主要银行在内，全球有 69 家金融机构采纳了“赤道原则”，业务遍及 100 多个国家，项目融资总额占全球项目融资市场总额的 90%以上。赤道原则之所以受到众多世界领先银行的支持，主要是因为赤道原则对项目潜在的影响和风险程度的分类，以及适用的环境和社会标准划分都比较细，而对项目融资实施的流程也有比较清楚的定义，所以，赤道银行可以很容易地将赤道原则稍加修改，然后形成自己的绿色信贷操作指南。

由于绿色信贷涉及在生产方面和环境方面等都很不同的许多领域和行业，市场环境、环境污染程度、生产工艺等方面都不尽相同，因此银行在发放信贷的过程中必须要建立起实用高效的评估标准。这些评估标准需要具备涵盖面广、具有可操作性和可比性等特点。同时，银行应该被赋予自主制定绿色信贷业务规则的主动权，而且，在拥有了这样的权利之后，银行就应该积极地了解和研究国际上以及国内的标准和规定，从而能够制定出符合自身情况的业务规范或指南。

4.4.4 环保信息共享是发展绿色信贷必备的基础条件

信息经济学认为，市场上不完全信息和非对称信息是一种常态，经济个体是自私的，按照最大化原则行事，但他通常并不具有做出最优决策所需要的信息。在绿色信贷市场上，同样也存在着非常严重的信息不对称。虽然近年来我国在环保信息披露与共享方面取得了一些成绩，但是与发达国家相比仍然存在较大差距。环保部门、银行、地方政府、企业之间信息沟通不畅，缺乏有效的信息传递和信息共享机制，作为代理人的企业，尤其是高排放、高污染的企业由于占有私人信息，会给委托人——银行带来逆向选择和道德风险。而且一些地方环保部门发布的企业环境违法信息针对性不强、时效性不够，影响了绿色信贷执行的效果。例如，在紫金矿业“污染门”事件发生 3 个月后，企业信用信息基础数据库中还没有紫金矿业环境违法方面的记录，环保信息录入严重滞后。相比而言，发达国家的环保信息披露与共享相对公开透明，如加拿大政府通过每半年出版的《加拿大生态环境状况》杂志和网络信息，向全体公民免费发布生态环境状况的信息。信息越完善越透明、共享度越高，越能够为金融机构的绿色信贷提供准确的决策参考。

4.4.5 社会各界力量的共同参与是发展绿色信贷有效的外部监督

市场经济发达国家都非常重视 NGO、媒体和公众等对环境政策、环境行为、环境执法和环境状况的全面监督，特别是 NGO 组织作为独立于政府和企业之外的第三种力量，发挥着反映民情和社会舆论监督的重要作用。对金融机构的监督内容不仅包括监督金融机构自身的环保状况和节能减排效果，还包括监督金融机构对环境不利、环境敏感的项目的融资状况以及对绿色产业的支持力度。如加拿大建立生态环境评估和巡察制度，通过权威媒体向社会公布结果。英国《金融时报》和国际金融公司（IFC）于2006年共同设立了“绿色银行奖”，被誉为绿色金融领域的奥斯卡。作为全球知名奖项，旨在表彰在业务经营中兼顾社会、环境和公司治理目标，并在这些方面发挥了领导作用和表现出创新精神的银行。国外社会力量参与绿色信贷监督的程度较高，有助于推动绿色信贷实施。

4.4.6 产品和服务创新是发展绿色信贷的活力源泉

发达国家的绿色信贷产品和服务领域日益向纵深发展，产品和服务种类丰富（表4-2）。美洲银行的服务领域不仅包括为致力于绿色服务的公司提供贷款，还包括支持能源消耗、发展控制温室气体排放的新技术，帮助消费者为环保组织提供捐赠，为节能家庭降低贷款利率等。波兰环保银行支持的领域包括：对水资源的保护，有效地使用燃料、能源，治理空气污染，垃圾处理，保护环境及自然资源设备的生产，为波兰绿色环保项目提供投资咨询业务等。发达国家还把绿色信贷业务与CDM项目、碳交易业务等融合起来进行创新。目前我国商业银行的绿色信贷产品较为单一，主要为最传统也最成熟的贷款业务形式，如节能减排项目贷款、环境治理项目贷款、自然资源利用项目贷款、新能源项目贷款等产品，对碳汇交易、衍生金融工具的交易、碳理财产品的开发等还有待进一步加强。

表4-2 美国绿色信贷下的金融创新产品及服务

产品和服务类型		银行	推出时间	主要产品
节能抵押		花旗集团	2004年	由房利美开发的针对中低收入客户的产品。结构化设计在贷款申请人的信用评分体系中纳入省电节能等指标。如果需求增加，花旗计划对产品加以改善并增加销售网点
项目融资		德克夏银行	2006年	采用投资组合融资技巧。将对风能项目投资组合的融资与风力发电厂开发导致的建设风险进行相互结合
存款	生态存款	岸边银行	1995年	生态存款是全保存款，特征是为那些旨在减少废物或污染、保护自然资源的公司提供贷款
	生态现金查询账户		2005年	生态现金查询账户每月提供5次免费书面查询，其余每次查询收费3美元。该费用的一部分将进入“气候信托”

产品和服务类型	银行	推出时间	主要产品
运输贷款	美国银行	2006 年	“小企业管理快速贷款”是向货车公司提供的审批快速且无抵押灵活贷款，该贷款支持货车公司投资节油技术。为其购买节油率达 15%的“Smart Way 升级”套装提供资金支持
房屋净值贷款	美国银行	2007 年	银行将环保房屋净值贷款计划贷款申请人使用 VISA 卡消费金额的一定比例捐献给环保非政府组织
信用卡	美国银行	2006 年推出；2007 年 4 月公布	持卡用户可以将 VISA 卡世界积分回报给投资温室气体减排项目的机构或用来兑换“绿色”商品

资料来源：王金南：《绿色信贷与环境责任保险》，北京：中国环境科学出版社，2012 年版，第 102～105 页。

第 5 章 商业银行的绿色信贷风险及其评价

绿色信贷有其固有的风险特殊性，不仅面临传统的信贷风险、流动性风险等，还隐含着特殊的环境风险。目前，我国银行业绿色信贷风险评价体系尚不完善，不能有效地管理风险，在一定程度上阻碍了绿色信贷发展的脚步。

信用风险是信贷过程中最重要的风险，也是造成损失可能性最大的风险，随着环境问题越来越受到社会各界的关注，环境风险问题也日益受到重视。因此，环境因素作为绿色信贷最主要的因素必须加入信贷风险指标体系，且处于重要位置。

在以往的财务和非财务指标体系的基础上，加入环境指标构成新的指标体系。利用层次分析法建立环保评级模型和绿色信贷风险评估模型。基于“环保一票否决制度”，银行率先运用环保评级模型对申请贷款企业进行评价，未通过评价的企业不予以贷款。对于通过审核的企业再运用绿色信贷风险评估模型进行综合性评价。该指标体系可以使银行先识别出环境危险型企业，排除高环境风险贷款的可能性，然后综合考虑盈利性、安全性、环保性对贷款企业风险进行评估。该体系为银行提供了一种方法，可以对申请贷款企业进行择优选择，努力做到低风险高收益。

5.1 绿色信贷风险的表现形式

绿色信贷风险是建立在信贷风险上的概念。美国学者海斯（1895）认为风险是损失发生的可能性。经济学家 Knight 在《风险、不确定性及利润》一书中指出风险是不确定因素造成的损失。英国学者洛伦兹·格利茨认为，事件结果的变化即为风险，它既可能是期望的结果，也可能是非期望的结果。马可维茨（1952）引入方差和协方差的概念来度量风险的大小，并指出风险就是结果偏离期望的现象。由此可看出，风险既包括超出期望带来的收益，也包括未达到预期遭受的损失。但通常情况下，人们试图以最小的成本降低或规避风险，由此在分析银行信贷风险时，我们将风险理解为损失的可能性。在此基础上，银行的信贷风险可概括为由于内外部的不确定因素导致的银行信贷资产损失的可能性。起初，银行信贷风险具体表现为贷款人不能按期偿还贷款造成的违约风险。随着信贷业务的发展，影响信贷风险的因素越来越多，不仅仅表现为贷款人的账面资产的偿债能力，还包括企业以前年度信用履约情况，信用等级的变动，潜在债务情况和利率、汇率等市场因子方面。由于绿色信贷业务更注重项目的绿色性且受国家环保政策和背景影响较大，信贷过程更加繁杂，因此要在普通信贷基础上综合考虑政治因素、环境因素和社会因素等的影响。

综上所述，本书的绿色信贷风险指商业银行在从事绿色信贷业务过程中面临的由于贷款人信用情况，履约能力，利率、汇率等市场因子，环保政策及背景，环保因素及社会影响因素等因子变化造成的银行信贷资产受损以及不良的社会因素的可能性。

根据《巴塞尔协议》，商业银行传统信贷风险一般可分为八类：信用风险、流动性风险、操作风险、市场风险、法律风险、国家风险、声誉风险、战略风险。绿色信贷在具有传统信贷风险特点的同时又具有其特殊性。这主要源于绿色信贷的经营理念：一切信贷以绿色环保为出发点，从信贷政策、信贷流程、信贷模式和风险管控各个方面重视环境因素的影响。

5.1.1 信用风险

信用风险是所有风险中最复杂、最重要的风险，因此要对信用风险做出严格的界定，即由于各种不确定性导致借款人违约，无法及时足额偿还贷款，从而导致信贷资产受损的可能性。传统信贷模式下，信用风险多由企业盈利能力下降或资产价值缩水等原因引发。在新兴绿色信贷模式下，信贷风险的诱因众多且表现形式多样。根据与传统信贷的异同将绿色信贷信用风险表现形式大致划分为两类：

第一类与传统信贷表现形式相同，即贷款企业产品竞争力低、盈利性差、因违法违规遭遇罚款从而陷入财务困境；信用等级下降；资产和证券价值下跌造成潜在违约风险增加，银行面临信用风险。对于CDM项目，中国碳交易定价机制不完善，主要依托于国际定价标准，而交易价格与国际市场存在差距且价格波动频繁使得项目收益不确定，信用风险上升。对于非CDM项目，通常属于环保改造类项目，资金数额大、回收期长、现金流小易加大信用风险。

第二类是基于环境因素的信用风险，也是绿色信贷所特有的表现形式。①从项目建设角度来看，分为建设中信用风险和建设后信用风险。建设中信用风险主要来源于环境方面可行性研究不到位、初始环保设施构建不合理、环保技术水平不达标、能源消耗大、环境污染严重等。项目盲目上马，面临追加和改造成本增加甚至暂停建设导致信用风险。建设后的信用风险主要表现为由项目污染处理未达到预期理想指标、技术过时遭遇淘汰、政策逐步严格加以限制等问题引发的违约。②从企业经营角度来看，重点表现为企业运行过程因“三废”排放、节能减排、破坏生态环境等因素投入大量环境处置成本和行政处罚成本，加大了企业经营管理和取得收益的难度，因而无法按时偿还贷款的信用风险。

依据绿色信贷的表现形式，可以总结其风险的特殊性。首先，绿色信贷信用风险受环境政策影响较大，而政策具有明显的不可测性和不可逆性的特点，因而风险也呈现出随机性的特点。其次，环境风险、市场风险等其他风险均是信用风险的诱导和影响因素，从各个层面直接或间接左右其大小，所以风险具有综合性的特点。最后，较普通信贷而言，绿色信贷业务信用风险普遍偏大而信贷收益偏低，因而表现出收益与不确定性不匹配的特点。

5.1.2 市场风险

市场风险是银行信贷业务普遍面临的风险，绿色信贷业务也不例外。市场风险是指因金融市场因子的变动引起的信贷资产潜在损失的风险。它包括利率风险、汇率风险、通货膨胀风险等。

（1）利率风险。在前文中曾提到，绿色信贷业务受利率波动影响明显，且贷款项目大多属于政策扶持性项目，贷款利率低且周期长。因此，在利率上升的情况下，一方面银行不得不为存款来源付出更大的利息成本，另一方面，银行不能随意提高贷款利率以弥补成本上升的损失，存贷利率差进一步缩小，造成了高成本、低收益的局面，面临资产损失的风险。有学者研究得出绿色信贷占比与银行盈利呈负相关的结论也是基于利率风险的重要影响。

（2）汇率风险。在全球银行业大力开展绿色信贷业务的背景下，许多大型国际绿色项目引入了银团贷款的方式，我国银行也会参与到境外的项目中去。对于许多美国和欧洲的国际贷款项目，大部分以外汇的形式进行结算。例如，招商银行在美洲、欧洲、非洲等地区涉及多项新能源开发和天然气开发项目，截至 2009 年海外投资总额已经达到总贷款额的 1.38%。由此，外汇汇率的变动将直接影响信贷资产回收和盈利情况。

（3）通货膨胀风险。众所周知，通货膨胀会导致资产在银行和借款人之间重新分配，直接体现为本金和利息的缩水。绿色信贷资产实际价值下降低于其账面价值，从而遭受损失。

5.1.3 环境风险

环境风险是绿色信贷所特有的风险，其内涵有广义和狭义之分。广义的环境风险既包括银行直接由于环境问题造成的损失，也包括由于企业的环境风险所引发的违约风险。狭义的环境风险只包括银行因向环保不达标项目或企业贷款而项目中止造成的直接的资产损失、经济处罚以及声誉损失。由于前文已将企业环境风险所诱发的违约风险划分为绿色信贷信用风险，因此，本小节基于狭义的环境风险进行分析。

一方面，环境风险表现为银行受环境问题影响，贷款项目中止或被迫撤回贷款直接导致信贷资产损失和盈利受损。例如，基阿尼克尔塔斯纸浆厂计划以苏马林都林木种植园的树木为来源，每天采伐 525 t 以供应生产，但该项目严重破坏了当地的生态环境，影响了当地居民的生存。鉴于该项目的影响程度恶劣，非政府组织发起了反对运动并取得了胜利。德意志银行因此对该纸浆厂的持有方 United Fiber Systems（UFS）撤资，世界银行也取消了 UFS 的申请。另一方面，环境风险表现为由于信贷传递机制，已经授予贷款的企业的环境风险传递给银行，使银行遭遇连带责任或经济、行政处罚而资产损失以及声誉受损的可能性。

由于环境风险对银行绿色信贷业务发展存在重大潜在威胁，银行必须高度重视环境风险管理，将其纳入风险管理体系，切实做好贷前、贷中、贷后的风险防控措施。从风险识别阶段入手，准确界定和识别风险及其影响程度，针对不同项目的风险特性，制定出合理可行的应对措施。实时密切关注项目的进展情况，严禁项目实施过程中有破坏环境的行为，以避免因项目环境问题而被叫停的风险。与此同时，银行要不断提升和增强整体环境风险意识，从各个方面降低损失的可能性。

5.1.4 政策风险

政策风险是一种导致银行损失和不利后果的可能性。政策风险主要体现为：①政府出台的绿色信贷政策零散不成体系，相关法律法规不完善，大部分政策仅仅局限于框架指导层面，没有明确的立法和框架，使得绿色信贷业务没有统一的标准和口径。由此，各银行对相同项目的评估指标制定和授信额度各不相同。另外，绿色信贷操作过程复杂且难度大，操作过程及信贷审批具有很大的不确定性，在没有明确标准的情况下，可能存在被某家银行拒贷的项目可以获得其他银行的贷款的现象，从而部分银行面临客户流失、信贷规模受损的风险。②我国从整体社会层面上是积极推进环境转变，促进企业进行环保结构升级，但各地方政府落实情况参差不齐，中央政策与地方性政策之间存在差距和空隙。这些差距和空隙不能给银行提供一个良好的政策制度保障，制约了绿色信贷的发展，更可能引发其他减损资产的可能性。③我国仅依靠提倡可持续金融理念来促进绿色信贷发展，并没有实际采取相关的配套措施。例如，未出台相应的税收政策对绿色信贷银行进行减免税优惠；没有专项的绿色信贷补贴。我国环保和信贷政策变动频繁，没有以上实际措施给予绿色信贷发展的软环境支持，银行将很容易受到政策变动的影响而扭盈为亏。第四，随着国际相关法律和准则的变更，某些 CDM 项目退出强制减排体系，而银行无法立即采取相适应的措施，可能对银行已发贷款回收产生不利影响。从上述情况来看，健全和完善政策体系是未来绿色信贷发展的必要环节，但完善途径和方向尚不清晰明确，还需要不断研究探索。基于绿色信贷政治风险表现形式的特殊多样，需要政府和银行双方共同努力，相互配合做好风险管理工作。

5.2 绿色信贷风险评估指标体系的构建

银行传统的信贷业务在进行风险管理时，主要是根据《巴塞尔协议》的指导，依据借款企业提供和发布的年度资产负债表、利润表以及现金流量表及附注等财务报表结合企业的各项非财务信息进行指标的计算。针对企业的盈利性、偿债能力和信用状况等多方面判断违约的可能性和风险的大小。绿色信贷与传统普通信贷不同，其信贷的目标是支持国家可持续发展，促进信贷资金从高耗污染产业撤出，向环保节约产业流动。因此，环境因素作为绿色信贷最主要的因素必须加入信贷风险指标体系，且处于重要位置。根据我国“环保一票否决制”的信贷政策，本书在原有信贷风险指标体系的基础上进行改进和创新，将指标体系分为两个层级。第一层级先对申请贷款的企业进行环保评级，参照国家环保部门发布的《企业环境业绩指标标准》，选取多个环境指标利用科学的方法赋予合理的权重，根据企业的情况逐个进行打分，计算出企业在环境方面的得分并进行评级。对应于《企业环境业绩指标标准》中对企业五个等级的划分，黑色与红色的企业不予以贷款。对于达到标准的绿色、蓝色、黄色等级的企业，进入第二层级的评估。第二层级即针对环保达标的企业，在原有的传统的财务指标和非财务指标体系的基础上，加入环境指标，重新确定各项权重，综合衡量企业全面风险。该指标体系可以使银行先识别出环境危险型企业，排除高环境风险贷款的可能性，然后综合考虑盈利性、安全性、环保性对贷款企业风险进行评估。该体系为银行提供了一种方法，可以对申请贷款企业进行择优选择，努力做到低风险、高收益。

5.2.1 模型方法介绍

由于我国银行信贷风险评估整体起步较晚，且信息相对国外透明度低，因此，长期以来银行业大部分对授信对象和业务采用划分等级的方法。进行风险评级时，大都按照财务方面 70%、非财务方面 30%的权重比例进行确定和评估。每个方面有多个参考指标，对各个指标再进行详细权重的划分。银行的授信人员根据企业的情况对每个指标进行等级或者分数的评估，最后综合确定出授信企业所在等级和大致的违约率。但在开展绿色信贷过程中，鉴于前文所述的存在的种种问题，银行掌握的资料和信息较少，所以，要综合考虑现有评估方法和绿色信贷的特殊性，选取合适的评估模型。美国萨蒂教授提出的层次分析法具有简单实用的优点，对目标进行系统的逻辑分析，所需定量数据较少，可得出定性与定量相结合的分析效果。此方法非常适合于绿色信贷风险的研究，在较少的定量数据的前提下，将绿色信贷风险按照目标、层次指标和子指标的层级进行分解，科学确定各层级指标和子指标的权重，合理估计风险的大小。并且，此方法建立的模型是在现有银行评估方法上的改进，具有很强的实用性和操作性。综上，本书选择层次分析法构建绿色信贷风险评估模型。

层次分析法是解决复杂的多层因素影响目标决策问题的方法。运用该方法可以将目标分解为多个层次：在目标层下设中间指标层，各中间指标层还可以包含多个准则层或子指标层。根据不同决策问题的影响因素的逻辑结构，构建不同层数的结构。如图 5-1 所示。

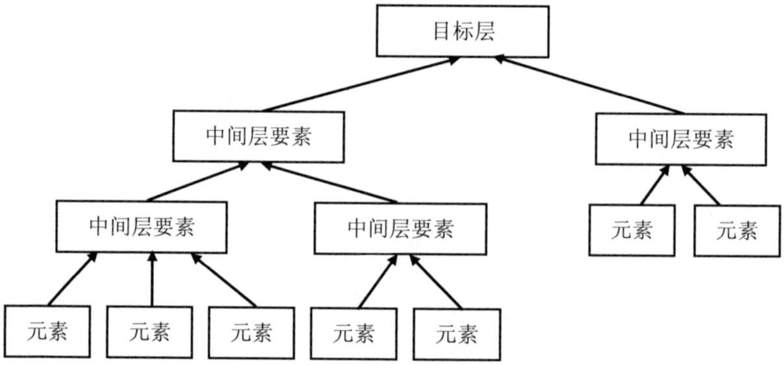

图 5-1　层级结构模型示例

按照构建好的层次结构，对每个层级下各指标进行两两比较，按照重要性程度进行评级。通常评级按照表 5-1 划分为 9 个等级，在评级完成后，形成判断矩阵。例如，某中间指标层 A 下有 n 个子指标 A_1、A_2、……、A_n，将这些指标两两比较就形成了 $n \times n$ 的判断矩阵（表 5-2），其中，w_{ij} 表示相对于第 j 列因素，第 i 行因素的重要性程度。构造出的判断矩阵为正互反矩阵，可以求出最大特征值所对应的向量，进行归一化处理后，即可得到各指标的权重值。即 A_1 的权重为 w_1，A_i 的权重为 w_i。但得出的权重值与判断矩阵的一致性有关，若不满足一致性则结果精确度会大大下降，因此要进行一致性检验。往往判断矩阵的阶数较多，很难完全满足一致性的要求，因此通常设定 0.1 为检验阈值，即检验系数小于 0.1 视为一致性检验通过。在得到权重的基础上可以对各个方案各指标进行打分，获得加权综合得分。

表 5-1　因素对比量化标准

因素对比	量化值
同等重要	1
稍微重要	3
较强重要	5
强烈重要	7
极端重要	9
两相邻判断的中间值	2，4，6，8

表 5-2　判断矩阵

	A_1	A_2	…	A_j	…	A_m	归一化向量
A_1	w_{11}	w_{12}	…	w_{1j}	…	w_{1m}	w_1
A_2	w_{21}	w_{22}	…	w_{2j}	…	w_{2m}	
…							…
A_i				w_{ij}			w_i
…							…
A_n						w_{nm}	w_n

5.2.2　环保评级模型

本书在文献研究的基础上，借鉴国外绿色信贷准则的各项指标，根据中国企业的环境行为和环保部门提出的各项政策，选择合理的环境指标构成环保指标体系。

在指标选择上，主要依据环保部发布的《企业环境行为评价技术指南》中的流程图，选取节能减排、合规管理、突发环境事件管理、环境设施、信息披露、社会影响、废物综合利用和官方认证为指标衡量企业环境业绩。这些指标的评价信息均可以从企业的环境报告或社会责任报告中获得，确保了指标信息的可得性和评估的可行性。

节能减排指标主要考察企业各项能源的耗用及污染排放情况。能源耗用主要包括水资源、生产能源和供热能源的耗用。污染排放主要以排放污染物的浓度标准和总量标准来衡量。合规管理主要考察企业是否有重要的环境违法行为或是否受过环境行政处罚，以及是否按期进行排污申报和缴费的情况。突发环境事件管理主要考察发生环境事件的频率和等级，以及造成的环境污染程度和经济损失程度。环境设施主要考察企业内部环保机构的设置、相关人员的配备以及清洁生产设备、环保技术和污染处理设施等情况。信息披露主要考察企业是否按时提交环保部门要求的材料、是否定期以环境报告等形式发布环境信息。社会影响主要考察群众投诉、社会评价以及舆论的情况。废物综合利用主要考察企业“三废”综合利用率的高低。官方认证主要考察企业是否获得环境管理体系 ISO 14001 认证、其产品是否获得国内外环境认证或标志等。

在确定指标体系后，按照前文所述的方法利用 yaahp 软件构建层次结构，如图 5-2 所示。再依据《企业环境行为评价技术指南》中规定的流程图对指标进行相对重要性评级，形成判断矩阵（图 5-3），一致性检验结果为 0.059 2，小于 0.1 通过检验，利用软件进行归一化计算处理后可以得出最终权重计算结果（表 5-3）。

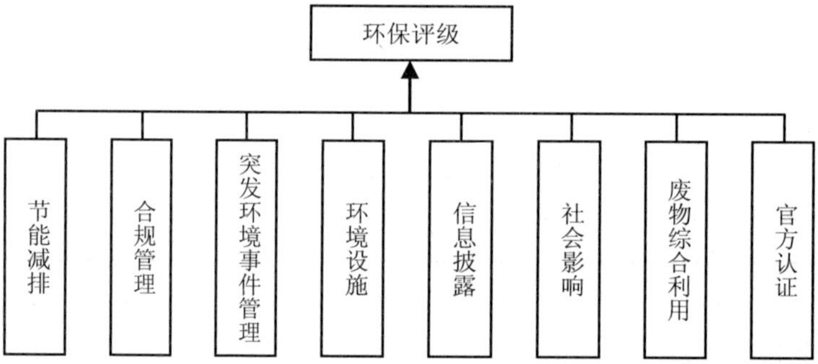

图 5-2　yaahp 软件构建环保层次结构模型

	节能减排	合规管理	突发环境事件管理	环境设施	信息披露	社会影响	官方认证	废物综合利用
节能减排		3	5	5	8	7	8	7
合规管理			3	4	7	6	6	6
突发环境事件管理				3	5	5	5	5
环境设施					5	5	4	5
信息披露						1	1	2
社会影响							1	2
官方认证								2
废物综合利用								

图 5-3　环保评级模型判断矩阵

表 5-3　各指标权重结果

环保评级	节能减排	合规管理	突发环境事件管理	环境设施	信息披露	社会影响	官方认证	废物综合利用
w_i	0.376 1	0.238 0	0.146 5	0.104 5	0.035 3	0.036 6	0.037 0	0.025 9

依照表 5-3 的权重，对申请贷款企业的各项指标进行打分，得出综合得分。将《企业环境行为评价技术指南》划分的五类企业：绿色、蓝色、黄色、红色、黑色分别对应 100～80 分、80～60 分、60～40 分、40～20 分、20～0 分。黄色及以上级别的企业视为环保达标企业，予以贷款，并给予相应的优惠政策。黑色和红色企业视为环保不合格企业，不予以贷款。

5.2.3　绿色信贷风险评估模型

本书的绿色信贷风险评估模型在考虑环境因素的基础上，也借鉴了传统信贷的评价方法，综合考虑财务信息和非财务信息。

财务信息方面，主要从盈利能力、偿债能力、营运能力三方面考察。盈利能力选取销售净利率、总资产净利率、权益净利率为指标。偿债能力选取营运资本、流动比率、现金流量比率、资产负债率、利息保障倍数为指标。营运能力选取应收账款周转率、存货周转率、流动资产周转率、总资产周转率为指标。非财务信息方面，主要以历史信用、行业前景、创新发展能力、贷款方式、管理模式为指标进行考察。

由此，构建绿色信贷风险层次结构模型，判断矩阵一致性检验为 0.051 6，合格，得出权重如表 5-4 所示。

表 5-4　各指标权重

目标层	中间指标层	子指标	权重
绿色信贷风险	环境要素	节能减排	0.185 6
		合规管理	0.117 4
		突发环境事件管理	0.072 3
		环境设施	0.051 5
		信息披露	0.017 4
		社会影响	0.018 1
		废物综合利用	0.012 8
		官方认证	0.018 3

目标层	中间指标层	子指标		权重
绿色信贷风险	财务要素	盈利能力	销售净利率	0.043 3
			总资产净利率	0.013 1
			权益净利率	0.023 8
		偿债能力	营运资本	0.014 6
			流动比率	0.041 1
			现金流量比率	0.083 1
			资产负债率	0.008 7
			利息保障倍数	0.050 5
		营运能力	应收账款周转率	0.018 2
			存货周转率	0.004 0
			流动资产周转率	0.008 4
			总资产周转率	0.002 0
	非财务要素	历史信用		0.105 5
		行业前景		0.008 1
		贷款方式		0.046 3
		创新发展能力		0.012 0
		管理模式		0.023 8

在依据上表权重和企业情况得到综合得分后，将得分参照国际各评级公司的划分标准将企业分为 3A、2A、A、3B、2B、B、3C、2C、C、D 十级，进而估算企业的违约率并确定合适的信贷政策。

5.3 绿色信贷风险评估模型的应用

5.3.1 评估对象

针对上文提出的模型，从上市公司中选取两家比较有代表性的企业，以保证信息的可获得性和可靠性。

紫金矿业集团（以下简称“紫金矿业”）成立于 1993 年，是以矿产业务为主要经营对象的大型公司。经过多年发展形成了金、铜、铅、锌、铁等多种产品发展格局，在福建、广东、河南、河北、内蒙古等 20 多个省区设有 40 多家子公司和分公司。同时在俄罗斯、秘鲁等多国有投资项目。目前是中国矿产资源的领先企业，处于国内 500 强前列，在上海和香港两地上市。

凯美特气体股份有限公司（以下简称“凯美特气”）是一家集气体开发生产、应用、经营于一体的公司。该公司拥有先进的二氧化碳提纯技术，纯度可达 99.999%。主要以化工尾气为原料，全集团年产气量可达 30 万 t 以上，百事可乐、可口可乐等大型的碳酸饮料企业均是其客户。

5.3.2 模型应用

5.3.2.1 环保评级模型分析

本书根据紫金矿业发布的环境信息和环保部门对该公司的评价以及新闻报道、社会影响等多方面信息，对该公司在环境业绩方面做出评价。该公司在环境方面的主要情况有：虽然发布了企业环境报告，指出致力于节能减排、并计划于 2020 年前实现绿色矿山的局面，也在公司的治理机构中设置了环境生态部门，但其执行情况并不理想。2006 年，紫金矿业贞丰水银洞金矿溃坝，致使大量的废物流出并伴有剧毒物质，严重污染了下游城市的水源。2007 年，该公司为了减少环保投入，使用浮选工艺分离矿物质，导致尾矿渣中含有大量的残余物质，形成污染隐患。2008 年紫金矿业就因环保问题差点无法在国内上市。2007—2008 年环保部对上市公司的调查中对该公司提出了通报并点名批评，其存在严重的环保问题并且没有在规定时间内进行整改。2009 年，该公司下属的张家口地区的旧尾矿回水系统泄漏，当地社会影响极其恶劣。2010 年 5 月，再次被环保部批评。同年 7 月 3 日，紫金矿业所属的铜矿湿法厂发生严重的铜酸水渗漏事故，造成汀江水域严重污染。更恶劣的是，该公司隐瞒不报，直至 12 日才公布相关信息。2015 年，该公司被福建省环保厅列入强制性清洁生产审核企业名单。

由以上情况可以看出，紫金矿业的环境业绩仅仅体现在公司战略上，而实际生产情况以及污染处理和社会影响均表现不佳。基于上述信息以及公司环保方面的其他信息进行综合评价，本书给出其各环保指标的评分如表 5-5 所示。

表 5-5 紫金矿业环保指标得分

指标	节能减排	合规管理	突发环境事件管理	环境设施	信息披露	社会影响	废物综合利用	官方认证
得分	45	35	25	55	35	30	25	50

凯美特气在环境业绩方面一直表现出色，尤其是在原料的使用和废物污染排放处理方面。该公司致力于节能减排，不断深入技术开发，专注于高品质的产品，致力于开发氩气、氢气等稀有气体。同时，在环保推行的大环境下，最为传统的化工企业也进行了转型，开拓了互联网和化工双发展的模式。并且，获得了“2015 年最佳环境贡献企业”的称号，也通过了 ISO 14001 环境管理体系认证，是环境友好型和资源节约型企业。根据该公司的情况，对其环保指标评分如表 5-6 所示。

表 5-6　凯美特气环保指标得分

指标	节能减排	合规管理	突发环境事件管理	环境设施	信息披露	社会影响	废物综合利用	官方认证
得分	85	90	85	80	75	95	85	90

根据两企业的环境指标得分，应用前文建立的环保评级模型，依照各指标的权重比例分别计算出两企业的加权综合得分：紫金矿业 39.498 2 分；凯美特气 85.682 6 分。参照《企业环境行为评价技术指南》对企业划分的类别及对应的分数段可以得出：紫金矿业属于红色级别企业，银行应采取不予贷款的政策；凯美特气属于绿色级别企业，符合贷款在环境方面的要求，应进一步利用绿色信贷风险评估模型对其环境、财务和非财务信息进行综合评价。

5.3.2.2　财务与非财务指标分析

根据凯美特气公布的 2014 年年度报告，该公司主要财务数据如表 5-7 所示。通过以下数据和财务管理指标计算公式，计算出各指标数值作为评估风险打分的依据。该企业属于化工类企业，根据计算出的财务比率与 2014 年《化工行业企业业绩评价标准》进行比对，得出财务指标所在等级和相对应的分数值。

表 5-7　凯美特气各项财务指标

项目	金额/元	项目	金额/元
营业收入	261 993 275.85	净利润	31 460 012.45
流动资产	473 355 010.51	税前利润总额	34 953 088.14
流动负债	284 184 632.45	财务费用	3 732 697.90
年末存货	20 714 995.01	年初负债总额	284 591 794.81
年初存货	6 631 701.00	年末负债总额	354 393 211.21
年末应收账款	92 202 945.24	年初所有者权益	795 697 935.59
年初应收账款	100 978 793.92	年末所有者权益	840 809 132.64
年末总资产	1 195 202 343.85	经营活动现金流量	76 335 491.59

资料来源：作者依据该公司年报编制。

在分析财务信息的基础上，进一步通过查阅财务报告及附注、行业信息以及信用记录等途径对该公司的非财务信息进行评价。首先，该公司所在行业是对温室气体进行提纯和液化，是符合可持续发展的循环经济领域和国家大力提倡发展的环保型产业，属于朝阳产业。其次，该企业的创新发展能力极强。在二氧化碳的提纯、资源化利用如生物技术转化和可降解新材料生产、采矿业应用、废水处理的应用等领域均有深入研究并拥有多项国内外先进技术。同时，该公司极力推进技术产业化，同多个发达国家开展了技术洽谈和合作，并与湖南大学合作建立了研究中心，探索技术发展道路。再次，在历史信用和贷款方式方面，银行可以通过企业提供的《企业信用报告》进行评估。通过以往了解到的信贷信息以及诉讼情况来看，该公司信用情况良好，信贷风险较小。最后，在管理方式方面，公司有较完善的治理结构，内部控制的设计和执行情况均良好，形成了融洽的企业文化。公司的各项战略和决策均有相应的审批和执行程序，可确保其专业性和可行性。

基于上述信息以及全行业的企业绩效评价标准，该公司财务和非财务指标得分见表 5-8。并利用 yaahp 软件得出加权总得分为 81.646 5。依照对申请贷款企业的综合评级分类，该企业为 2A 级别，信贷风险较小。

表 5-8 凯美特气财务、非财务指标得分

指标	分值	指标	分值
销售净利率	75	应收账款周转率	25
总资产净利率	65	存货周转率	40
权益净利率	70	流动资产周转率	35
营运资本	85	总资产周转率	45
流动比率	80	历史信用	85
现金流量比率	70	行业前景	90
资产负债率	95	贷款方式	90
利息保障倍数	90	创新发展能力	85
		管理模式	80

5.3.3 结论分析

本书绿色信贷风险评估模型主要分为两部分：环境评级模型和风险评估模型。利用层次分析法得出合理的指标权重，并进行应用分析。根据上述分析过程和结果可以发现，两家案例企业处于不同地区、不同行业，说明模型适用性广泛。然后，先对企业进行环保评价，对红色、黑色企业不予以贷款；对通过环保评测的企业进入下一环节的评价。在第二环节风险评价过程中，本书依旧将环境因素纳入评价指标体系，从而避免银行在该环节只从盈利等方面考虑而做出不适当的贷款政策。例如，环保评级为黄色的企业，盈利性非常强。如果第二环节只针对财务和非财务因素进行风险评价，可能得出信贷风险较小的结论。而在综合评价环节，风险评价体系中包含了环境风险，可能得出风险中等甚至较大的结论。因此，本书所构建的模型可以全面衡量信贷风险，为银行绿色信贷风险管理提供了新的思路。

第6章

绿色信贷参与主体的博弈分析

环境具有公共产品特性，空气、水体、土壤质量的保持与维护具有强烈的外部性，在保护它们不受污染的同时，可能会与某些市场主体的经济利益发生冲突。企业、银行和政府等多方主体在环境保护、开展绿色信贷的博弈中，不同的约束条件下，博弈行为和结果是不一样的。企业与银行在一定程度上具有共同利益，而这两者与政府的目标又不尽一致，尤为突出的是地方政府出于只片面追求经济发展的考虑，地方保护主义思想严重，在环境执法上不够严格，使得污染企业、银行和政府等理性行为主体的关系错综复杂，既有冲突，又有合作，制约和影响了绿色信贷的实施效果。

在缺乏外部强力约束的条件下，当企业的行为给环境带来污染的同时自身能够获得更大利益时，它会更倾向于破坏环境。同样，由于重视自身利益，商业银行在内在方面缺少向污染企业停止发放贷款的动力，而与污染企业结成利益共同体，就会使绿色信贷难以施行。同样道理，出于单纯追求经济发展的需要，地方政府约束污染企业的积极性不高，处理的手段也不努力去完备，就有可能倾向于向银行施压，使得绿色信贷难以推行。在银行与企业的重复博弈下，而不是一次博弈，这样就会增大银行惩罚企业不治污行为的可信性，也会抑制污染企业的机会主义行为。企业为了保证顺利获得银行贷款以及保持自身的良好声誉，就一定会选择合作，即治理污染。但随着银行和企业之间的交易进入尾声，即交易变为有限次重复博弈，这种约束就会逐渐弱化。所以在此时，更为有效的手段还是加大对企业污染行为的监管和惩罚力度。

6.1 博弈论对于绿色信贷参与主体的适用性分析

博弈论，也称对策论，是描述和研究行为者策略相互依存和相互作用的一种决策理论。

对博弈的研究是从20世纪初期开始的，20世纪初，齐默罗和波雷尔对象棋博弈等的研究可以代表系统研究博弈论的发端。1928年冯·诺依曼和摩根斯顿二人给出了扩展型博弈的定义，证明了有限策略的两人零和博弈有确定的结果等。1944年由冯·诺依曼和摩根斯顿合作的《博弈论与经济行为》在博弈论历史上有特别重要的意义，可以说是博弈论的真正起点，被认为是博弈论初步形成的标志。20世纪50年代，博弈论研究进入高潮。纳什在1950年提出“纳什均衡”的概念，使古诺模型和伯兰德模型中均衡概念一般化，成为现代大多数经济分析的出发点和分析关键。“纳什均衡”的出现及证明将博弈扩展到非零和博弈，最终成为非合作博弈的理论基石。除纳什的贡献外，这一时期还有其他博弈论的成果。包括夏普里的“讨价还价”模型，Gillies和Shapley（1953）关于合作博弈中“核”（core）的问题。60年代最重要的成果还有塞尔滕的“子博弈完美纳什均衡”和“颤抖手均衡”。70年代海萨尼提出了“混合策略”的不完全信息解释，以及“严格纳什均衡”等概念。这一时期还有“进化博弈论”。80年代，博弈论走向成熟，最重要的成果包括“顺推归纳法”“序列均衡”“可理性化性”“完美贝叶斯均衡”等概念。90年代以来博弈论得到了进一步的发展，许多为博弈论的发展做出重要贡献的学者被授予了诺贝尔经济学奖。

任何一个博弈的基本要素都包括参与者、策略、信息和支付。其中参与者指一个博弈中的决策主体；策略指参与者在博弈的某个时点的决策变量；信息指参与者在博弈中的知识；支付指特定的战略组合下参与者的确定的效用水平。在每一个博弈中，都至少有两个参与者，每一个参与者都有一组可选择的策略。作为博弈的结局，每个参与者都得到各自的报酬，即各自得到一笔支付，其支付可以为正，也可以为负。每一个参与者所得到的支付都是所有参与者各自所选择的策略的共同作用的结果。

环境的产权是不明晰的，而且最大的特征是其为公共物品，当企业在利用环境资源时，其所付出的成本小于利用这些资源所造成的社会成本，因此，在利用环境资源的过程中存在着严重的外部不经济性。以绿色信贷制度促进解决环境问题，主要是处理好企业、政府和银行之间的关系。企业与银行在一定程度上具有共同利益，而这两者与政府的目标又不尽一致，尤为突出的是地方政府出于只片面追求经济发展的考虑，保护主义思想严重，在环境执法上不够严格，使得污染企业、银行和政府等理性行为主体的关系错综复杂，既有冲突，又有合作，制约和影响着绿色信贷的实施效果。因此运用博弈论抽象主体行为理性分析绿色信贷交易行为具有很强的适用性。

6.2 模型的构建及要素

本书主要进行银行和企业之间的博弈分析。为了使分析简便一些，假设治污投入、排污成本、总产出和收益分配是一定的，并假设污染企业的投入与产出等要素为离散型，在此基础上分析银行和企业可能选择的策略。同时，为了体现多方面因素对银行和企业的策略的影响，要将由于不落实绿色信贷和污染环境可能遭到的处罚成本加入其支付函数中。以下依次使用完全信息静态博弈模型、重复博弈模型和不完全信息静态博弈模型来说明各种情况下绿色信贷参与主体的行为特征。

在这个博弈分析中，参与者是理性的银行和企业；在策略上，企业的行为集合为（治污，不治污），银行的行为集合为（贷款，不贷款）；信息就是银行和企业在博弈中了解的知识；在支付方面，我们假设 I 为得到银行贷款后企业生产经营的收益，i 为通过其他渠道融资后企业生产经营的收益，C 为企业治污需要花费的成本，E 为企业由于污染环境被处罚所损失的期望值，BI 为银行对治污企业贷款后的经营收益，Bi 为银行对不治污企业贷款后的经营收益，−BC 为银行不贷款给企业但却支付利息给存款者而带来的经营损失，也可能为机会成本。

6.3 完全信息静态博弈

完全信息博弈是指假设博弈中的参与者是相互了解的，即双方完全了解彼此的支付函数，并且双方知道自己也是被对方完全了解的。

我们假定以下条件：首先，市场上只有 1 家银行和 1 家企业，它们都追求利益最大化，并且在主观上企业希望得到银行贷款。其次，把双方的所有选择当作给定，银行和企业在选择策略时并不知道对方的策略选择，并且不考虑本方的策略对对方策略的影响。再次，银行对于企业是否污染拥有完全信息，并且了解企业如果不治污则有可能被查处，银行也将被相关部门处罚；如果企业未被监管，则银行信贷资金安全，并能够通过向污染企业贷款获得利润。最后，银行的策略选择是“贷款或不贷款”，企业的策略选择是“治污或不治污”。双方博弈的效用矩阵如表 6-1 所示。

表 6-1　完全信息下的纳什均衡

企业	银行	
	贷款	不贷款
治污	$I-C$，BI	$i-C$，−BC
不治污	$I-E$，Bi	$i-E$，−BC

6.3.1　纯战略纳什均衡

纯战略是指一个战略规定参与主体在每一个给定的信息中只选择一种特定的策略。

目前，我国存在比较严重的地方保护主义，而且环保技术也比较落后，这导致企业的治污成本要高于被环保部门处罚损失的期望值，即 $C>E$。对企业来说，不治污是治污的占优战略；同时，污染企业可以通过补办手续等成为合格企业，因此对银行来说，其信贷资金安全不会受到企业治污与否的影响，BI 与 Bi 是大致上相等的，贷款是不贷款的占优战略。于是，（不治污、贷款）成为了这个博弈唯一的纳什均衡，在这样的情况下，每个参与主体都不会主动改变自身的战略。

6.3.2　混合战略纳什均衡

混合战略是指参与主体在给定的信息下以某种概率分布随机地选择不同的策略。只依靠纯战略来进行分析很不全面，实际上混合战略更适合于银行与企业的现实情形。假设企业以 P_1 的概率选择治污，以 $1-P_1$ 的概率选择不治污。银行以 P_2

的概率选择贷款，以 $1-P_2$ 的概率选择不贷款。则：

企业的期望支付为

$$U_e = P_1[P_2(I-C)+(1-P_2)(i-C)]+(1-P_1)[P_2(I-E)+(1-P_2)(i-E)]$$

求导得

$$\frac{\partial U_e}{\partial P_1} = E-C$$

银行的期望支付为

$$U_b = P_2[P_1(\mathrm{BI})+(1-P_1)(\mathrm{Bi})]+(1-P_2)(-\mathrm{BC})$$

求导得

$$\frac{\partial U_b}{\partial P_2} = P_1\ (\mathrm{BI}-\mathrm{Bi})+\mathrm{Bi}+\mathrm{BC}$$

由于 $E<C$，则 $E-C=\frac{\partial U_e}{\partial P_1}<0$，因此随着 P_1 的不断增大，企业的支付会逐渐递减。对银行来说，$\mathrm{Bi}\leqslant\mathrm{BI}$，因为在 Bi 中已经包括了银行由于受到严重处罚而造成的损失。$\frac{\partial U_b}{\partial P_2}=P_1\ (\mathrm{BI}-\mathrm{Bi})+\mathrm{Bi}+\mathrm{BC}>0$，随着 P_2 的不断增大，银行的支付会逐渐递增。在均衡时的混合战略为 $P_1=0$，$P_2=1$。

其反应函数为： $P_1=0(P_2\in[0,1])$ ， $P_2=1(P_1\in[0,1])$ 。在均衡时，不治污是相对治污的严格占优战略，贷款是相对不贷款的严格占优战略。此时，污染企业选择不治污，而银行也将选择贷款，双方的混合战略将收敛为一个纯战略纳什均衡。

$E<C$ 是纯战略纳什均衡（不治污，贷款）存在的源头。如果对企业污染环境的行为加大打击和惩戒力度，则会出现 $E>C$，那么企业就会选择治污策略。但是，目前我国环保部门对造成环境污染的企业只能采取罚款的手段，最高限额也仅为 20 万元，而购买环保设备所需经费却高得惊人，从而造成了企业“守法成本高，违法成本低”的局面。

6.3.3 结论

博弈的均衡结果会因为出现支付极值而改变。可以假设存在一个严格监管银行的部门，加大对不认真落实绿色信贷的银行的惩罚力度，这样银行就会积极实施绿色信贷。我们可以为双方的支付赋值，以更清晰地看到分析的结果。赋值时要注意使 BI 比 Bi 大很多。设 BI 为 20，Bi 为−100，只要银行是理性的，就不会冒着可能损失 100 的风险去追逐区区 20 的利润。

双方的支付矩阵如表 6-2 所示。

表 6-2 赋值的混合战略纳什均衡

企业	银行	
	贷款	不贷款
治污	100，20	70，−10
不治污	120，−100	90，−10

以上数据可以使企业了解银行采取不合作态度的决心。在银行坚决实施绿色信贷的情况下，如果企业不治污，就会得不到银行的融资，从而使收益降低。于是，对于企业来说，治污成为了最优选择。

我们不难得出以下结论：首先，外在方面的制约性要增强，否则，由于重视自身利益，商业银行在内在方面缺少向污染企业停止发放贷款的动力，反而与污染企业结成利益共同体，就使绿色信贷难以施行。其次，出于单纯追求经济发展的需要，地方政府约束污染企业的积极性不高，也不努力去完备处理手段，就有可能倾向于向银行施压，使得绿色信贷难以推行。再次，应建立银行与污染企业利益联结机制，使污染企业权衡治污成本以及给银行造成的巨大风险，从而促进两者在行为上相辅相成，这样绿色信贷实施就更为顺利。最后，要综合统筹推进，无论是直接融资，还是间接融资，都要体现绿色，相互配套，使污染企业融资别无选择，只能在治污上下工夫。

6.4 重复博弈

银行和企业在现实中的交易不可能只有一次，正常应有数次交易或无限次交易。重复博弈有以下特点：①博弈过去的结果是透明的，所有参与主体都能观测到；②前一阶段博弈不会改变后一阶段博弈的结构；③参与人的总支付是所有阶段博弈支付贴现值之和或加权平均值。

6.4.1 无限次重复博弈

在这里，我们运用冷酷战略[①]进行分析。按照这个战略，一旦参与者在某一阶段选择了不合作，他将永远选择这一策略。在银行方面，开始时采取合作的态度贷款给企业，直到企业选择不治污，银行就会永不贷款。在企业方面，开始时选择治污，直到银行选择不贷款，企业就会永不治污。

以下为证明冷酷战略是纳什均衡的过程：

令δ为贴现因子[②]，二者贴现因子相同。开始时，银行发放贷款，如果企业选择不治污，这将导致银行永不贷款。

$$(I-C)+\delta(I-C)+\delta^2(I-C)+\cdots>(I-E)+\delta(i-E)+\delta^2(i-E)+\cdots$$

或 $\dfrac{I-C}{1-\delta}>(I-E)-(i-E)+\dfrac{i-E}{1-\delta}$

解上式得 $\delta>\dfrac{E-C}{i-I}$

如果以上条件得到满足，假设银行坚持冷酷策略且开始时银行选择贷款，那么企业一定会选择合作，这时治污是企业的最优策略。假设开始时银行选择不贷款，那么企业不治污就是其最优策略。也就是说，无论δ的值为多少，企业都会积极地惩罚对方的不合作策略。因此，冷酷策略是一个纳什均衡。

在无限次重复博弈中，原博弈与从任何一个阶段开始的子博弈结构都是相同的，不管参与主体违反合作与否，冷酷策略都是整个子博弈的纳什均衡，这个纳什均衡是子博弈精练均衡。

6.4.2 有限次重复博弈

在现实生活中，银行和企业正常情况下不会只进行一次博弈，也不会是无限次数，有限次的重复博弈更适合于他们之间的信贷交易。如果阶段博弈有唯一的纳什

① 冷酷战略指参与主体在开始时选择合作，在接下来的博弈中，如果对方合作则继续合作，而如果对方一旦背叛，则永远选择背叛，永不合作。

② 贴息因子也称折现系数、折现参数，就是将将来的现金流量折算成现值的介于 0 和 1 之间的一个数。

均衡，根据“连锁店悖论”[①]，那么有限次重复博弈的结果就是阶段博弈纳什均衡的重复而已。

如果博弈的次数为 1，参与主体只会在意短期利益，而当博弈重复多次时，参与主体就会重视长远利益，从而选择不同的均衡策略。由于目前我国对污染企业没有有效和严格的处罚措施以及对银行没有严密的监管方式，博弈的结果经常会是（不治污，贷款）。然而如果加强对银行的监管，同时加大对污染企业的打击和惩罚力度，也有可能出现最优的均衡结果，即（治污，贷款）。

如果加大对不实施绿色信贷的银行的惩罚力度，实行严格的监管，银行就会对不治污的企业实施更大力度的惩罚，以 e 表示。在这样的情况下，理性的企业不会冒着贷不到款的风险而不治污，大部分会选择与银行合作以获得其信任，绿色信贷就能够得到很好的落实。

惩罚污染企业的博弈矩阵如表 6-3 所示。

表 6-3 惩罚污染企业的博弈矩阵

企业	银行	
	贷款	不贷款
治污	$I-C$，BI	$i-C$，−BC
不治污	$I-E-e$，Bi	$i-E$，−BC

6.4.3 结论

首先，在冷酷战略下，博弈双方都不会主动背叛合作，只要耐心足够，即使有一方存在短期机会主义行为也无妨，这也是使绿色信贷得到长足发展的基础。其次，e 越大，越能抑制污染企业的机会主义行为，但目前我国银行对污染企业的惩罚措施太少，而且企业从其他渠道获得融资也越来越方便，使得银行对企业不治污行为的约束程度逐渐减弱。而且也要注意，惩罚过于严厉不利于银行和企业长期建立合作关系，容易起到适得其反的作用。同时，为了绿色信贷得到有效实施，应根据企业项目建设的进度按照适当的节奏控制信贷投放，在博弈论的层面，就是说银行与

① 连锁店悖论指完全信息条件下的有限次重复博弈无法实现参与人之间的合作行为。

企业应进行重复博弈，而不是一次博弈，这样就增大了银行惩罚企业不治污行为的可信性，也抑制了污染企业的机会主义行为。再次，企业选择不治污的主要原因就是 $C>E$，目前大多数企业没有能力负担高额的治污成本。那么国家就应该在环保技术研发方面加大投入，同时采取一定的措施降低 C 值，如为企业治污提供补贴等。最后，企业为了保证顺利获得银行贷款以及保持自身的良好声誉，就一定会选择合作，即治污。但随着银行和企业之间的交易进入尾声，即交易变为有限次重复博弈，这种约束就会逐渐弱化。所以在此时，更为有效的手段还是加大对企业污染行为的监管和惩罚力度。

6.5 不完全信息静态博弈

实际上，企业基本不可能掌握银行的所有信息，企业自身对其治污的实际情况也会有意隐瞒，银行和企业之间至少有一个参与主体不了解对方的支付函数，因此现实中的博弈并不能达到完全信息的要求。银行与企业在完全信息博弈中出现混合战略均衡的根本原因在于参与者不了解对方的策略选择，因此我们可以用不完全信息下的纯战略均衡极限进行分析。

令 μ 和 θ 代表参与双方类型，且这些属于个人内部信息，双方对对方的支付不完全了解。取 $\mu \in [-\varepsilon,\varepsilon]$，$\theta \in [-\varepsilon,\varepsilon]$，则不完全信息的静态博弈矩阵见表 6-4。

表 6-4　不完全信息下静态博弈矩阵

企业	银行	
	贷款	不贷款
治污	$I-C$，BI	$i-C+\mu$，$-$BC
不治污	$I-E$，$Bi+\theta$	$i-E$，$-$BC

根据以上假设，企业的均衡条件为：

$$\left(1-\frac{\theta+\varepsilon}{2\varepsilon}\right)(I-C)+\frac{\theta+\varepsilon}{2\varepsilon}(i-C+\mu)=\left(1-\frac{\theta+\varepsilon}{2\varepsilon}\right)(I-E)+\frac{\theta+\varepsilon}{2\varepsilon}(i-E)$$

银行的均衡条件为：

$$\left(1-\frac{\mu+\varepsilon}{2\varepsilon}\right)\mathrm{BI}+\frac{\mu+\varepsilon}{2\varepsilon}(\mathrm{Bi}+\theta)=-\mathrm{BC}$$

由于 I、i、C、BI、Bi、E 是一定的，因此通过以上两式，可以计算出均衡值 μ^*和θ^*。企业的策略是当$\mu>\mu^*$时选择治污，否则不治污。银行的策略是当$\theta>\theta^*$时选择贷款，否则不贷款。博弈双方都是通过判断对方类型来选择策略，当$\varepsilon=0$时，上述不完全信息博弈的纯战略纳什均衡就成为一个完全信息博弈的混合战略纳什均衡，即其为完全信息博弈的极端情况。

这种不确定性实际上大量存在，为了减少这种不确定性，应增加银行和企业对对方情况的掌握，加强交流和沟通，进行重复的博弈，促进双方绿色信贷交易的顺利完成。同时，政府及相关部门要努力构建信息交流机制。环保部门在及时准确掌握企业环保信息的基础上，要加强与金融部门之间的信息共享，这对于绿色信贷的发展起着重要的推动作用。

第 7 章

绿色信贷机制的构建

根据我国绿色信贷发展过程中存在的问题以及结合发达国家发展绿色信贷的经验，我国应从政府、商业银行和政策性银行三方面构建完善的绿色信贷机制。

从政府的角度看，要加大对绿色信贷机制的政策支持，完善绿色信贷的相关法律法规和制度建设，推进我国绿色信贷规范化、制度化、法律化；完善环保信息沟通与共享机制，实现商业银行、环保部门、政府、非政府组织等之间信息的交流和共享；制定符合中国国情的统一的绿色信贷标准，明确具体的、操作性强的污染等级认定标准和环境风险评级标准，明确银行信贷资金参与环境治理所应承担的环境责任，为商业银行开展绿色信贷提供参考依据和执行标准；加大环保考核力度，规范地方政府行为，避免地方政府对商业银行经营行为的影响，扫清银行推行绿色信贷政策的政府干预障碍；政府应建立配套的激励约束机制，如出台相关的财税政策（减免税收、贷款贴息、财政补贴等），增强企业和银行持续开展绿色信贷的动力。

从商业银行的角度看，我国银行业应对绿色发展问题有清晰的认识，强化绿色文化理念和社会责任意识，将环境风险纳入到绿色信贷风险评价体系当中，提高风险控制水平，完善银行内部绿色信贷激励与约束机制，调动银行和信贷人员开展绿色信贷的积极性，从融资模式、担保方式、绿色服务等方面开展绿色信贷业务的创新，加强与保险公司、基金公司、国际金融组织的绿色合作。

从政策性银行的角度看，环境功能是政策性银行的基本功能，尤其在我国致力于发展低碳经济、加大力度推进环境保护事业的背景下，政策性银行更加要突出发展绿色信贷，设立绿色信贷相关职能部门，打造优秀团队，加强绿色产品开发，在推进绿色发展中实现社会效益和生态效益最大化，促进社会和环境的绿色发展。

7.1 构建绿色信贷机制的政策支持

7.1.1 完善绿色信贷的相关法律法规和制度

从发达国家的经验来看，完善的法律法规是发展绿色信贷的根本保障。然而就我国目前低碳经济和绿色信贷的发展现状而言，我们并不缺少相关的宏观经济政策支持，缺乏的是绿色发展的法律理念和绿色信贷的法律意识，缺乏的是系统的可操作性强的绿色信贷法律法规及制度，缺乏的是对污染企业和贷款银行强有力的法律威慑力。以 2010 年 7 月的紫金矿业污染事件为例，虽然 2011 年 5 月紫金矿业被罚 3 000 万元，包括紫金矿业原副总裁陈家洪在内的 5 名公司管理人员被刑拘。然而至今鲜有人关注该事件背后的银行大佬。包括招商银行在内的紫金矿业背后的融资机构，在这场风波中几乎没有受到任何连带影响，既没有受到法律部门和银行监管部门的惩罚，甚至也没有来自公众的道义谴责。3 000 万元罚款“几乎无法对紫金矿业以及其背后的银行产生震慑作用”。①

针对我国现在绿色信贷法律法规体系和政策还不完善的状况，应紧密结合实际，着眼于绿色信贷整体发展和规范企业具体行为，组织协调银行与相关部门，抓紧开展相关工作，制定和完善有关环境保护与绿色信贷相结合的法律法规，为多部门协同推进绿色信贷业务的有效实施提供坚实的法律依据和制度支撑，推进我国绿色信贷规范化、制度化、法律化。及时把已有的绿色信贷政策转化为绿色信贷法律，保持绿色信贷法律的连贯性和稳定性，尽可能提升绿色信贷制度的法律层次，实现绿色信贷制度的约束力和权威性，具备规则的一致性。

（1）填补低碳经济和绿色信贷方面的法律空白，通过立法规范政府行为，明确企业的社会责任。制定《循环经济法》《绿色金融促进法》《绿色信贷实施条例》等法律法规，出台绿色信贷监督管理工作细则，就政府、银行、企业及个人等在有关

---

① 《绿色信贷需要建立法律保障体系》，上海商报，2011-08-17。

方面的责任和义务做出明确规定，使绿色信贷指南上升到法律层面，为绿色信贷的开展保驾护航。为了防控有关银行之间的恶意竞争，我国在绿色信贷立法过程中，尤其应当注重对于绿色信贷审批标准的规定。

（2）修订《中国人民银行法》《商业银行法》《银行业监督管理法》和《贷款通则》等法律，这些法律当初设立的时候主要服务于经济增长和社会发展，与当前环境保护的大背景已经不相符合。因此，应增加绿色信贷相应的内容，使金融与环保实现良好的结合，使环境相关的法律制度更加完善。鉴于企业可以通过民间融资、对外融资等进行银行体制外融资，造成环境及金融机构收益的双损失。根据山西、内蒙古两地的调研情况，民间资本是“双高”行业中小企业融资的主体，超过了银行信贷。因此，除了规范正规金融以外，还要完善法律规范绿色信贷机制外的融资。

（3）完善环境污染和绿色信贷的诉讼环境。我国目前正处于环境问题高发期，重大污染事故频发，严重危害人民群众健康、财产安全与社会稳定。虽然当前环境污染随处可见，但进入诉讼程序的却不多，对负责融资的银行提起诉讼的更是没有。一些专门为审理环境案件设立的环保法庭甚至面临案源不足、缺案可审的窘境，司法程序启动难成为加强环境司法保护的最大障碍。针对环境污染损害赔偿纠纷具有群体性特点，可以完善环境污染集团诉讼、代表人诉讼制度和环境公益诉讼制度，在环境领域适度放开原告主体资格条件，赋予公民个人或一定的社会团体对污染行为提起诉讼的权利，建立中国特色的环境公益诉讼制度。

7.1.2 完善环保信息沟通与共享机制

信息是决策的基础，决策越重要，需要收集的信息就越多。金融行业可以说是一个信息行业，商业银行若想做出正确的信贷决策，需要收集并分析大量的信息。当前商业银行的环境风险越来越受到重视，然而我国一些地方环保部门发布的企业环境违法信息针对性不强、时效性不够，不能适应银行审核信贷申请的具体需要，同时商业银行还不能提供使用环境信息的反馈情况，没有真正做到与环保部门数据共享，金融部门与政府、非政府组织等之间信息的交流和共享也尚未完全实现，极大地影响了绿色信贷发展的成效，因此，完善金融企业与环保部门的环保信息沟通与共享机制成为深化绿色信贷的重要前提。

（1）企业、环保部门和银行应该各尽其责。就企业而言，应该及时、真实地披露自身的环保信息，配合环保部门和银行建立环保信息数据库。就环保部门而言，面对环境污染严重的企业和项目，要尽职尽责，有所作为，顶住压力，敢于查处。要有计划、有步骤地建立健全环保监督中心，全面收集企业环保信息，建立环境信息数据库，并据此经常检查重点污染行业，对环保不达标的，要进行严厉处罚。对发展中的新上项目，要加强环评审查，严控高污染、高能耗项目，强化源头污染控制。进一步健全企业环境行为评价和信息公开制度，逐步构建一个统一标准、细化分类、动态管理的数据中枢。就银行而言，对申请贷款的企业，除了掌握企业的生产经营状况、财务信息等情况外，还要下大力气收集企业和项目的环保信息，加强企业环保信息征集建设，建立日常信息传输平台，逐步将企业环保审批、环保认证、环保事故等信息纳入银行企业征信系统，对企业的环保信息进行识别、监控及评估，并在贷款实施中及时关注和查验环保情况，同时绝不能放宽对“两高”项目的审查，把握好信贷“闸门”，努力避免环境质量恶化。

（2）加强环保部门与银行之间的信息沟通。目前我国环保部门与银行之间信息传递的路径和周期很长，导致信息更新相对滞后。如果银行给环境评价不合格的企业或项目融资，那么银行不仅要承担融资的经营风险，还要承担环境风险和政策法律风险。通常银行的绿色信贷政策的要求会比环保部门环评合格的要求更为严格，银行不仅要看贷款企业或项目的环评是否合格，还要看是否符合本行的绿色信贷政策。各商业银行应与当地环保部门建立长期的信息沟通共享协议，与环境保护局、环境监测站等机构进行战略合作，共同建立完整、互通的企业环保数据库，争取环评专业机构对于绿色信贷的理解和技术支持，保证银行业金融机构实时获取企业环境表现信息，供其做出是否放贷的决策，实现金融、环保、产业的多方共赢。通过落实《环境信息公开办法（试行）》，约束地方保护主义。该办法明确规定，环保部门应公开超标超总量的污染严重企业名单，发生重大、特大环境污染事故的企业名单等信息。这些规定实质上已经为破除地方保护主义提供了法规依据。落实这些规定，也将为银行业金融机构等市场主体充分了解相关企业的环境风险提供条件。

（3）银行业也需要把贷款信息反馈给环保部门和社会公众。清华大学环境学院环境管理与政策研究所所长常杪指出：“正因为绿色信贷能够做到通过资金的流向来辅助调整保护环境的力度，环保部门自然希望银行在经营过程中能够限制对危害环境项目的贷款，同时增强对环境保护的投入力度。”这样一来，环保部门就需要更多地掌握银行的实际行动，并希望银行能够参与到这方面的数据统计中来。2009

年，环境保护部、中国人民银行出台了《关于全面落实绿色信贷政策进一步完善信息共享工作的通知》。通过定期向银行提供环境违法企业的“黑名单”，环保部门主动与银行等金融机构分享企业的环境违法信息，同时也期望获得银行对这些企业的相关贷款信息。然而实际情况却是，银行未必能够将这些详细信息真正公之于众。因此，建立更加透明的信息披露机制，要求商业银行把涉及环境违规企业的贷款信息进行披露和反馈，按照规范要求发布年报、企业社会责任报告。

（4）加强银行之间的环保信息共享。谈到信息共享，人们分析更多的是环保部门与商业银行之间的信息共享。银行通常希望“绿色度”由环保部门来界定，甚至希望环保部门直接下发限制贷款企业的名单。其实，由于绿色信贷中涉及准入、技术、排放、能源消耗、循环利用能力等标准，并且企业环境行为具有动态性，单靠政府部门和环保部门来提供相关信息，显然是不够的。银行绝不能过度依赖环保部门输送的相关信息，而是应在国家政策的基础上建立起自身的绿色信贷判定标准，银行在使用环境信息之后，要及时有效地反馈情况，进行信息的整理、评价，真正做到银行与银行之间的信息互通和数据共享。

（5）环保部门、银行还应该与政府、非政府组织加强沟通，探索建立由政府部门牵头，发改委、环保部门、人民银行、银监部门、银行、环境保护协会以及 NGO 环保组织等多方参与的信息沟通制度，定期通报环保政策法规、企业执行环保政策、企业节能降耗、环境执法查处、银行支持等情况，及时发布当地节能减排和淘汰落后产能企业指导目录。建议逐步将企业节能环保审批、认证、排放和环境违法等信息纳入人民银行征信系统，及时更新日常环保执法和年度环保审核报告等信息，还要重视并借助社会力量来监督环保部门和银行业绿色信贷有关工作的落实。

7.1.3 制定符合中国国情的统一的绿色信贷标准

我国目前尚没有统一的绿色信贷标准，这必然导致不公平的市场竞争环境，某些不注重环境保护与节能减排、缺乏企业社会责任感的商业银行反而会比实施绿色信贷的商业银行获得更多的客户和更高的利润。“某公司 40 万 t/a 聚氯乙烯及配套项目贷款被中国工商银行否决，而几乎在同一时间，这个项目却在另一家银行走了绿色通道。由于各家银行执行标准不一，有些项目在这家银行贷不到款，转身到另外一家却可以贷到。[①]在借鉴国际绿色信贷标准的基础上，要从我国国情出发，依据已取得的相关成果，进行科学制定。现在，国际上通常以赤道原则作为绿色信贷标准。与此相比较，我国现行的绿色信贷标准太过于综合和笼统，不足方面表现为缺乏相对具体的指导目录以及对环境评估的风险标准，这样就导致商业银行制定相关的监管实施措施缺少足够的依据，从而在实践中不易于操作。因此，建议由人民银行、银监会会同国家环保部门制定绿色信贷指引，制定符合我国国情的统一的绿色信贷标准，明确具体的、操作性强的污染等级认定标准和环境风险评级标准，明确银行信贷资金参与环境治理所应承担的环境责任，由原来的软约束变为具有可操作性的硬约束，逐步增强信贷服务绿色经济的导向性，为商业银行开展绿色信贷提供参考依据和执行标准。

7.1.3.1 制定产业（行业）指导目录

深入开展绿色信贷，相关部门在制定统一的绿色信贷标准过程中，既要突出针对性，也要增强指导性，应把产业指导目录放在重要位置，形成一整套的操作性办法。通过对各个行业产品以及在生产过程中使用的原料、制造工艺技术、污染排放量等进行评定，切实使各个行业的环保信息真正体现在指导目录之中。国际上通行的赤道原则规定非常详细。通过产业选择与区分，可以优先选择高污染、环境风险负荷比重大、产能过剩的产业制定有关目录。对重点行业进行初选，确定重点工作对象。例如，可以选取十大重点产业，从废水排放、废气排放、产能过剩、“两高”、不良贷款方面进行产业污染度的识别，进而可以排出一个产业顺序：钢铁、电力、水泥、化工、纺织、造纸、食品、焦炭、有色金属、石油；然后把积累的工作经验，推广到以后开展其余行业；最终，建立行业名录清单，优化并最终确定行业产品名录。组织行业专家、环保系统专家、生产企业专家等对相关目录进行研究、评审和论证。2011 年环保部、银监会、中国钢铁工业协会等联合发布了《中国钢铁行业绿色信贷指南》，这是国家层面出台的首个涉及钢铁行业的信贷指南。该指南按照简便、使用、可靠的原则，从政策和环境风险的角度，就产业政策符合性、环评审批情况、项目所在地环境敏感程度、企业及项目技术先进性、遵守环保法律法规情况、企业环境管理情况、企业环境绩效等方面对企业进行评分，并根据得分将绿色信贷的等级分为三级：优先贷款（90 分以上）、可以贷款（60～90 分）、拒绝贷款

---

① 章轲：《绿色信贷操作细则模糊　银行难“掌握”》，第一财经日报，2011-07-27。

（60 分以下），进而帮助银行开展信贷评估、审批和跟踪工作。[①]

由国家权威部门制定统一的绿色信贷标准，根据产业污染度制定产业（行业）指导目录，划分企业的环境保护等级，促使银行业按照标准执行信贷，审查信贷项目，做到有章可循、有据可依，为绿色信贷的有效实施提供制度保障。参照相关国内外经验，应当将信贷标准分为信贷退出标准、信贷准入标准、信贷优惠标准三类。对环境与社会可能造成不可逆转的危害时，信贷应当立即从这些项目中退出，银行应当收回原有信贷资金，做好防范环境污染的准备，对于已经造成环境重大污染的企业，银行应当向有关环保部门举报。对可能造成一定环境危害，但采取一定措施后能够恢复的项目，银行部门可以对其进行融资，但是必须对这些项目进行有效的监控，防止进一步危害环境的行为，保障环保设施的建设。对采用环保技术与设备的企业，以致对环境造成的危害轻微或者根本没影响的，银行应当采取优惠的信贷标准予以扶持。

7.1.3.2 结合产品与生产工艺进行定性和定量分析

为更好地体现产品的污染性和风险性，鼓励先进、摒除淘汰，所提供的产品目录要与工艺结合。其中“污染性”主要关注产品生产过程中的排污情况，包括生产过程中排放的废水、废气和废渣，主要体现为产品污染排放强度。由于我国目前的排污申报和环境统计制度都只是监测企业的总排污量，没有细分统计同一企业内不同产品的排污情况，因此定量分析某一产品的排污强度较为困难。但是通过分析全国范围内各个企业该产品的产量、所采用的生产工艺的排污情况等方面的数据，可以确定该产品污染排放强度的范围。“风险性”考虑到生产这些产品的原料、过程中间体的毒性和危险性，以及生产中一旦发生事故可能带来的环境危害，不包括产品使用过程中可能产生的风险。产品的毒性和危险性主要根据《中国严格限制进出口的有毒化学品名录（2007 版）》，并参考《剧毒化学品目录》《危险化学品目录》以及其他国家的相关目录，如《美国国家环境保护局综合危险信息系统》等，进行筛选。产品目录应具有动态性，有进有出，适应不断深化的科学研究和发展迅速的技术水平。

由于工业行业产品繁多，生产工艺差别很大，只有长期从事相关产品生产的专家才能深入了解产品的污染和风险性情况，而且现阶段也缺乏足够的数据支持。因

① 《绿色信贷需要建立法律保障体系》，上海商报，2011-08-17。

此，目前绿色信贷产业指导目录制订是以定性分析为主、定量分析为辅，分行业逐个开展，依托科研院所、各协会专家来开展工作，对本行业的污染和风险情况进行调研分析。①

因此，深入开展绿色信贷，相关部门在制定绿色信贷管理指南过程中，既要突出针对性，也要增强指导性，把产业指导目录放在重要位置，形成一整套的操作性方法。比如，对各个行业产品以及在生产过程中使用的原料、制造工艺技术、污染排放量等进行评定，切实使各个行业的环保信息真正体现在指导目录之中。基于此，各家银行机构对企业发放贷款时，其额度就可以依据企业的环保水平来确定。同时，各家银行机构也应结合自身实际尽快制定自己的绿色信贷实施指南。另外，环保部门也应承担更大的责任，应该立足我国国情，深入了解、把握各项具体工艺，并与我国各行业环境标准一一作对比，在明晰差距的同时，研究制定绿色信贷特别是污染行业信贷管理指南，促进银行业选择支持绿色经济项目，限制对浪费资源和污染环境的项目融资，推动环境友好型和资源节约型社会的发展。

7.1.4 加大环保考核力度，规范地方政府行为

据国家环保总局公布的数据，2003—2005 年，由于地方政府的纵容和袒护，全国 70 000 宗环保违法案件仅有 500 件得到处理，仅为全部案件的 0.71%。②有些地方政府无视国家的环保政策，以各种名目、各种形式干预商业银行的业务，进而导致商业银行经营行为扭曲。规范各级政府行为是重要前提，也是战略基点，应促使各级政府领导干部坚持贯彻科学发展观，走新型工业化道路，从而以正确的政绩观，创造造福于人民的实绩。从国际经验来看，政府部门行为的调整和约束、银行与各级政府的共识是信贷政策有效支持环境保护的首要前提。因此，我国中央政府有必要将环保指标纳入地方官员的绩效考核指标体系，加大环保指标在地方政府绩效考核指标中的比重，规范和约束地方政府的行为，避免地方政府对商业银行经营行为的影响，扫清银行推行绿色信贷政策的政府干预障碍。

（1）完善地方政府的绩效考核制度，把环保指标纳入官员考核体系。这可以防

① 吴玉宇：《商业银行绿色信贷标准制定及实施对策》，载《上海金融》2012 年第 5 期，第 105 页。

② 陈雁：《商业银行践行社会责任的国际借鉴》，载《经济与管理》2008 年第 6 期，第 65～68 页。

止地方政府在提高政绩的同时忽视环境问题，改变以牺牲环境来换取效益的发展思路，使得政府官员不能只关心自己的政绩和当地的财政收入，更应该具有大局观，从长远的角度为当地经济考虑，为当地百姓服务。地方政府必须采取切实的措施治理“高能耗、高污染”的企业，鼓励银行只有在企业符合环保政策时才能向其放贷，同时，地方政府还要采取一切可能的措施鼓励银行向规模小、资金不足但满足绿色信贷要求的中小企业贷款，促进当地绿色经济的发展。在考核地方政府及其官员的政绩时，必须考察环保指标，甚至可以适当加大权重。

（2）引入政府官员环境责任问责制，即对于环保不作为、乱作为、作为不利、作为不好的官员不仅不予提拔重用，而且还要追究责任。以我国的煤炭资源大省——山西省为例，长期以来，地方政府官员政绩考核主要以 GDP 增速为目标，造成了官员在任期内让 GDP 增速最大化，粗放扩张，拼资源、拼环境导致了生态持续恶化，使山西省成为污染重省。近年来山西省把关注焦点由经济增长指标转向环境质量指标，在全国率先开始实行环境治理，据山西省环保厅统计，到目前为止山西省 100 多名地方官员因为环境污染问题被追究责任。引入政府官员环境责任问责制在一定程度上可以起到规范政府行为的作用，为绿色信贷的实施创造良好的社会环境。

（3）要加强业务培训和宣传教育，转变地方政府只重视经济发展指标而忽视能源消耗和污染指标的发展观念，增强各级政府的环保意识，树立绿色执政观念，积极主动地贯彻施行国家环保法律法规和政策，力求从根本上解决重发展、轻环保，重增长、轻生态的问题，更好地推进节能减排工作，提高经济发展的质量和效益，促进绿色经济、低碳经济、循环经济的不断壮大。“绿色发展”的执政理念是经济社会发展到一定阶段的必然选择。党的十五大报告明确提出实施绿色发展战略。十六大以来，党中央相继提出走新型工业化发展道路，发展低碳经济、循环经济，建立资源节约型、环境友好型社会，建设创新型国家，建设生态文明等新的发展理念和战略举措。十七大报告进一步明确提出了建设生态文明的新要求，并将到 2020 年成为生态环境良好的国家作为全面建设小康社会的重要目标之一。党的十七届五中全会明确要求“树立绿色、低碳发展理念”。“绿色发展”被明确写入“十二五”规划并独立成篇，表明了我国走绿色发展道路的决心和信心。十八大报告首次单篇论述“生态文明”，全国党代会报告第一次提出“推进绿色发展、循环发展、低碳发展”，“建设美丽中国”。安徽省绿学会副会长、合肥工业大学教授潘国泰说：“‘绿色发展'和'美丽中国'被写进十八大报告，是中国共产党人对当今世界和当代中国发展大势的深刻把握和自觉认知，是执政理念的新发展。"因此，各级党委、政府要切实转变发展观念，不断总结过去生态建设的经验教训，采取更加果敢和有力的措施，同时在考核办法、奖惩机制等方面进一步加强生态文明制度建设，确保生态文明建设不要仅停留在口号上，而是贯穿到执政理念和实践中。

7.1.5 建立和完善绿色信贷激励约束机制

发展低碳经济和绿色信贷业务，单纯依靠市场的力量并不现实，不仅需要政策的引导，更需要建立完善的绿色信贷激励约束机制。考虑到企业节能减排、应用低碳技术成本投入较大、周期较长，银行的绿色信贷往往倾斜于一些社会效益大、经济效益不佳的项目和企业，这就不可避免地会影响企业和银行的经营利润，因此，政府应建立配套的激励约束机制，如出台相关的财税政策，如减免税收、贷款贴息、财政补贴等，增强企业和银行持续开展绿色信贷的动力。对企业来说，属于环境保护好的企业，政府应加大对其扶持力度，银行也要对其融资给予优惠，如降低贷款利率、延长还款期限等，为企业加快发展创造有利的环境和条件；对于环境污染严重的企业，政府应加强监管，催促其不断改进工艺、提高技术水平。达不到标准、违规生产的，要严厉处罚，情节恶劣的依法关闭。同时，银行应对其实施惩罚性措施，如提高利率等，控制贷款发放，从源头上切断污染企业的资金链，从而遏制污染环境的行为，达到保护环境的目的。对严格按照环境保护要求发放信贷，并且成果明显的银行，应通过多种形式给予相应的奖励，引导和激发银行大力发展绿色信贷的积极性；对单纯追求经济利益而违规向污染环境严重的企业和项目发放信贷的银行，则要追究其责任并采取严厉措施加以惩罚，遏制银行的不良经营行为，努力向绿色信贷进行转变。具体来说，激励约束机制可以采取以下措施。

7.1.5.1 建立节能减排担保基金

节能减排项目往往具有所需资金量大、建设周期长、低碳技术水平要求高、难度大的特点，完全依靠市场来募集资金比较困难，银行需要承担较大的信贷风险。尤其是中小节能环保企业，在绿色产业中，最活跃的一个群体实际上是中小企业，它们为了提升自己的企业品牌，为了提升自己产品的信任度，有较高的积极性应用低碳技术。商业银行虽然已充分认识到中小企业在绿色产业方面的广阔发展空间，但在判断其金融模式和项目的成熟度、经济可行性方面以及中小企业自身的资产和经营状况，大大制约了商业银行对其提供绿色信贷。可以由政府部门牵头建立专门的节能减排担保基金，为节能减排企业融资提供政策性财政基金担保。

通过相关担保计划实施机构运作，为担保对象，即实施节能减排的企业向商业银行申请贷款提供信用担保。节能减排担保基金的存在可以增加实施节能减排的企业获得商业贷款的机会，克服融资障碍，同时还能鼓励和推动金融机构对节能减排的评估和参与节能减排投资。节能减排担保基金还可以促进节能减排事业的发展壮大，加速绿色发展的节能减排服务产业的形成。但是，节能减排担保基金毕竟不直接提供资金，还需要与银行等相关金融机构合作，方能发挥效力。

国际经验表明，节能减排担保基金在运行过程中可能出现许多问题。最主要的问题是，为节能减排项目贷款作担保要承担很大的风险，相应的担保费用也就很高。担保基金本身也需要盈利、生存与发展，所以根据风险要对贷款担保收取担保费用。担保费用与风险成正比，基本原则是，担保费的平均水平应尽可能地弥补所有的交易成本、综合管理费用和净呆账损失。但是，如果保费过高，除了会加大节能减排企业的融资成本外，也会增加市场开发的难度，限制担保基金的支持作用。因此，应从节能减排项目效益的不确定性和外部性着手，多方面考虑，兼顾各方利益，尽量降低节能减排项目的风险，确定一个合适的担保收费标准。政府可以在其中起很大作用，例如制定节能政策、环境标准，以及进行监管。

7.1.5.2 实行财税政策倾斜

绿色产业和节能环保项目普遍建设周期较长，短期内不能进入投资回报期。多数企业和商业银行缺乏执行绿色政策的内在动力。要充分利用财税杠杆，对绿色企业和银行实行政策倾斜，发挥正向激励作用。

（1）税收减免。对应用低碳技术、节能减排贡献成效显著的企业和支持新能源、新材料的金融机构实行低税、免税等税收优惠政策，对银行和企业绿色信贷项目设置营业税和相应的印花税等的减免，对企业利用绿色信贷获取的资金实施节能减排、新能源替代等绿色项目也可以进行必要的税费减免。

（2）财政贴息。商业银行以低于市场利率的优惠利率为新能源、碳减排企业提供绿色信贷，国家财政可按照市场利率与优惠利率的差额给予补贴，保障商业银行的盈利能力，提高其开展绿色信贷的积极性，引导更多信贷资金投入节能减排企业和项目。

（3）风险补贴。绿色产业投资风险难控，回报预期不稳定。受政策、市场及行业发展基础等多方面因素影响，节能环保产业项目的信贷存在一定风险。建立和完善与“绿色信贷”政策相配套的呆账核销、风险准备金计提制度，以及与之相关的财政税收风险补偿政策。尤其是对商业银行实行“绿色信贷”政策过程中，从“双高”行业和企业信贷退出损失、支持新技术开发过程中出现的信贷风险等“绿色信贷”风险，要给予财政税收减免的优惠政策，适当提高节能环保行业不良贷款比率容忍度。对于节能减排的大型公益性项目，建立中央、地方两级财政的风险分担机制，充分发挥价格、税收、财政补贴等的调节作用。对于落后产能淘汰退出企业，建议建立金融债权保全机制，政府部门组织研究金融债权清偿实施方案，切实维护金融债权。

7.1.5.3 强化对商业银行绿色信贷实现情况的监测和检查

银监会应要求银行业金融机构定期如实披露绿色信贷实施情况；监管部门定期对金融机构实施绿色金融的情况进行全面评估，并将评估结果作为金融机构监管评级、机构准入、业务准入和高管履职评价的重要依据；监管部门应建立和完善绿色金融监管指标体系，将绿色信贷执行情况纳入内控合规检查范围，对银行业金融机构推进绿色信贷，防范环境、社会风险的监测、引导和检查落实，加强非现场监管和现场检查，确保绿色金融政策落实到位；建立绿色信贷考核评价和奖惩体系，公开绿色信贷战略、政策及绿色信贷发展情况。

7.1.5.4 对金融机构违规贷款追究责任

几乎每个“高耗能、高污染”项目背后都倚靠着强大的融资机构，而一旦出现重大环境污染事件，这些隐藏在背后的“大佬”们究竟是谁，我们很难获知，即使知道也缺乏相应的法律制度去追究其责任。2010 年国家审计署公布中国农业发展银行、中国出口信用保险公司、中国农业银行这三家金融机构资产负债审计结果公告。公告中显示，违规发放贷款给“三高”企业成了被审计的三家金融机构违规资金的主要流向。面对这种情况，必须对商业银行向环保违章企业或项目发放贷款的行为实行责任追究和处罚，使行为人承担法律后果。责任方式包括民事的、行政的、刑事的和专业暨社会性调整手段，构成对行为人的震慑，形成商业银行遵守绿色信贷的外部动力。

7.1.5.5 构建公众和非政府组织的外部约束机制

应充分利用社会公众和非政府组织的力量，建立有效的外部约束机制。有效的外部监督是一项制度在运行过程中公正公平的保障。和国外相比，我国非政府环保组织在规模、政府政策制定的参与程度等各方面还存在较大差距。针对我国各类型环保组织存在的问题和不足，除了政府要制定相应措施积极引导各类环保非政府组织的发展，给其创造良好的发展环境外，各个环保组织之间也需要加强合作，分工负责，建立合理的信息沟通和共享机制。公众是环境的最终受害者，企业对于环境的破坏最终会转嫁到公众身上，公众对于环境污染的状况休戚相关。公众对于环境污染的监督，会大大降低环保部门监控企业的成本，有利于减轻政府的财政支出，同时能够第一时间发现问题，防止污染扩大化。NGO 在监督企业行为上，有自身的优势，具有一定的人力、物力，可以充分利用自身优势获取有效的信息，并且 NGO 独立于政府与银行，能够更客观与科学地为社会提供帮助，更有效地进行监督，保持绿色信贷制度高效运转，并为个人提供服务，这样就能使绿色信贷外部监督和约束发挥应有的作用。对于申请贷款的企业，可能会对环境产生不可逆转的污染，法律应强制采取听证的方式，让公众积极地参与到绿色信贷中去，公开征集各方面的意见，对于公众的意见应予以说明采纳，使绿色信贷决策更具有效力。组织有关法律专家、环保专家以及公众代表参与绿色信贷，确保绿色信贷外部监督机制保障绿色信贷公正地运转，防范内部监督的失效对环境造成危害。

7.2 商业银行绿色信贷机制的构建

7.2.1 强化绿色文化理念和社会责任意识

根据发达国家的发展经验，商业银行非常重视企业社会责任，每年定期发布企业社会责任报告，已形成一种制度、一种惯例。例如，荷兰银行将绿色发展作为该行的理念和核心价值，提出要把绿色发展与银行业务结合起来，让绿色发展全面渗透到业务发展中去，把银行经营的焦点从单纯财务数字深化到包括环境、社会和企业盈利三者构成的体系中；巴克莱银行也把社会、环境、道德问题作为其核心商业策略，在全世界 50 多个国家开展绿色发展项目。汇丰银行为了促进节能减排，严格控制向环境污染型企业与项目融资，并陆续捐出大笔资金支持环保事业发展，且经常积极参与许多大型环保项目的实施和开展，改善了自然生态环境等，其关注环保和注重绿色发展的理念，可见一斑。

目前我国商业银行普遍将环境与社会问题的解决看作是一种慈善公益活动，而非核心商业元素，对环境、社会因素所带来的潜在风险与收益的认识也停留在较低的水平（于东智等，2009）。银行业普遍存在社会责任意识不强的问题，没有把承担社会责任融入企业文化当中去，没有把绿色信贷切实贯彻到整个信贷流程中，没有形成绿色发展的绿色企业文化，绿色信贷量占贷款总量的比重偏低，与银行自身实力严重不对称，"绿色"表面化。要从根本上扭转这样局面，必须把绿色发展和社会责任提升到银行的战略层面，构建企业绿色文化理念。

7.2.1.1 将绿色发展和企业社会责任作为银行业的核心价值观

我国银行业应对绿色发展问题有清晰的认识，不仅认识到环境、资源对经济发展的制约，而且要认识到支持环境保护、节能减排是银行履行社会责任的手段，更是培育银行绿色竞争力的重要措施。履行企业社会责任从短期来看，银行需要投入大量成本，但从长期看，践行社会责任可以提高银行竞争力，实现银行业的绿色发展。实施绿色信贷，不但与商业银行的经营目标在本质上不相矛盾，而且是相互统一的。因此，要把绿色发展和银行社会责任作为现代银行业的核心经营理念和价值导向，转变以往追求利润最大化的传统经营理念，在项目融资决策时充分考虑相关利益主体的诉求，实现经济效益和社会效益的"双赢"。

7.2.1.2 认真履行企业社会责任信息披露制度

各银行要切实建立一个明确的企业社会责任目标，根据本行情况在内部设立专门的社会责任主管部门，监督、管理商业银行履行社会责任的情况。银行应定期向社会公布相关年度报告，及时、真实、透明地公布企业社会责任报告。要形成制度，形成一种惯例，促使银行每年都发布企业社会责任报告，包括融资项目环境评估报告，这同时也使商业银行可以通过这一渠道增大宣传效果，进而提升自身形象。各银行还应接受监管部门对商业银行企业社会责任的评价和监督。

7.2.1.3 把绿色发展理念和绿色文化贯彻到银行日常经营活动中

我国银行无论在观念上还是日常经营活动中，尚未高度重视环境问题。应当积极加入赤道原则，将绿色发展的理念贯彻到银行日常经营活动中，力求将绿色转型变成企业发展的常态，使其真正成为企业的核心价值观。银行业可以从赤道原则以及银行的具体措施着手，将一些较专业的术语和知识"平民"化，制定员工学习手册，使每一个员工了解银行的发展理念与发展规划。

7.2.2 构建环境风险管理体系，提高风险控制水平

如前所述，环境风险是伴随着环境污染、生态恶化等问题的出现而日益引起人们关注的，同时它也成为商业银行在原有风险基础上新面临的一种重要风险，即借款人的环境污染或环境违法行为突破了环境的承载能力，可能导致环境和生态恶化，企业因此可能面临政府、公众等的谴责和处罚，进而导致其正常生产经营受到影响，从而给作为企业资金供给者的商业银行带来风险。环境风险最直接表现为污染企业无力偿还贷款的风险。除此之外，还包括银行按照法律规定须对企业污染行为承担连带责任的风险，环境污染受害者要求赔偿而导致的法律诉讼风险、声誉风险以及因对污染企业贷款受到监管部门处罚的风险和失去潜在市场份额的风险等。

发达国家的商业银行非常重视环境风险管理。我国商业银行也应该构建完善的环境风险管理体系，全面提升风险防控水平。环境风险管理是银行识别、评估、控制、转移、监测环境风险的过程，其主要的目的在于，使可以预见的环境风险、在敞口最小化的同时，对不可以预见的环境风险能够及时化解。银行应快速适应国家的环境政策、经济政策的变化，适时调整自身的经济战略。要通过环境风险的识别、环境风险的评估、环境风险的控制以及转移等，加强环境风险管理，特别是应侧重关注环境风险发生的概率、环境风险可能发生的级数、环境风险影响的持续期、环境风险的敏感性、不可逆转性和环境风险收益的社会影响，以及是否符合相关立法，尤其是环保法的要求等因素。要建立健全银行内部的环境风险管理制度，制订包含识别、评估、控制、减缓和监督环节在内的环境风险管理方案，并把环境风险管理方案切实嵌入信贷业务的各个流程环节中，全流程贯彻绿色信贷理念。

（1）业务受理和尽职调查阶段的绿色信贷要求。在业务受理及尽职调查阶段严把准入关。对钢铁、水泥、铁合金、平板玻璃等高污染、高耗能行业实行名单制管理，名单之外的企业不得进行信贷准入。对被国家有关部门列入“限批”区域、行业和客户的融资需求，前台客户经理不得受理。对于受理的业务，首先要求客户经理调查融资申请人在环保依法合规方面的历史表现和目前状况，并要提交中国人民银行企业征信登记咨询系统中的客户环保信息查询报告，确保其无环保不良记录。在现场调查过程中，要通过现场查看、与企业管理人员访谈等多种形式，认真核实企业环保的真实情况，对客户对环境风险的承受能力、管理水平、环保事故应急机

制、环保社会认可程度等方面的情况进行调查和评估。

（2）尽职审查阶段的绿色信贷要求。尽职审查阶段贯彻绿色信贷要求主要体现在“环保一票否决制”上。“环保一票否决制”是指加强贷前审查，对于不符合国家环保政策的融资项目一律否决的一项制度，这是开展绿色金融行之有效的方式。审查人员重点审查借款人或项目环保手续的合法性、合规性，如项目环境评价是否经过有权限的环境保护部门的审批同意，是否存在应报上级环保部门审批而未上报，却把项目拆分后报当地环保部门审批的情况。对于未通过有权限的环保部门环评审批或当地环保部门超权限审批或逆流程审批的项目，无论项目商业利益多么可观，都要严格执行“环保一票否决制”，一律不增加新的信贷资金投入。在具体的执行中，可运用前文所述的环保评级模型，对环保不合格的企业，不予以贷款。

（3）审批阶段的绿色信贷要求。国内商业银行一般采取差别化的审批授权，对钢铁、水泥、铁合金、平板玻璃等高耗能、高污染行业收紧审批权限，严格控制信贷投放。贷款审批时要充分考虑客户环保风险的风险缓释定价补偿。要在贷款方案中根据项目环保风险因素探索使用风险缓释工具降低环境风险敞口，如要求客户投保环境污染责任保险缓释银行信贷资金的环境风险暴露。对于未来存在环境生产隐患和生产安全隐患的借款人，加强环境风险的定价补偿，通过提高贷款利率和收费水平、压缩贷款期限等多种方式缓释环保风险。

（4）签订合同阶段的绿色信贷要求。合同条款首先要对贷款审批方案中提出的环境风险防控要求予以充分落实，同时对于属于环境风险高发行业的客户，还应通过约束性条款进一步防控其未来生产中可能面临的环保风险，如要求借款人承诺在能耗、废弃物处理等方面依法合规，若在贷款期间出现因环保问题而被有关部门查处的，银行有权宣布贷款提前到期；借款人因环保风险暴露而影响其正常生产经营的，要约定对借款人的处罚措施并制定可行的补偿条款。

（5）贷后管理阶段的绿色信贷要求。绿色信贷发放以后，商业银行应及时动态地监测借款人各风险因子的变化，尤其是复杂多变的环境风险因素的变动，加强对各风险因子的动态监控，建立科学有效的绿色信贷风险预警及不同风险等级的分类管理，并及时采取有效措施分散、防范和缓解风险在贷款持续期内发生。一方面，银行自身不仅要实时监控、掌握和分析借款人环境信息及其他风险因素的变化，要密切关注借款人“三同时”[①]制度执行情况，对存在未批先建、越权审批、环保设施未与主体工程同时建成、未经环保部门验收合格就擅自投入使用的建设项目，要暂停放款。了解绿色信贷投放的使用情况，是否用到了企业所承诺的达到了环境风险要求的项目上，是否专款专用，避免出现假借环保项目之名，而行破坏环境之实，使环保的目的落空。在企业使用绿色信贷资金的过程中，商业银行应该及时对企业在整个项目存续期的环境风险状况进行追踪了解，依据企业在不同阶段的环境风险状况对其信贷规模做动态调整。还应加强同环保局等部门的合作及环境信息共享交流机制，从而及时、全面地掌握借款人的环境风险变化动态，这可以对企业起到很好的督促作用，让其在整个贷款期间都能关注自身的环境风险。另一方面，建立绿色信贷风险预警指标体系，通过与环境保护部门沟通、关注媒体报道、实地查访等多种方式，了解借款人环保依法合规情况，重点关注借款人生产过程中环保排污设施的投入使用情况、污染物排放水平变化情况等，关注环保监管动态和监管要求、标准的变化对借款人生产经营的影响，对存在较大环保隐患或出现重大环境违法行为的客户，要及时进行风险预警。[②]对达到预警界限的借款人采取暂停融资、额度限制、利率上浮等手段，及时有效地控制环境风险的发生和恶化；而对于超过预警界限的借款人则应采取相应的信贷退出机制，尽可能地减少风险及损失。贷后管理还体现在可以将企业在贷款期间的环境风险敞口状况与同行业或相关部门进行信息共享，让他们也能方便了解企业的情况，降低可能存在的机会成本。此外，银行还可以对企业在贷款期间面临的环境风险状况进行总结评价，为银行今后的贷款决策提供一定的参考。

7.2.3 完善银行内部绿色信贷激励与约束机制

为了深入开展绿色信贷，除了要在外部建立国家层面和社会公众对企业和银行的激励约束机制外，银行业内部也要相应完善其绿色信贷的激励与约束机制。只有这样，各家银行及其信贷人员才能有充分的实施绿色信贷的积极性。

---

① “三同时”是指在新建、改建或扩建项目时，防止污染和保护环境的设施必须与主体工程同时设计、同时施工并同时投产。即在项目设计阶段，必须有环境保护设计；在项目施工阶段，环保设施必须同时施工；在投入正式使用前，必须向环保部门提交环保验收申请报告，取得验收合格许可后方可正式投产使用。

② 胡乃武、曹大伟：《绿色信贷与商业银行环境风险管理》，载《经济问题》2011 年第 3 期，第 105 页。

（1）在商业银行内部总行对分行的绩效考核体系中，要加入环保因素，即信贷的发放是否符合相关的环境保护要求。比如，对于绿色信贷做得好的分行，总行要采取适当措施予以奖励，以此激励其继续加大力度开展绿色信贷。

（2）商业银行应建立健全环保依法合规工作责任制和环境风险问责制，切实加强防范贷款环境风险的组织领导。对于前台尽职调查过程中未对企业的环境违法状况进行如实调查的人员，要严肃追究其责任；对于审批过程中忽略环境因素，或是与环境违法企业私下勾结，刻意隐瞒环境风险而导致不当审批的人员，情节严重的可以考虑撤销其审批人资格；对于贷后环保监督工作不够到位，导致贷款环保指标不合格，或者延误风险控制时机的，也应承担相应的责任。要保证在各环节、各岗位都能够严格将环境因素纳入信贷风险管理。同时，商业银行应把信贷退出计划纳入行长经营绩效考核，并对应退未退贷款计提模拟风险拨备，加大“两高”风险贷款压退力度，切实推动绿色信贷的高效实施。相应地，对于在审核贷款过程中严格按照环保要求执行的信贷工作人员，要给予适当的奖励。

7.2.4 加强人才的储备与培养

关于绿色信贷问题，其涉猎的学科其实非常广泛，涉及金融、环境、能源、法律等多个领域。而商业银行的员工体系主要由金融专业人才构成，这些人对除金融以外的其他学科涉猎甚少。银行内部现有人员对环保法律、法规不够了解，这就不利于绿色信贷政策在银行内部的推广和实施。为了应对以上局面，就要求银行从自身人才结构调整上入手。

（1）应该引进一批专门的环境、法律专业的人才，因为他们更适合对贷款企业的环保能力做出科学准确的评估。如日本瑞惠实业银行的绿色发展室，6 名成员中包括 3 位精通环保法律的审批人员，还包括 3 名环境保护方面的专家。我国可以借鉴这一做法，组建信贷绿色发展部门，专门负责融资中的环境与社会风险的评估和防范，由专门人才负责相关业务。环境、法律、金融人才相互配合，建立完善的环境风险评估体系。

（2）加强对信贷人员的具体业务培训，一方面通过对《环境保护法》及国家宏观政策的学习，在工作中向监管部门、专家学习环保知识，在工作中学习上级文件要求，增强环保意识，提高执行力。另一方面增强员工对环境贷款指引的了解，确保其符合国际标准、环境贷款指引以及我国的环境保护条例，加深对环境风险的认识和理解，以便更好地掌握绿色信贷运行方式和环境风险防控手段。

（3）聘请外部专家。为满足赤道原则中独立审查的要求，银行还应聘请一些环保专家充当外部顾问，在必要时提出专业意见和建议并审查项目融资过程中的环境评估报告、行动计划等相关文件。

7.2.5 加强绿色信贷业务创新

相对于传统产业，低碳产业的发展和经营模式有其特殊性，商业银行的传统信贷业务和金融服务方式难以适应低碳新兴产业发展的要求，面临着严峻挑战。目前，我国商业银行开展的绿色信贷业务品种还比较单一，难以满足客户多方位需求。在世界各国对环境保护越来越重视的背景下，商业银行应把握这一有利契机，不断创新适应形势发展的绿色信贷产品，努力拓展新的利润提升空间，奠定建立长久绿色银行、环保银行的坚实基础。绿色信贷业务的特点是要以保护环境和承担社会责任为理念，实践中不仅要重视经济效益，更要突出社会效益。

7.2.5.1 绿色融资方式的创新

现阶段我国的低碳经济的融资面临多重困难，其中包括政策性融资主体缺乏、私营资本缺乏持续投资的动力、融资渠道狭窄、金融市场尚未能在低碳融资领域承担起应有的责任、有效的融资机制仍未建立、在应对气候变化减缓和适应领域均存在较大的资金缺口。预计 2015 年和 2020 年，我国每年应对气候变化和节能减排的融资总量目标需要分别达到 19 632 亿元和 24 646 亿元。到 2015 年，我国将面临 12 219 亿元的资金缺口，相当于 2015 年 GDP 总量的 1.88%。在我国以间接融资为主的融资模式下，商业银行应承担的资金融通作用备受瞩目。

目前商业银行绿色信贷产品单一，以项目贷款为主，缺乏针对环保企业的个性化融资产品，难以缓解低碳产业尤其是中小企业的融资难问题，也影响了商业银行自身绿色信贷市场的拓展。商业银行应当进行绿色融资方式的创新，实现融资方式多样化，为大型集团、中小企业量身打造个性化融资产品。

（1）针对节能服务公司、节能技改的中小企业，可以参考兴业银行的能效贷款模式。能效贷款突破了一般企业贷款注重担保条件、期限较短等固有模式，侧重于支持中小企业，根据企业节能技改项目的实际情况，提供五年以内的中长期贷款；

适当降低担保条件，侧重于第一还款来源的有效性，以企业的经营状况和节能项目的现金流为贷款审批的主要考虑因素；针对中国在节能技术运用和循环经济发展方面的融资需求特点，创造性地引入贷款本金损失分担机制（贷款组合不良率 10%以内，IFC 承担损失的 75%；不良率超过 10%的部分，IFC 承担损失的 40%）。这种模式可有效降低中小企业融资门槛，使众多经营效益好、发展潜力大、生产经营优势明显，但是缺乏抵押担保资源的中小企业客户获得节能技改资金支持。

（2）构建“直接股权融资+间接银行融资”模式，帮助中小节能企业和绿色企业引入股权投资资金，解决其融资难问题。针对企业的节能项目，直接由商业银行去判断节能企业的经营模式、项目技术的成熟度和经营可行性，还存在较多的难点。为了最大限度地降低技术风险，可先由一家专门的节能技术研究机构对项目进行评审，通过评审的项目或企业可以由一家风险投资公司先投入一部分引导资金，之后由有兴趣的私募股权投资 PE 资金跟进，缺少的部分最后由一家担保公司作担保向银行贷款融资。

（3）针对节能环保的重点产业和大型企业、项目，其节能减排技改所需资金量巨大，可以通过银团贷款、联合贷款、转贷款等合作方式，加大信贷支持力度。如 2008 年，针对鄂钢节能减排技术改造项目，由国家开发银行、中国工商银行、中国农业银行、中国建设银行、中国银行等 9 家银行省分支机构联合发放一笔 46 亿元的银团贷款。辽宁红沿河核电一期工程项目，由中国银行与工商银行联合牵头，中国建设银行、国家开发银行、中国农业银行和中电投财务有限公司共同参与，分别按 30∶30∶14.1∶12.5∶12.5∶0.9 的比例组建银团，为该项目提供总额达 395 亿元的银团贷款。针对企业环保技改项目对长期贷款的需求，进一步完善信贷管理方式，为企业提供长期信贷支持。

（4）大力发展商品融资、发票融资、租赁融资等融资模式，通过引入境外战略投资者利用清洁发展机制（CDM）、金融租赁、排污权交易、保险介入等手段进行融资尝试。以融资租赁为例，当前，发达国家的发电厂项目设备有很多采用融资租赁方式，在国内，也可以把 CDM 项目融资与融资租赁业务相结合。不少商业银行已成立了金融租赁公司，因此，可以通过下设金融租赁公司或者与专业的租赁机构合作，为 CDM 项目建设阶段的设备提供融资租赁服务。由于融资租赁的设备产权在银行手中，在一定程度上降低了风险，对项目业主而言，也可以享受税收等优惠，是一个双赢的选择。

7.2.5.2　担保模式的创新

从企业的角度看，很多中小节能企业或环保企业到银行融资时，经常遇到注册资金少、项目较小而且分散、技术种类多、银行把握能力欠缺等难题，其中最大的问题还是缺乏银行认可的可抵押担保物，融资较为困难。从银行的角度看，企业节能减排、应用低碳技术项目往往建设周期较长、投资风险较大，在缺乏有效担保物的情况下，商业银行往往要承担较高的信用风险。在这样的背景下，进行担保模式的创新，是加大对低碳经济的金融支持力度的重要条件。

（1）考虑以节能减排企业的未来收益作质押的担保模式。一些企业当前可能存在缺少担保物的情况，但是应用低碳技术或实施节能减排项目后，未来会产生稳定的现金流，商业银行可以推出担保创新模式，如以林业碳汇项目、CDM 项目的未来收益权作质押的融资。针对合同能源管理节能服务企业的特点和需求，浦发银行于 2011 年推出了未来收益权质押和未来收益权保理两个创新产品：未来收益权质押更适合中小型的节能服务公司，通过把节能服务合同项目形成的未来收益质押给银行，有效减少了银行对节能服务公司抵押物的要求；对于较大型的节能服务公司，可以通过采用未来收益权保理，把收益转让给银行。为了匹配节能服务公司项目的建设和运行周期，两大创新产品还突破了传统应收账款质押的期限，融资期限最多可延长至 5 年，这有效地解决了节能服务公司抵押担保物不足的问题，得到了众多节能服务公司的积极认可。目前，浦发银行已在全国范围内推广这两项产品，并对合同能源管理融资提供了审批绿色通道，由总行配套信贷规模。2012 年，浦发银行仅在上海就为 39 家小微节能服务公司的 102 个合同能源管理项目提供了超过 5 亿元的合同能源管理融资。

尽管 CDM 项目效益可观，但其申请程序复杂，耗时较长，风险较高，不少企业在申请 CDM 项目初期缺乏有效的抵押担保物，因此也难以获取银行贷款。借鉴中小企业知识产权质押和出口企业出口退税质押贷款的经验，商业银行也可以发放 CDM 项目碳权质押贷款。通过碳权质押融资贷款，可以为 CDM 项目提供充足的资金支持，帮助企业顺利完成 CDM 项目。

（2）从市场实际出发、贴近企业商业模式，风险控制上采用“告别砖头、就地取材”（即不强调房产、土地抵押担保）的原则，通过深入研究商业模式和客户特征，致力于为行业、为企业提供多角度的金融担保解决方案。如排污权抵押、商标权质押、生产许可证质押、应收账款质押、专利权质押等多种贷款模式。以排污权抵押为例，既然排污权指标是通过购买取得的，而且可以通过交易中心实现有偿转让，实际上是企业有价值的资产，这就具有抵押物的基本属性，银行完全可以以此为抵押物发放贷款。兴业银行、光大银行、浦发银行都在尝试开展此项贷款。

（3）采用中小企业联保、引入国际金融机构损失分担机制等担保方式，弥补中小企业担保缺陷，扩大融资支持力度。世界银行集团国际金融公司与我国的兴业银行、浦发银行、南京银行等多家银行开展合作共担风险。截至 2012 年年底，参加风险分担机制的银行已向 178 个能效和可再生能源项目提供 7.83 亿美元贷款。这些项目每年减少温室气体排放 1 900 多万 t，相当于 40 个中型燃煤电厂一年的排放量。2011 年 5 月 16 日，浦发银行作为亚洲开发银行的首家中资银行合作伙伴，与其签署绿色信贷合作协议。亚洲开发银行向浦发银行提供 3 亿元的部分损失分担，旨在鼓励金融机构为节能型建筑企业提供融资支持，帮助企业改造既有建筑降低能耗，或建造新的绿色建筑，从而在中国打造节能型建筑。

7.2.5.3　绿色金融产品和服务的创新

目前我国商业银行所从事的碳金融业务还比较单一，主要是集中在相对下游和附加值比较低的环节，对于项目咨询、二级市场交易以及相关延伸低碳金融产品开发等领域涉足还比较少。

（1）拓展绿色信贷服务领域，提供碳财务顾问、碳交易咨询、碳交易渠道、CDM 项目开发等低碳服务。我国是全球最大的碳权出售方，但企业缺乏与国际碳排放权购买方间交易的经验，国内又缺少对项目比较了解的中介机构，信息不对称严重制约了我国碳排放业务的发展。此外，国内 CDM 项目分散、中介程序复杂、审核周期长，市场交易机制不完善，降低了碳资产的价值转化效率。而商业银行客户资源丰富，与国外市场联系也较多，具有先天信息优势的碳金融部门可与国外投行合作，凭借自身的信息优势，协调项目发起人、国外投资者、金融机构和政府部门之间的关系，通过提供碳金融财务顾问和咨询服务获取中间业务收入。为中小节能减排企业提供清洁发展机制（CDM）开发和碳交易渠道，以较优的商业条件获得核证减排量（CER）转让收入。

（2）开发与 CDM 项目挂钩的理财产品。由于低碳理念受到越来越多的认可，因而与此相关的企业也逐渐显示出日益强盛的发展能力和盈利能力，相应的股票市场也表现出色，国内外银行的实践也表明，通过选择与低碳、环保相关的企业作为投资对象，开发低碳理财产品，能够取得较好的投资收益，该类理财产品也一定能够得到投资者的青睐。

（3）尝试发展金融衍生产品。国外金融机构已开发出碳排放掉期、期权期货、碳排放信用、碳排放证券等金融衍生工具，以降低因节能减排项目不确定性带来的经营风险。在学习借鉴国外经验的基础上，要积极推进碳证券、碳期货、碳基金等多种碳金融衍生品。允许条件成熟的部分中外资银行适当参与碳金融衍生市场的交易，扩大碳交易的市场规模。

（4）开发低碳信用卡，打通个人减排渠道。通过信用卡碳减排量个人购买平台，持卡人可根据个人每年预计产生的碳排放量，购买相应的碳减排量，实现个人碳中和。兴业银行就率先在信用卡领域引入了低碳概念。据悉，兴业银行的这张低碳信用卡，在申请办理时对于申请人的一项额外要求就是承诺首年购买定额碳减排量，如金卡用户承诺的购买量为 2 t，普卡用户承诺的购买量为 1 t。此外，在 2010 年 12 月 31 日前，持卡人每刷卡 1 笔，兴业银行将出资 1 分钱向环境交易所购买碳减排量。据兴业银行信用卡中心介绍，未来兴业银行还将推出以信用卡积分换购的方式购买碳减排量。此外，北京银行、光大银行等商业银行也推出了低碳信用卡，鼓励持卡人积极参与碳减排，倡导低碳生活。

7.2.6　加强商业银行与其他金融机构的合作

对于商业银行，尤其是中小商业银行来说，发展绿色信贷的挑战和难度不小，包括组织资源、资金资源、人力资源在内的众多资源不足在一定程度上制约了它们在专门的绿色信贷领域的发展，因此，加强商业银行与保险公司、基金公司、外资银行、国际金融组织等机构的合作，能够大大提高绿色信贷的支持力度，对于培养商业银行绿色企业文化、加强环境风险管理、促进节能减排具有重要的现实意义。以国内首家“赤道银行”兴业银行为例，该行通过与环保部、国际金融公司、世界自然基金会、商道纵横等政府部门、国际金融机构及组织建立良好的沟通机制，共同探讨碳足迹管理可行办法，借助外力更好地发展绿色信贷业务。

（1）加强与保险公司的合作。由于碳金融业务属于金融创新，商业银行主要采取事前性的风险防范手段，降低和转移风险，将风险控制在可承受的限度之内。商业银行可以探索与保险公司合作，以环境责任保险等商业保险转移碳金融业务中的操作风险。面对越来越频繁发生的灾难性天气事件以及其他类型的巨灾风险，相关企业和提供融资的商业银行也面临着巨大的风险，同样也需要和保险公司合作，以巨灾风险保险转移信贷业务中的风险。

（2）加强与基金公司（基金会）、交易所的合作。商业银行可以开展与各绿色基金会、环境交易所合作，拓宽业务范围，为绿色企业和低碳经济发展提供更多的金融产品和金融服务。中国民促会绿色出行基金是由国家民政部批准的专项环保基金，以城市出行方式为主要关注点，提供以“绿色出行”为核心的一揽子具象化的解决方案。光大银行与中国民促会绿色出行基金、北京环境交易所携手隆重推出“绿色零碳信用卡”，持光大银行零碳信用卡的用户可在享受金融服务的同时参与低碳方面的活动。兴业银行与北京环境交易所合作，联合发行的低碳信用卡打开了自愿减排量面向个人的交易渠道。招商银行与境内外私人股权投资基金开展合作，探讨引入节能减排股权投资基金。2013 年，上海浦东发展银行股份有限公司和中国生物多样性保护与绿色发展基金会全面合作签字仪式在北京举行。双方合作旨在“践行金融与民间绿色公益组织间的全新合作模式，探索中国绿色金融评判标准，扶持绿色经济和低碳经济发展，促进生态文明建设，发展绿色金融，推进美丽中国建设”。在合作的第一阶段，浦发银行已向中国生物多样性保护与绿色发展基金会捐款 300 万元，用于扶持绿色企业发展。浦发银行还将给予中国生物多样性保护与绿色发展基金会 300 亿元的授信额度，以支持该基金会认定的中小型绿色企业发展；还将数十家分行作为该基金会的驻外办事处或联络机构，为该基金会的绿色公益事业提供全面支持。

（3）加强与国际金融组织的合作。目前发展中国家应对气候变化任重道远，融资缺口巨大，资金和技术仍是掣肘。为了避免发达国家工业化、城市化走过的“先污染后治理”的道路，为推动中国的绿色低碳发展，国际多边资金机制的作用不可代替。我国的商业银行需要加大与国际金融组织的合作深度和广度。2008 年，招商银行与法国政策性银行、法国开发署签署协议开展能源有效利用中间信贷项目合作，获得长期低息外币资金及无偿技术援助；与境内外投资银行开展合作，探讨为节能减排企业提供境内外 IPO 服务等；与比尔和梅琳达·盖茨基金为创始合伙人的沛雅霓碳交易基金等开展合作，向国内绿色金融企业购买碳减排指标；与世界银行国际金融公司（IFC）洽谈绿色信贷损失分担合作。北京银行在绿色信贷领域的国内外合作充分体现在“节能减排类行业特色产品”上，其合同能源项目贷款的最大特点便是引入世行风险基金，为合同能源服务企业提供融资支持；而中国节能减排融资项目则引入国际金融公司，以国际金融公司损失分担替代传统担保，从而为中小企业提供单笔贷款金额最高可达 1 600 万元的中长期融资服务。北京银行的案例充分体现了国际金融机构及组织在支持国内城商行开展专门绿色信贷业务方面所发挥的重大作用。因此，借力使力将成为未来国内城商行开展专门绿色信贷的重要方法之一。

7.3 政策性银行发展绿色信贷的对策和建议

7.3.1 政策性银行的特征

政策性银行是指由政府创立、参股或提供担保，不以营利为目的，而是主要贯彻国家产业政策和区域发展政策的金融机构。与商业银行相比，政策性银行具有自己鲜明的特征：

（1）政策性银行由政府创立，受政府控制。政策性银行在组织形式上是由政府独资创立或参股建立的，以国家信用为后盾，与政府保持着密切的关系。

（2）政策性银行的经营范围、业务领域和服务对象都非常明确。我国三家政策性银行中，国家开发银行服务于基础设施和基础产业等领域；农业发展银行主要服务于农业发展；而进出口银行则主要针对进出口贸易。在国民经济中，这些领域的投资大、周期长、盈利率低、融资能力相对较差，因此，必须依靠国家给予一定程度的保护，并为它们进入金融市场筹备资金创造金融环境条件。政策性银行的融资活动对这些领域的发展，尤其是对产业结构的调整有积极的作用。

（3）有自己较为独特的融资原则。一是融资对象从其他金融机构进行融资较为困难，因此才考虑其融资活动；二是政策性银行的利率明显低于同期商业银行的同类贷款利率；三是其融资具有引导性，通过资金投放，引导和吸引并且推动更多的金融机构按照国家政策意图发放贷款，而其他金融机构往往也愿意同政策性银行协作，参与大额长期性政策性贷款的融资活动，以便贷款项目较易于得到商业性银行的流动资金或长期资金的配套贷款。

7.3.2 政策性银行拓展低碳金融业务的必要性和可行性

为了实现我国经济从高碳型向低碳型的转轨，国家已出台一系列相关政策，以支持低碳经济。在现有传统金融体系框架内，金融企业的属性与碳金融交易标的和内容的复杂性、交易额的杠杆性、交易时间的跨期性、交易结果的不确定性等特质，可能引发的碳金融的政策风险、信用风险、操作风险、市场风险、流动性风险和项目风险之间的冲突，导致在低碳经济发展初期商业性金融的理性选择，往往对碳金融交易活动持观望态度，其决策参与过度审慎。①

低碳产品所具有的一些准公共产品属性，例如其投资金额较为巨大、成本回收时间较长、同时风险较高；而且低碳产业正处于起步阶段，低碳企业大多发展时间短，实力弱，利润预期不确定，这使得关注流动性、安全性和效益性的商业银行在发展低碳金融业务的过程中力不从心。因此，解决低碳经济融资问题还需要政府在其中起到领导和控制作用。政府是否能够有效介入和介入的效果将影响到政策实行的效率，政策性银行是政府实现绿色发展、介入低碳经济问题的重要突破口和切入点。

经过十几年的理论研究和实践探索，以国家开发银行为代表的政策性银行已经实现了从政策性金融向开发性金融的转变。开发性金融是为弥补市场缺损和制度落后而出现的一种金融形式。因此，开发性金融也能够有效解决我国碳金融市场发展中的一系列关键性问题，从而对于碳金融市场的快速稳定发展具有一定的作用。

作为代表国家信用的金融机构，政策性银行本身承担重要的责任，而政策性银行的社会效益则成为主要目标。如今全球都在号召节能减排，作为政策性银行的金融企业也应该对全人类的福祉尽到责任和义务，大力发展低碳金融业务直接体现了银行的企业社会责任。通过政策性金融手段，还能够有效地弥补市场机制在低碳金融领域中的失灵，为公共产品提供融资便利。

如何在低碳经济亟须发展的态势下，探索通过政策引导、制度供给和准公共资源配置产生的示范和引致效应，牵引和推动碳金融体系的架构和运行？在现有金融

① 杜莉、张云、王凤奎：《开发性金融在碳金融体系建构中的引致机制》，载《中国社会科学》2013 年第 4 期，第 103 页。

体系框架下，具备什么特质和功能的金融机构更有条件和可能担当碳金融发展的牵引和推动责任？政策性金融无疑在我国碳金融发展进程中起着非常重要的作用。在此前提下，如何发挥政策性金融的特殊功能，使其与商业性金融对接，进而使碳金融在有效规避风险的前提下快速发展，并支撑低碳经济的发展，就成为当下亟待解决的问题。

7.3.3 政策性银行在低碳经济中的作用体现

（1）减少市场失灵，拓展和完善市场。政策性银行以国家信用为后盾，与政府保持着密切的关系，具有明确的政策导向，可以有效地减少市场失灵现象。低碳项目由于其开发周期长、风险大的特点，商业性金融机构缺乏介入的主动性。政策性金融以及开发性金融[①]以实现国家战略目标为出发点，可以利用政府组织优势，以融资为杠杆，以拓展市场的方式，引导资本投向，使国家亟须发展的领域得到必要的社会资本支持。

（2）发挥增进信用作用。我国的低碳企业许多还在建设初期，难以实现真正意义上的法人治理，在现金流稳定性差和信用水平低的情况下，市场化融资也非常困难。政策性金融机构可以支持其解决建设初期的“信用缺口”困难，推动低碳企业进行和完成其法人治理的建设，形成系统机制，从而有利于其信用水平的提高，满足商业性金融机构对低碳企业的信用要求。

（3）规避风险。作为新兴市场，低碳项目的盈利能力受政策影响较大，风险高、不确定性强，故在其市场化融资过程中，急需政策性金融进行风险过滤与分摊，包括对政策风险、投资风险、非系统性风险和长期潜在风险的过滤与分摊。政策性银行利用政策性金融的属性，使其在生产政策信息方面处于领先地位，同时定位于服务国民经济重大中长期战略，开发性金融机构的立场更具有全局性和长远性。二者利用其多年来在大额、长期投融资领域积累的经验，可以准确把握碳金融市场中各类新型产业的发展趋势和区域动态。政策性金融可以运用其与政府的合作优势，发挥过滤政策风险的作用。通过为低碳项目或产业提供融资，该类项目或产业会获得

---

① 开发性金融是政策性金融的延伸，一般为政府拥有、赋权经营，具有国家信用，体现政府意志，把国家信用与市场原理特别是与资本市场原理有机结合起来。

"国家项目和国家支持发展产业"的隐性标签，成为低碳产业未来发展的趋向性航标。这种通过投资行为反映的政府政策意图，过滤了政策风险，降低了社会资本投资前对政策风险评估的成本。①

7.3.4 政策性银行发展绿色信贷的建议

鉴于低碳经济和绿色信贷的外部效应较为明显，社会效益大于经济效益，单纯依靠商业银行的力量仍显不足，还需依靠政策性银行的力量深化发展绿色信贷。国际上绿色信贷产品的开发及销售往往是通过政策性银行来进行的，德国复兴信贷银行就是最为成功的一例。德国复兴信贷银行在国际资本市场上进行融资，在德国政府的贴息下将融来的资金开发成长期、低息的金融产品销售给各商业银行，商业银行获取低息金融产品后根据微利的原则和国家的有关规定再适度调整利率，然后以优惠的利息和贷款期为终端客户提供支持环保、节能和温室气体减排的绿色金融产品和服务，逐步形成了一个良性的绿色信贷体系。我国的政策性银行应该借鉴其做法，不断为我国商业银行提供质优价廉的绿色信贷金融产品。

7.3.4.1 充分发挥政策性银行的环境功能

一般来说，商业银行很多时候会为了经营目标而拒绝向某些项目发放信贷，而政策性银行则有很大的不同，它们在融资时主要考虑的不是盈利，而是项目是否关系到国计民生。在我国，政策性银行主要包括国家开发银行、中国进出口银行和中国农业发展银行，立足于促进国家重大战略发展以及提高人民的生活质量，突出支持关系全局重要设施建设、重点领域和关键产业发展。环境功能是政策性银行的基本功能，尤其在我国致力于发展低碳经济、加大力度推进环境保护事业的背景下，政策性银行更加要突出发展绿色信贷，在发放贷款时除了要考虑以上所述因素外，还要将环境因素放到重要的位置，要把节约资源和保护环境当作自己应尽的义务和职责，对那些关系到国计民生而且经济效益不太好、贷款收回时间较长的项目发放贷款，促进生态环境保护和资源科学合理开发利用，实现效益最大化。

如今，由于政策性业务不断萎缩，许多国家的政策性银行为了发展的需要，逐

---

① 杜莉、张云、王凤奎：《开发性金融在碳金融体系建构中的引致机制》，载《中国社会科学》2013 年第 4 期，第 112 页。

渐开始开展商业性业务。我国的国家开发银行也正在向商业银行转型。不过，随着业务变革，政策性银行在商业性业务增多的同时，可能会淡化政策性业务，在发放贷款时容易将自己作为商业银行来做决定，忽视环境因素，单纯追求利润最大化。如果出现这种情况，就要完善关于政策性银行环境功能的法律法规，约束政策性银行在开展商业性业务时的不利于保护环境的决策和行为。

7.3.4.2 充分发挥政策性银行的优势

国家开发银行、中国进出口银行和中国农业发展银行要充分发挥自身作为政策性银行的优势，以国家、地方及银信部门不断出台的“政策”为重要契机，实现绿色信贷转型。以中国农业发展银行为例，农发行是以农为本的银行，绿色农业、农村开发和环境治理等领域的不断建设与发展为这一农业政策性银行的绿色信贷建设提供了潜力无穷的大舞台。再如国家开发银行要落实“绿色信贷”，可在支持工业污染治理，城市污水处理及再生利用，城市固体废物处理，推动太湖、巢湖等重点流域水环境综合治理等方面加大贷款倾向。

7.3.4.3 设立绿色信贷相关职能部门

根据目前的实际情况，我国政策性银行在银行内部应设立“环境与社会发展部”或者“绿色金融部”等职能部门，专门具体负责融资中环境与社会风险评估及防范问题，处理融资中其他与环境、社会有关的问题，认真审查贷款文件，特别是对相关报告实行形式和实质双重审查，强化风险管理，积极与各个利益相关者沟通，建立健全信息披露制度以及公众意见征询制度，切实推动绿色信贷业务的深入发展。

7.3.4.4 打造优秀团队，加强产品开发

在推进绿色信贷业务创新方面，与商业银行一样，政策性银行也要重视专业人才的储备和培养，打造一支优秀的团队，适应经济社会发展的需要，继续为我国环境保护融资提供支持，加强绿色信贷产品的深度开发，积极探索支持节能减排的新模式、新产品，不断拓展发展空间，在推进绿色发展中实现社会效益和生态效益最大化，促进社会和环境的绿色发展。

参考文献

[1] 卞亚斌，李志翠．绿色信贷创新模式的比较优势研究[J]．管理现代化，2014（2）：7-9.

[2] 曹万鹏．环保资金的排污权信贷筹集方式及其发展[J]．河北经贸大学学报，2014(1)：98-102.

[3] 常超，任昊．中国银行业环境风险控制体系构建现状[J]．中国人口·资源与环境，2011（10）：71-72.

[4] 常超，王世文．绿色信贷的实施基础——银行业环境风险管理体系[J]．经济纵横，2010(10)：56-58.

[5] 常江．商业银行开展绿色信贷的动因分析[J]．中国城市经济，2011（2）：101.

[6] 陈彪，陈丽珍．赤道原则与我国银行业的绿色转型探讨[J]．商业研究，2011（6）.

[7] 陈海若．绿色信贷研究综述与展望[J]．金融理论与实践，2010（8）：90-93.

[8] 陈立铭，郭丽华，张伟伟．我国绿色信贷政策的运行机制及实施路径[J]．当代经济研究，2016（1）：91-96.

[9] 陈林生．商业银行推行“赤道原则”问题探讨[J]．福建金融，2009（6）：44-45.

[10] 陈柳钦．国内外绿色信贷发展动态分析[J]．决策咨询通讯，2010（6）：1-10.

[11] 陈伟光，卢丽红．中国商业银行绿色信贷外部障碍与环境风险管理框架的构建[J]．广东金融学院学报，2010（3）：66-76.

[12] 陈小梅．商业银行履行赤道原则的战略研究[J]．华北金融，2010（5）：39-41.

[13] 陈雁．商业银行践行社会责任的国际借鉴[J]．经济与管理，2008（6）：65-68.

[14] 邓翔．绿色金融研究述评[J]．中南财经政法大学学报，2012（6）：67-71.

[15] 董志，康书生．赤道原则的国际实践及启示[J]．金融教学与研究，2009（2）：39-41.

[16] 杜莉，张云，王凤奎．开发性金融在碳金融体系建构中的引致机制[J]．中国社会科学，2013（4）：103-119.

[17] 杜明明．赤道银行——兴业银行：领跑中国绿色金融[J]．河北金融，2011（9）：22-23.

[18] 段新．绿色信贷在兴业银行的实践与思考[J]．西部金融，2009（7）：18-19.

[19] 樊祎斌，汪卫芳．低碳经济时代商业银行绿色信贷业务发展研究[J]．重庆电子工程职业学院学报，2011（1）：28-30.

[20] 方时姣．绿色经济思想的历史与现实纵深论[J]．马克思主义研究，2010（6）：55-62.

[21] 冯守尊，陈胜．论赤道原则的脆弱性[J]．上海金融，2010（1）：12-16.

[22] 高山. 赤道原则与商业银行发展研究[J]. 华北金融，2009（6）：32-35.

[23] 高亚宁. 赤道原则及对我国绿色信贷的启示[J]. 产权导刊，2010（10）：41-43.

[24] 龚剑，宋勤华. 中国的赤道原则：绿色信贷[J]. 东南大学学报，2008（10）：84-86.

[25] 龚新. 中国工商银行全面推进绿色信贷建设[J]. 财经界，2008（4）：119-120.

[26] 郭清马，陈亚芹. 赤道原则：项目融资的社会环境标准[J]. 中国农村金融，2011（10）：35-37.

[27] 国家开发银行，中国人民大学联合课题组. 开发性金融论纲[M]. 北京：中国人民大学出版社，2006.

[28] 韩立岩，王臻. 绿色信贷发展的国际比较与启示[J]. 国际经济合作，2014（2）：90-94

[29] 何建奎，江通，王稳利. “绿色金融”与经济的绿色发展[J]. 生态经济，2006（7）：78-81.

[30] 胡梅梅，邓超，唐莹. 绿色金融支持“两型”产业发展研究[J].经济地理，2014（11）：107-111.

[31] 胡乃武，曹大伟. 绿色信贷与商业银行环境风险管理[J]. 经济问题，2011（6）：56-59.

[32] 蒋先玲，徐鹤龙，于瑾. 商业银行支持新能源产业发展的演化博弈研究——以北京市为例[J]. 现代管理科学，2016（2）：15-17.

[33] 井上寿枝，西山久美子，清水彩子. 环境会计结构[M]. 北京：中国财政经济出版社，2004.

[34] 康书生，任鹏冲. 商业银行在中国 CDM 项目发展中的问题及对策[J]. 河北大学学报（哲学社会科学版），2011（5）：32-36.

[35] 蓝虹. 论赤道原则中利益相关者互动机制[J]. 中南财经政法大学学报，2011（3）：74-79.

[36] 李东卫. 绿色信贷：基于赤道原则显现的缺陷及矫正[J]. 环境经济，2009（1）：41-46.

[37] 李进. 基于随机森林算法的绿色信贷信用风险评估[J]. 金融理论与实践，2015（11）：14-18.

[38] 李静江. 企业绿色经营——绿色发展的必由之路[M」. 北京：清华大学出版社，2006.

[39] 李瑞红. “绿色信贷”风险防范的策略选择[J]. 青海金融，2010（10）：32-34.

[40] 李瑞红. 绿色金融：全球趋势、韩国实践及我国建议[J]. 理论与当代，2011（4）：18-21.

[41] 李伟东，赵朝成，赵东风. 环境风险评价与安全风险评价在评价目的上的相关性研究[J]. 工业安全与环保，2006（9）：32-33.

[42] 李一丁. 里约 20 年来国际环境法发展述评[J]. 河北法学，2013（2）：109-115.

[43] 李宇军. 加强环境风险管理建设环境友好型社会[L]. 南方网 http：//www. southcn.com/2005-12-29.

[44] 李正，官峰. 中国企业碳减排的经济后果研究[J]. 中南财经政法大学学报，2015（3）：45-50.

[45] 李中. 绿色金融创新与我国产业转型问题研究[J]. 当代经济，2011（4）：6-8.

[46] 连莉莉. 绿色信贷影响企业债务融资成本吗？——基于绿色企业和“两高”企业的对比研

究[J]. 金融经济学研究，2016（1）：91-96.

[47] 林静. 我国商业银行绿色信贷管理研究[D]. 福建师范大学，2011.

[48] 刘思华. 生态马克思主义经济学（修订版）[M]. 北京：人民出版社，2014.

[49] 刘思华. 正确把握生态文明的绿色发展道路与模式的时代特征[J]. 毛泽东邓小平理论研究，2015（8）：33-38.

[50] 刘勇. 商业银行环境风险管理：动因与演进分析[J]. 金融理论与实践，2008（5）：34-37.

[51] 刘勇. 商业银行环境风险管理的动因思考[J]. 经济纵横，2007（2）：51-53.

[52] 刘勇. 我国商业银行环境风险管理压力的实证研究绿色信贷问题的研究[J]. 现代经济探讨，2008（8）：62-63.

[53] 陆巍峰. 基于排污权交易的浙江省绿色金融创新[J]. 浙江金融，2010（12）：42-43.

[54] 马腾跃. 浦发银行：绿色信贷在行动[J]. 中国金融家，2012（7）：122-123.

[55] 莫凡. 从博弈论视角谈我国绿色信贷机制的完善[J]. 商业时代，2011（23）：83-84.

[56] 牛文元. 绿色发展理论的内涵认知[J]. 中国人口·资源与环境，2012（5）：9-14.

[57] 齐晔，蔡琴. 绿色发展理论三项进展[J]. 中国人口·资源与环境，2010（4）：110-116.

[58] 秦绪红. 发达国家推进绿色债券发展的主要做法及对我国的启示[J].金融理论与实践，2015（12）：98-100.

[59] 人行秦皇岛市中支货币信贷管理科课题组. 商业银行绿色信贷评级模型调研[J]. 河北金融，2012（8）：50-52.

[60] 沈洪涛，马正彪. 地区经济发展压力、企业环境表现与债务融资[J].金融研究，2014（2）：153-166.

[61] 世界银行. 1998/1999 年世界发展报告：知识与发展[R]. 北京：中国财政经济出版社，1999.

[62] 苏雯. 商业银行环境风险分析与对策[J]. 铜陵学院学报，2010（9）：38-39.

[63] 孙轶颋，李琳. 绿色信贷与银行绿色发展[J]. 中国金融，2011（10）：39-40.

[64] 唐斌，赵洁，薛成容. 国内金融机构接受赤道原则的问题与实施建议[J]. 新金融，2009（2）：33-36.

[65] 唐双娥. 环境风险防范原则研究[M]. 北京：高等教育出版社，2004.

[66] 陶茜. 绿色信贷对银行绩效的影响机制探讨[J]. 宏观经济管理，2016（5）：47-50.

[67] 天大研究院课题组. 构建中国绿色金融体系的战略研究[J]. 经济研究参考，2011（39）：2-25.

[68] 王东霞. 基于环境风险的中国商业银行信贷管理研究[D]. 呼和浩特：内蒙古大学，2010.

[69] 王戈．论新环保法下我国环境金融的发展[J]. 学术交流，2015（10）：153-157.

[70] 王海涛. 我国商业银行绿色信贷发展研究[D]. 北京：首都经济贸易大学，2010.

[71] 王帅. 国内商业银行绿色信贷政策分析[J]. 中国市场，2011（26）：64-66.

[72] 王旭. 浅析绿色信贷在商业银行中的发展[J]. 中国商界，2010（9）：94.

[73] 王遥，潘冬阳．中国经济绿色转型中的金融市场失灵问题与干预机制研究[J].中央财经大学学报，2015（11）：29-34.

[74] 王遥，张笑．推进生态金融建设的途径建议[J]. 经济研究参考，2015（42）：42-43.

[75] 吴欣. 我国商业银行绿色信贷问题研究[D]. 北京：首都经济贸易大学，2010.

[76] 吴玉宇. 商业银行绿色信贷标准制定及实施对策[J]. 上海金融，2012（5）：104-106.

[77] 修静，刘海英，臧晓强．绿色信贷、节能减排下的工业增长及预测研究[J].当代经济科学，2015（3）：55-62.

[78] 亚当・斯密. 国富论[M]. 北京：商务印书馆，1992.

[79] 严启发，李丽，宋晓玲. 西方融资环保政策[J]. 中国船检，2009（3）：88-89.

[80] 阎庆民. 构建以“碳金融”为标志的绿色金融服务体系[J]. 中国金融，2010（4）：41-44.

[81] 阳露昭，姜渊. 论我国绿色信贷法律制度的构建[J]. 江西财经大学学报，2009（4）：112-116.

[82] 杨奔，林艳．我国雾霾防治的金融政策研究[J]. 经济纵横，2015（12）：91-94.

[83] 杨朝飞. 后危机时代：绿色信贷强力推动经济发展方式的转变[J]. 环境保护，2010（22）：14-17.

[84] 杨明，常坤. 创新商业银行国内绿色信贷评级模型的研究[J]. 华北金融，2011（8）：37-39.

[85] 银监会酝酿出台“绿色信贷”国标[N]. 经济参考报，2012-08-27.

[86] 尹龙. 金融创新理论的发展与金融监管体制演进[J]. 金融研究，2005（3）：7-15.

[87] 于东智. 赤道原则：银行绿色信贷与绿色发展的“白皮书”[J]. 金融管理与研究，2009（1）：47-51.

[88] 于东智. 商业银行的社会责任[M]. 北京：中国金融出版社，2011.

[89] 于飞. 浅谈“绿色信贷”与环境风险管理[J]. 经营管理者，2008（9）：73-76.

[90] 于敏. 赤道原则对发展我国绿色信贷的启示[J]. 中国乡镇企业会计，2009（5）：68-69.

[91] 曾煜，陈旦．供给侧改革背景下绿色信贷的制度创新[J]. 江西社会科学，2016（4）：48-52.

[92] 张斌. 赤道原则对我国绿色信贷的启示[J]. 中国金融，2009（16）：42-43.

[93] 张长龙. 接受赤道原则，促进金融和谐[J]. 特区经济，2006（6）：40-41.

[94] 张洪福，孙林涛. 工商银行：“绿色信贷”助推循环经济[J]. WTO 经济导刊，2009（2）：50-51.

[95] 张继宏，张希良．建立碳交易市场的金融创新探析[J]. 武汉大学学报（哲学社会科学版），2014（2）：102-108.

[96] 张静，高鑫. 关于加快推进积极绿色信贷制度的思考[J]. 北方经济，2011（7）：77-79.

[97] 张千帆. 中国地方保护主义及其治理机制[J]. 石河子大学学报（哲社版），2012（4）：47-53.

[98] 张兆曦，赵新娥. 绿色金融存在的问题及解决的途径[J]. 武汉金融，2013（5）：53-54.

[99] 章轲. 绿色信贷操作细则模糊　银行难“掌握”[N]. 第一财经日报，2011-07-27.

[100] 郑冲. 绿色信贷：国际实践与借鉴[J]. 金融管理与研究，2008（11）：32-35.

[101] 郑冲. 银行环境风险管理：国际经验与启示[J]. 金融理论和实践，2012（9）：103-106.

[102] 郑贵斌．对金融业绿色转型的开拓性研究[J].理论学刊，2014（6）：129-130.

[103] 中国人民银行杭州中心支行课题组. 绿色金融：国际经验、启示及对策[J]. 浙江金融，2011（5）：20-25.

[104] 中国信贷风险专题分析报告，2010（2）.

[105] 朱红伟. “绿色信贷”与信贷投资中的环境风险[J]. 华北金融，2008（5）：11-16.

[106] Bert Shortens，Lammertjan Dam Banking on the Equator. Are Banks that Adopted the Equator Principles Different from Non -Adopters [J].World Development，2007.

[107] Kolinsky，Should Banks Lend to Companies with Environmental Problems [J]. The Journal of Commercial Bank Lending，1997（11）：69.

[108] Marcel Jeucken. Sustainability in Finance-Banking on the Planet[J]. Elburn Academic Publishers，2004（1）：1-4.

[109] Marcel Jeucken. Sustainable Finance and Banking：The Financial Sector and the Future of the Planet [M]. UK：Earthscan Publications Ltd，2001.

[110] Meijer et al. Metacognitive Activities in Text-Studying and Problem-Solving：Development of a taxonomy[J]. Educational Research and Evaluation，2006，12（3）：209-237.

[111] Monahan’s. A Borrower’s Guide To Lowering Corporate Environmental Liability [J]. Journal of Corporate Accounting and Finance，1997：353-367.

[112] Olaf Weber. Sustainability Benchmarking of Euro-pecan Banks and Financial Service Organizations [J]. Corporate Social Responsibility and Environmental Management，2005（12）：73-87.

[113] T. E. Gradel，B. R. Allenby. Industrial Ecology [M]. 2003.

附　录

附件一

国家环保局、国家计委、财政部和中国人民银行关于加强国际金融组织贷款建设项目环境影响评价管理工作的通知

环监[1993]324 号

国务院各部、委、局（办）、总公司，各省、自治区、直辖市、计划单列市环境保护局、计划委员会、财政厅、中国人民银行分行：

随着我国改革开放的不断深化，引进外资的比例正在逐年增加；利用世界银行，亚洲开发银行等国际金融组织贷款，已成为我国筹集建设资金发展经济的一个重要组成部分。

对国际金融组织贷款建设项目（以下简称贷款项目）环境保护工作，世界银行、亚洲开发银行均有明确的要求，并将贷款项目的《环境影响报告书》（以下简称《报告书》）列为办理贷款项目手续不可缺少的文件之一，对贷款项目环境影响评价提出了较完整的程序和要求，这些规定与我国现行的建设项目环境影响评价规定基本一致。为做好贷款项目环境影响评价的管理工作，用好国际金融组织贷款，促进我

国经济和环境的协调发展，各级环境保护行政主管部门（以下简称环保部门）要和各级计划、财政、银行部门及行业主管部门密切配合，根据《中华人民共和国环境保护法》和我国建设项目环境保护管理以及国家计委利用国际金融组织贷款项目计划管理的有关规定，进一步加强国际金融组织贷款项目环境影响评价的管理工作。为此，特做如下通知：

一、贷款建设项目必须执行我国的环境保护法律、规章和标准，执行环境影响评价制度。在执行我国环境影响评价有关规定的前提下，也要兼顾国际金融组织的技术要求。

二、贷款项目《报告书》的审批，须按我国建设项目环境保护管理审批权限和程序办理。贷款项目《环境影响评价工作大纲》（以下简称《评价大纲》），由负责审批《报告书》的环保部门审查。其《报告书》由行业主管部门组织预审，报环保部门审批。地方环保部门负责审批的贷款项目《报告书》，应将《报告书》及批复意见报国家环境保护局备案。

三、我国建设项目环境影响评价类别划分是根据拟建项目可能对环境造成的影响程度和范围以及项目所在地区的环境敏感程度所确定的。其类别划分为三类：

A 类：可能对环境造成重大的不利影响的建设项目。这类项目需进行全面的环境影响评价；

B 类：可能对环境产生不利影响的范围和程度是有限的，其影响通过规定采用先进工艺和成熟的防治措施进行防治，可使环境影响大大减缓的建设项目。这类项目一般不要求进行全面的环境影响评价，但需要根据工程和环境要素的特点做专项的环境影响评价或环境影响分析；

C 类：对环境不产生不利影响或影响极小的建设项目。这类项目一般不需要开展环境影响评价或环境影响分析，只需办理环境保护管理备案手续。

贷款项目环境影响评价的类别划分，应在项目建议书阶段或国际金融组织的项目前期准备阶段，在听取国际金融组织意见后，由负责审批该项目《报告书》的环保部门确定。

四、对于一个贷款协议包括若干子项目的贷款项目，环境影响评价分为总体项目环境影响评价和子项目环境影响评价。其《报告书》的审批权限和程序按第二条规定办理。

五、环境影响评价单位在编制贷款项目《评价大纲》《报告书》和《报告书》

简写本时，可参照附件一至附件三。

六、贷款项目环境影响评价要注意国内外程序在时段上的衔接，编制及审批贷款项目的《评价大纲》应在国际金融组织贷款项目准备阶段完成。建设单位在向环保部门报审《评价大纲》时，应同时将《评价大纲》寄送有关国际金融组织征询意见，并及时将反馈意见报送负责审批该项目《报告书》的环保部门。

编制及审批《报告书》应在国家计划部门审批贷款项目《可行性研究报告》或《利用外资方案》和有关国际金融组织派出项目正式评估团前完成，最迟需在有关国际金融组织执董会讨论该贷款项目前四个月完成。《报告书》需在国家计划部门批准项目建议书后并经环境保护部门批准后才可正式提供。

七、公众参与是环境影响评价的重要组成部分，《报告书》中应设专门章节予以表述，使可能受影响的公众或社会团体的利益能得到考虑和补偿。公众参与工作可在《评价大纲》编制和审查、《报告书》审查阶段进行。根据我国目前的实际情况，可采用下述方式：

1．建设单位和环保部门直接听取贷款项目所在地（区、县）人大代表、政协委员、群众团体、学术团体或居委会、村委会代表的意见和建议；

2．项目所在地（区、县）人大、政协或群众团体征询受影响地区公众的意见；

上述工作可以发《公众意见征询表》、召开座谈会和邀请参加《评价大纲》与《报告书》审查会议的形式进行。

环保部门和行业主管部门在《评价大纲》审查和《报告书》审批时应充分考虑公众的意见，并反馈给建设单位。

八、根据国家有关规定，涉及移民安置的建设项目，移民安置在可行性研究报告中要有专题报告。其环境影响评价中应包括移民安置对环境影响的有关内容，在《报告书》中充分反映移民安置的影响。

九、建设单位向国际金融组织提交《评价大纲》《报告书》及其他环境保护有关文件时，必须遵循以下原则：

1．属中央政府负责支付中方配套资金和偿还外资的贷款项目，其《评价大纲》《报告书》及其他环境保护文件，需经项目的主管部、委、局（办）、总公司的保密委员会审查后，建设单位方可向贷款组织提供，并报国家环境保护局备案。

2．属地方政府负责支付中方配套资金和偿还外资的贷款项目，其《评价大纲》《报告书》及其他环境保护文件，需经项目所在地的同级人民政府保密委员会审查后，建设单位方可向贷款组织提供，并报上一级环保部门备案。

十、对于包括许多子项目的行业贷款项目，在项目评估中许多子项目尚未确定，其环境影响评价工作可选定已确定的子项目，提出《报告书》，确定行业贷款的环境原则和该行业贷款项目行业环境影响评价指南，来指导那些未确定的子项目的选择和环境影响评价。

十一、对已完成《报告书》审批程序的内资项目，当转为利用国际金融组织贷款项目时，建设单位应及时向原审批《报告书》的环保部门申报。如果项目内容、厂址、规模和工艺发生重大变化或原《报告书》不能满足贷款项目环境影响评价要求时，建设单位需根据环保部门的意见对原《报告书》进行修改、补充，并按规定的审批权限和程序重新办理《报告书》审批手续，不得擅自将原《报告书》直接寄送国际金融组织。

十二、为确保贷款项目准备工作顺利进行，其环境影响评价工作应由熟悉国际金融组织贷款项目环境影响评价技术要求、具有甲级评价资格的国内持证单位承担。当贷款项目需委托国外咨询机构进行评价时，应征得国家环境保护局同意。

十三、已列入国家计委批准的《利用国际金融组织贷款备选项目规划》（包括列入备选项目规划的后备项目）的项目，在条件允许的情况下应尽早开展环境影响评价工作。项目单位和地方环保部门应及时向负责审批《报告书》的环保部门和行业主管部门通报项目工作情况。未列入国家计委提出《备选项目规划》的贷款项目或临时提出的应急项目，建设单位应及时向负责审批该项目《报告书》的环保部门申报，经同意后，可参照此文办理。

一九九三年五月七日

附件二

关于贯彻信贷政策与加强环境保护工作有关问题的通知

银发[1995]24号

人民银行各省、自治区、直辖市、计划单列城市分行、中国工商银行、中国农业银行、中国人民建设银行、中国银行、交通银行、中信实业银行、中国光大银行、华夏银行、国家开发银行、中国农业发展银行、中国进出口银行、广东发展银行、深圳发展银行、深圳招商银行、福建兴业银行、上海浦东发展银行：

根据《中华人民共和国环境保护法》和中国人民银行《信贷资金管理暂行办法》的有关规定精神，为进一步支持环境保护工作，现就金融部门在信贷工作中落实国家环境保护政策问题通知如下：

一、各级金融部门在信贷工作中要重视自然资源和环境的保护，把支持国民经济的发展和环境资源的保护、改善生态环境结合起来，要把支持生态资源的保护和污染的防治作为银行贷款的考虑的因素之一，以促进经济建设和环境保护事业的协调发展。

二、各级金融部门在对环境有影响的新建、扩建和改建项目发放固定资产贷款时，必须按照《中华人民共和国环境保护法》第4章第26条和国务院环境保护委员会颁布的《建设项目环境保护管理办法》的规定和要求，严格贷款的审批、发放和监督管理，将贷款项目是否落实防治污染及其他公害的设施与主体工程同时设计、同时施工、同时投产的要求，作为贷款的必要条件之一，从信贷投放和管理上配合环境保护部门严格把关。

（一）在贷款审查时，对于对环境有影响的项目，必须审查项目的环境影响报告书或环境影响报告表是否已经环保部门批准。对没有执行建设项目环境影响报告书（表）审批制度的或环境保护部门不予批准的项目，金融部门一律不准贷款。

（二）在固定资产贷款的发放和管理中，对安排用于项目中环保工程的贷款必须专款专用。在项目施工过程中环保工程不符合设计和施工要求的或没有进行环保工程建设的，金融部门将停止贷款支持。

（三）根据《建设项目环境保护管理办法》的要求，项目环境保护工程必须和项目主体工程同时完工，投入运营。对主体工程已完工而环保工程没有完工或没有进行环保工程建设的项目，在投产运营时，金融部门不提供流动资金贷款。

三、各级金融部门在向企业提供流动资金贷款时，要认真按照国家环境保护法规和国家产业政策的要求，根据实际情况，实行区别对待的信贷政策。具体按以下原则掌握：

（一）对下列国家明令禁止、不符合环境保护规定的项目和企业，各级金融机构不得发放贷款，并收回已发放的贷款。

1．违背国家产业政策、生产方式落后、严重浪费资源和污染环境的产品生产，主要是简易工艺的炼砷、炼汞、炼铅锌、炼硫黄、炼焦、炼金和化工生产以及无证开采有色金属矿、化学矿、煤矿等。

2．除经环保部门批准以外，生产或经营放射性同位素制品、化学危险品和其他含有在自然环境中不易降解或者能在生物体中蓄积的剧毒污染物以及有致癌、致畸、致突变成分产品的。

3．未经环保部门批准、污染严重的小钢铁、小有色金属、小铁合金、小化工、小印染、小制革、小电镀、小炼油、小建材和小造纸等。

4．引进和使用不符合我国环境保护要求的技术和设备的。

（二）对下列国家严格限制的行业，必须在做好污染治理和环境保护的前提下，经过环境保护部门审查批准后，金融机构对企业提供贷款。

含汞制品、石棉纺织、有色金属冶炼、电镀、制革、纸浆、印染、重污染化工以及其他可能严重污染环境的生产。

（三）对于下列促进环境保护、有利于改善生态环境的产业或产品，在符合信贷原则、具有还款能力的前提下，金融机构要予以积极贷款支持：

1．工矿企业为消除污染、治理“三废”开展的综合利用项目。

2．农业、林业中的适用科学技术和有利于良种培育、新技术推广以及农业生态环境保护的项目。

3．企业对现有污染的治理，以及目前不符合环保要求企业的转产。

4．生产和经营环境保护设备的企业。

四、对从事环境保护和治理污染的项目和企业，各级金融部门应根据经济效益和还款能力等不同情况，区别对待，择优扶持：

（一）对环境效益好、经济效益不明显，但具有还款能力的国家重点环保项目，在落实还款资金来源的前提下，国家开发银行等政策性银行在安排贷款时要予以支持。

（二）对环境效益和经济效益都明显的环保项目，还款能力较强，商业银行和非银行金融机构应予以贷款支持。

五、各级金融部门要继续做好已发放贷款的管理并继续做好新的贷款发放工作，各地要继续做好林业贷款、治沙贷款等专项贷款的发放和管理工作，促进生态环境的保护；要将农业综合开发贷款的发放与改良土壤、治理江湖、造林绿化、治理沙漠、改善农村生产条件结合起来；继续促进科技贷款、技术改造贷款同环境保护、改善生态环境的有效结合，在项目选择和贷款安排上要优先考虑环境效益明显的项目；引进新设备和安排新项目要有利于提高环境保护水平和改善生态环境。

环保工作是一项利国利民、功在当代、利在千秋的大事，支持环保事业的发展是全社会的责任。各级金融部门要进一步增强环保意识，加强与环保部门的合作，要把贯彻信贷政策与加强环境保护工作紧密地结合起来。要对照本通知的要求，对现有贷款进行检查。发现违反国家环保政策和法规、不符合通知要求的，必须立即予以纠正。

中国人民银行

一九九五年二月六日

附件三

关于进一步加强产业政策和信贷政策协调配合控制信贷风险有关问题的通知

发改产业[2004]746 号

各省、自治区、直辖市及计划单列市、新疆生产建设兵团发展改革委（计委）、经贸委（经委），人民银行各分行（营业管理部）、各省会（首府）城市中心支行，银监会各监管局，国家政策性银行，国有独资商业银行、股份制商业银行：

为深入贯彻党的十六届三中全会和中央经济工作会议精神，树立和落实科学发展观，促进经济增长方式转变，推进产业结构优化升级，提高经济增长质量，切实解决当前部分行业低水平盲目扩张和信贷增长过快，产业结构失衡等突出问题，现就进一步加强国家产业政策和信贷政策协调配合，控制信贷风险有关问题通知如下：

一、统一思想，提高认识。产业政策和信贷政策是国家实施宏观调控的重要手段，当前，进一步加强产业政策和信贷政策的协调配合，采取有效措施，停止对产业政策明确淘汰产品的信贷支持，控制对采用落后工艺、技术装备项目的贷款，特别是控制信贷资金流入低水平盲目扩张行业，不仅是加强宏观经济调控和防范金融风险的需要，也是树立和落实科学发展观，实现经济、社会全面可持续和协调发展的需要。对此，各方面必须高度重视，把思想和行动统一到中央的决策和部署上来。产业政策和信贷政策要根据产业发展情况和宏观调控要求适时、适度进行调整，逐步完善产业政策与信贷政策间良好、能动的协调配合机制。今后，国家发展改革委将定期发布和适时调整相关产业政策，指导社会投资方向；人民银行和银行监管部门将配套提出加强和改进银行信贷管理、优化信贷结构的政策措施，为商业银行适时调整信贷投向提供有效的支持和服务；商业银行也要提高风险管理能力，改进信贷投向管理技术和手段。

二、调查分类，区别处理。根据当前经济运行和产业发展的实际情况，国家发展改革委会同有关部门制定了《当前部分行业制止低水平重复建设目录》。列入禁止类目录的原则是：严重危及生产安全；环境污染严重；质量不符合国家标准；原材料和能源消耗高及国家法律、法规规定的禁止投资的项目。列入限制类目录的原则是：生产能力严重过剩，新上项目对产业结构没有改善；工艺技术落后，已有先进、成熟工艺技术替代；不利于节约资源和保护生态环境及法律、法规规定的限制投资的项目。

各级发展改革委（计委）、经贸委（经委）及相关金融机构对《当前部分行业制止低水平重复建设目录》所涉及的企业要立即组织调查，分类排队，区别不同情况进行处理，具体是：

（一）对属于禁止类目录的国家明令淘汰的生产能力、工艺和产品建设项目，一律停止建设，对已建成的项目要坚决限期淘汰、依法关闭；各金融机构要立即停止各种形式的新增授信支持，对已实施的项目授信要采取妥善措施予以收回。

（二）对于限制类目录所涉及的建设项目，各级投资主管部门要立即停止审批，拟建项目一律停止建设；在建项目暂停建设，由各级投资主管部门牵头进行清理整顿，区别对待，分类处理；在清理整顿期间，各金融机构要停止给予新的各种形式授信支持。

三、各司其职，协调配合。各有关部门要按照职责分工，加强沟通协调，各个环节齐抓共管，形成合力。

（一）各级发展改革委（计委）、经贸委（经委）要认真贯彻国家产业政策，严格执行投资项目审批管理规定，及时向有关商业银行通报对《当前部分行业制止低水平重复建设目录》涉及项目的清理情况，协助有关金融机构做好调整信贷投向、化解信贷风险、保全信贷资产的相关工作。

（二）人民银行各分行（营业管理部）、各省会（首府）城市中心支行要认真贯彻总行制定的信贷政策，适时发布信贷政策指引，协调、督促、指导商业银行建立和完善信贷风险预警控制体系，不断优化信贷投向。

（三）银监会各监管局要及时将本通知转发至辖区内各城市商业银行等有关金融机构，采取措施加强对当地商业银行信贷投向的监督检查，促使商业银行贯彻产业政策和信贷政策，着力调整信贷结构，防范信贷风险。

（四）各商业银行要根据国家宏观调控的要求，关注行业发展，贯彻国家产业政策。针对各自经营情况，按照《当前部分行业制止低水平重复建设目录》尽快调整信贷投向，认真组织对该目录涉及项目贷款的清理，采取切实有效的措施，保全信贷资产。要建立市场信息预测体系，准确把握市场供求关系和产业变化趋势，实现贷款科学决策，合理配置信贷资金，规避信贷风险。对风险较大的行业，可根据风险大小，区别不同企业和项目，采取在规定范围内上浮贷款利率和上收贷款审批权限等方式，加强风险控制。

（五）建立定期协调和信息通报制度。各银行每季度要将贷款行业结构和质量情况及时报送人民银行［报表格式见附件二（略）］。国家发展改革委、人民银行和银监会要定期召开会议，研究分析产业政策和信贷政策的协调配合情况，及时发现问题，提出解决对策。

四、对违反本通知要求或政策执行不力，违规审批项目和提供授信支持，造成严重损失的，要依照有关法律法规，追究有关当事人和负责人的责任。

五、2004 年 6 月底以前，各省、区、市发展改革委（计委）、人民银行各分支机构、银监会各监管局要将贯彻落实本通知的情况分别报送国家发展改革委、人民银行、银监会。国家发展改革委、人民银行、银监会下半年将视情况组成联合检查组对各地执行情况进行抽查。

六、本通知原则适用于农村商业银行、农村合作银行、城市信用合作社和农村信用合作社。

国家发展和改革委员会
中国人民银行
中国银行业监督管理委员会
二〇〇四年四月三十日

附件四

国务院关于落实科学发展观 加强环境保护的决定

国发[2005]39 号

各省、自治区、直辖市人民政府，国务院各部委、各直属机构：

为全面落实科学发展观，加快构建社会主义和谐社会，实现全面建设小康社会的奋斗目标，必须把环境保护摆在更加重要的战略位置。现作出如下决定：

一、充分认识做好环境保护工作的重要意义

（一）环境保护工作取得积极进展。党中央、国务院高度重视环境保护，采取了一系列重大政策措施，各地区、各部门不断加大环境保护工作力度，在国民经济快速增长、人民群众消费水平显著提高的情况下，全国环境质量基本稳定，部分城市和地区环境质量有所改善，多数主要污染物排放总量得到控制，工业产品的污染排放强度下降，重点流域、区域环境治理不断推进，生态保护和治理得到加强，核与辐射监管体系进一步完善，全社会的环境意识和人民群众的参与度明显提高，我国认真履行国际环境公约，树立了良好的国际形象。

（二）环境形势依然十分严峻。我国环境保护虽然取得了积极进展，但环境形势严峻的状况仍然没有改变。主要污染物排放量超过环境承载能力，流经城市的河段普遍受到污染，许多城市空气污染严重，酸雨污染加重，持久性有机污染物的危害开始显现，土壤污染面积扩大，近岸海域污染加剧，核与辐射环境安全存在隐患。生态破坏严重，水土流失量大面广，石漠化、草原退化加剧，生物多样性减少，生态系统功能退化。发达国家上百年工业化过程中分阶段出现的环境问题，在我国近 20 多年来集中出现，呈现结构型、复合型、压缩型的特点。环境污染和生态破坏造成了巨大经济损失，危害群众健康，影响社会稳定和环境安全。未来 15 年我国人口将继续增加，经济总量将再翻两番，资源、能源消耗持续增长，环境保护面临的压力越来越大。

（三）环境保护的法规、制度、工作与任务要求不相适应。目前一些地方重 GDP

增长、轻环境保护。环境保护法制不够健全，环境立法未能完全适应形势需要，有法不依、执法不严现象较为突出。环境保护机制不完善，投入不足，历史欠账多，污染治理进程缓慢，市场化程度偏低。环境管理体制未完全理顺，环境管理效率有待提高。监管能力薄弱，国家环境监测、信息、科技、宣教和综合评估能力不足，部分领导干部环境保护意识和公众参与水平有待增强。

（四）把环境保护摆上更加重要的战略位置。加强环境保护是落实科学发展观的重要举措，是全面建设小康社会的内在要求，是坚持执政为民、提高执政能力的实际行动，是构建社会主义和谐社会的有力保障。加强环境保护，有利于促进经济结构调整和增长方式转变，实现更快更好地发展；有利于带动环保和相关产业发展，培育新的经济增长点和增加就业；有利于提高全社会的环境意识和道德素质，促进社会主义精神文明建设；有利于保障人民群众身体健康，提高生活质量和延长人均寿命；有利于维护中华民族的长远利益，为子孙后代留下良好的生存和发展空间。因此，必须用科学发展观统领环境保护工作，痛下决心解决环境问题。

二、用科学发展观统领环境保护工作

（五）指导思想。以邓小平理论和“三个代表”重要思想为指导，认真贯彻党的十六届五中全会精神，按照全面落实科学发展观、构建社会主义和谐社会的要求，坚持环境保护基本国策，在发展中解决环境问题。积极推进经济结构调整和经济增长方式的根本性转变，切实改变“先污染后治理、边治理边破坏”的状况，依靠科技进步，发展循环经济，倡导生态文明，强化环境法治，完善监管体制，建立长效机制，建设资源节约型和环境友好型社会，努力让人民群众喝上干净的水、呼吸清洁的空气、吃上放心的食物，在良好的环境中生产生活。

（六）基本原则。

——协调发展，互惠共赢。正确处理环境保护与经济发展和社会进步的关系，在发展中落实保护，在保护中促进发展，坚持节约发展、安全发展、清洁发展，实现可持续的科学发展。

——强化法治，综合治理。坚持依法行政，不断完善环境法律法规，严格环境执法；坚持环境保护与发展综合决策，科学规划，突出预防为主的方针，从源头防治污染和生态破坏，综合运用法律、经济、技术和必要的行政手段解决环境问题。

——不欠新账，多还旧账。严格控制污染物排放总量；所有新建、扩建和改建项目必须符合环保要求，做到增产不增污，努力实现增产减污；积极解决历史遗留的环境问题。

——依靠科技，创新机制。大力发展环境科学技术，以技术创新促进环境问题的解决；建立政府、企业、社会多元化投入机制和部分污染治理设施市场化运营机制，完善环保制度，健全统一、协调、高效的环境监管体制。

——分类指导，突出重点。因地制宜，分区规划，统筹城乡发展，分阶段解决制约经济发展和群众反映强烈的环境问题，改善重点流域、区域、海域、城市的环境质量。

（七）环境目标。到2010年，重点地区和城市的环境质量得到改善，生态环境恶化趋势基本遏制。主要污染物的排放总量得到有效控制，重点行业污染物排放强度明显下降，重点城市空气质量、城市集中饮用水水源和农村饮水水质、全国地表水水质和近岸海域海水水质有所好转，草原退化趋势有所控制，水土流失治理和生态修复面积有所增加，矿山环境明显改善，地下水超采及污染趋势减缓，重点生态功能保护区、自然保护区等的生态功能基本稳定，村镇环境质量有所改善，确保核与辐射环境安全。

到2020年，环境质量和生态状况明显改善。

三、经济社会发展必须与环境保护相协调

（八）促进地区经济与环境协调发展。各地区要根据资源禀赋、环境容量、生态状况、人口数量以及国家发展规划和产业政策，明确不同区域的功能定位和发展方向，将区域经济规划和环境保护目标有机结合起来。在环境容量有限、自然资源供给不足而经济相对发达的地区实行优化开发，坚持环境优先，大力发展高新技术，优化产业结构，加快产业和产品的升级换代，同时率先完成排污总量削减任务，做到增产减污。在环境仍有一定容量、资源较为丰富、发展潜力较大的地区实行重点开发，加快基础设施建设，科学合理利用环境承载能力，推进工业化和城镇化，同时严格控制污染物排放总量，做到增产不增污。在生态环境脆弱的地区和重要生态功能保护区实行限制开发，在坚持保护优先的前提下，合理选择发展方向，发展特色优势产业，确保生态功能的恢复与保育，逐步恢复生态平衡。在自然保护区和具有特殊保护价值的地区实行禁止开发，依法实施保护，严禁不符合规定的任何开发活动。要认真做好生态功能区划工作，确定不同地区的主导功能，形成各具特色的

发展格局。必须依照国家规定对各类开发建设规划进行环境影响评价。对环境有重大影响的决策，应当进行环境影响论证。

（九）大力发展循环经济。各地区、各部门要把发展循环经济作为编制各项发展规划的重要指导原则，制订和实施循环经济推进计划，加快制定促进发展循环经济的政策、相关标准和评价体系，加强技术开发和创新体系建设。要按照“减量化、再利用、资源化”的原则，根据生态环境的要求，进行产品和工业区的设计与改造，促进循环经济的发展。在生产环节，要严格排放强度准入，鼓励节能降耗，实行清洁生产并依法强制审核；在废物产生环节，要强化污染预防和全过程控制，实行生产者责任延伸，合理延长产业链，强化对各类废物的循环利用；在消费环节，要大力倡导环境友好的消费方式，实行环境标识、环境认证和政府绿色采购制度，完善再生资源回收利用体系。大力推行建筑节能，发展绿色建筑。推进污水再生利用和垃圾处理与资源化回收，建设节水型城市。推动生态省（市、县）、环境保护模范城市、环境友好企业和绿色社区、绿色学校等创建活动。

（十）积极发展环保产业。要加快环保产业的国产化、标准化、现代化产业体系建设。加强政策扶持和市场监管，按照市场经济规律，打破地方和行业保护，促进公平竞争，鼓励社会资本参与环保产业的发展。重点发展具有自主知识产权的重要环保技术装备和基础装备，在立足自主研发的基础上，通过引进消化吸收，努力掌握环保核心技术和关键技术。大力提高环保装备制造企业的自主创新能力，推进重大环保技术装备的自主制造。培育一批拥有著名品牌、核心技术能力强、市场占有率高、能够提供较多就业机会的优势环保企业。加快发展环保服务业，推进环境咨询市场化，充分发挥行业协会等中介组织的作用。

四、切实解决突出的环境问题

（十一）以饮水安全和重点流域治理为重点，加强水污染防治。要科学划定和调整饮用水水源保护区，切实加强饮用水水源保护，建设好城市备用水源，解决好农村饮水安全问题。坚决取缔水源保护区内的直接排污口，严防养殖业污染水源，禁止有毒有害物质进入饮用水水源保护区，强化水污染事故的预防和应急处理，确保群众饮水安全。把淮河、海河、辽河、松花江、三峡水库库区及上游，黄河小浪底水库库区及上游，南水北调水源地及沿线，太湖、滇池、巢湖作为流域水污染治理的重点。把渤海等重点海域和河口地区作为海洋环保工作重点。严禁直接向江河湖海排放超标的工业污水。

（十二）以强化污染防治为重点，加强城市环境保护。要加强城市基础设施建设，到 2010 年，全国设市城市污水处理率不低于 70%，生活垃圾无害化处理率不低于 60%；着力解决颗粒物、噪声和餐饮业污染，鼓励发展节能环保型汽车。对污染企业搬迁后的原址进行土壤风险评估和修复。城市建设应注重自然和生态条件，尽可能保留天然林草、河湖水系、滩涂湿地、自然地貌及野生动物等自然遗产，努力维护城市生态平衡。

（十三）以降低二氧化硫排放总量为重点，推进大气污染防治。加快原煤洗选步伐，降低商品煤含硫量。加强燃煤电厂二氧化硫治理，新（扩）建燃煤电厂除燃用特低硫煤的坑口电厂外，必须同步建设脱硫设施或者采取其他降低二氧化硫排放量的措施。在大中城市及其近郊，严格控制新（扩）建除热电联产外的燃煤电厂，禁止新（扩）建钢铁、冶炼等高耗能企业。2004 年年底前投运的二氧化硫排放超标的燃煤电厂，应在 2010 年年底前安装脱硫设施；要根据环境状况，确定不同区域的脱硫目标，制订并实施酸雨和二氧化硫污染防治规划。对投产 20 年以上或装机容量 10 万千瓦以下的电厂，限期改造或者关停。制订燃煤电厂氮氧化物治理规划，开展试点示范。加大烟尘、粉尘治理力度。采取节能措施，提高能源利用效率；大力发展风能、太阳能、地热、生物质能等新能源，积极发展核电，有序开发水能，提高清洁能源比重，减少大气污染物排放。

（十四）以防治土壤污染为重点，加强农村环境保护。结合社会主义新农村建设，实施农村小康环保行动计划。开展全国土壤污染状况调查和超标耕地综合治理，污染严重且难以修复的耕地应依法调整；合理使用农药、化肥，防治农用薄膜对耕地的污染；积极发展节水农业与生态农业，加大规模化养殖业污染治理力度。推进农村改水、改厕工作，搞好作物秸秆等资源化利用，积极发展农村沼气，妥善处理生活垃圾和污水，解决农村环境“脏、乱、差”问题，创建环境优美乡镇、文明生态村。发展县域经济要选择适合本地区资源优势和环境容量的特色产业，防止污染向农村转移。

（十五）以促进人与自然和谐为重点，强化生态保护。坚持生态保护与治理并重，重点控制不合理的资源开发活动。优先保护天然植被，坚持因地制宜，重视自然恢复；继续实施天然林保护、天然草原植被恢复、退耕还林、退牧还草、退田还湖、防沙治沙、水土保持和防治石漠化等生态治理工程；严格控制土地退化和草原沙化。经济社会发展要与水资源条件相适应，统筹生活、生产和生态用水，建设节水型社会；发展适应抗灾要求的避灾经济；水资源开发利用活动，要充分考虑生态用水。加强生态功能保护区和自然保护区的建设与管理。加强矿产资源和旅游开发的环境监管。做好红树林、滨海湿地、珊瑚礁、海岛等海洋、海岸带典型生态系统的保护工作。

（十六）以核设施和放射源监管为重点，确保核与辐射环境安全。全面加强核安全与辐射环境管理，国家对核设施的环境保护实行统一监管。核电发展的规划和建设要充分考虑核安全、环境安全和废物处理处置等问题；加强在建和在役核设施的安全监管，加快核设施退役和放射性废物处理处置步伐；加强电磁辐射和伴生放射性矿产资源开发的环境监督管理；健全放射源安全监管体系。

（十七）以实施国家环保工程为重点，推动解决当前突出的环境问题。国家环保重点工程是解决环境问题的重要举措，从“十一五”开始，要将国家重点环保工程纳入国民经济和社会发展规划及有关专项规划，认真组织落实。国家重点环保工程包括：危险废物处置工程、城市污水处理工程、垃圾无害化处理工程、燃煤电厂脱硫工程、重要生态功能保护区和自然保护区建设工程、农村小康环保行动工程、核与辐射环境安全工程、环境管理能力建设工程。

五、建立和完善环境保护的长效机制

（十八）健全环境法规和标准体系。要抓紧拟订有关土壤污染、化学物质污染、生态保护、遗传资源、生物安全、臭氧层保护、核安全、循环经济、环境损害赔偿和环境监测等方面的法律法规草案，配合做好《中华人民共和国环境保护法》的修改工作。通过认真评估环境立法和各地执法情况，完善环境法律法规，作出加大对违法行为处罚的规定，重点解决“违法成本低、守法成本高”的问题。完善环境技术规范和标准体系，科学确定环境基准，努力使环境标准与环保目标相衔接。

（十九）严格执行环境法律法规。要强化依法行政意识，加大环境执法力度，对不执行环境影响评价、违反建设项目环境保护设施“三同时”制度（同时设计、同时施工、同时投产使用）、不正常运转治理设施、超标排污、不遵守排污许可证规定、造成重大环境污染事故，在自然保护区内违法开发建设和开展旅游或者违规采矿造成生态破坏等违法行为，予以重点查处。加大对各类工业开发区的环境监管力度，对达不到环境质量要求的，要限期整改。加强部门协调，完善联合执法机制。

规范环境执法行为，实行执法责任追究制，加强对环境执法活动的行政监察。完善对污染受害者的法律援助机制，研究建立环境民事和行政公诉制度。

（二十）完善环境管理体制。按照区域生态系统管理方式，逐步理顺部门职责分工，增强环境监管的协调性、整体性。建立健全国家监察、地方监管、单位负责的环境监管体制。国家加强对地方环保工作的指导、支持和监督，健全区域环境督查派出机构，协调跨省域环境保护，督促检查突出的环境问题。地方人民政府对本行政区域环境质量负责，监督下一级人民政府的环保工作和重点单位的环境行为，并建立相应的环保监管机制。法人和其他组织负责解决所辖范围有关的环境问题。建立企业环境监督员制度，实行职业资格管理。县级以上地方人民政府要加强环保机构建设，落实职能、编制和经费。进一步总结和探索设区城市环保派出机构监管模式，完善地方环境管理体制。各级环保部门要严格执行各项环境监管制度，责令严重污染单位限期治理和停产整治，负责召集有关部门专家和代表提出开发建设规划环境影响评价的审查意见。完善环境犯罪案件的移送程序，配合司法机关办理各类环境案件。

（二十一）加强环境监管制度。要实施污染物总量控制制度，将总量控制指标逐级分解到地方各级人民政府并落实到排污单位。推行排污许可证制度，禁止无证或超总量排污。严格执行环境影响评价和“三同时”制度，对超过污染物总量控制指标、生态破坏严重或者尚未完成生态恢复任务的地区，暂停审批新增污染物排放总量和对生态有较大影响的建设项目；建设项目未履行环评审批程序即擅自开工建设或者擅自投产的，责令其停建或者停产，补办环评手续，并追究有关人员的责任。对生态治理工程实行充分论证和后评估。要结合经济结构调整，完善强制淘汰制度，根据国家产业政策，及时制定和调整强制淘汰污染严重的企业和落后的生产能力、工艺、设备与产品目录。强化限期治理制度，对不能稳定达标或超总量的排污单位实行限期治理，治理期间应予限产、限排，并不得建设增加污染物排放总量的项目；逾期未完成治理任务的，责令其停产整治。完善环境监察制度，强化现场执法检查。严格执行突发环境事件应急预案，地方各级人民政府要按照有关规定全面负责突发环境事件应急处置工作，环保总局及国务院相关部门根据情况给予协调支援。建立跨省界河流断面水质考核制度，省级人民政府应当确保出境水质达到考核目标。国家加强跨省界环境执法及污染纠纷的协调，上游省份排污对下游省份造成污染事故的，上游省级人民政府应当承担赔付补偿责任，并依法追究相关单位和人员的责任。

赔付补偿的具体办法由环保总局会同有关部门拟定。

（二十二）完善环境保护投入机制。创造良好的生态环境是各级人民政府的重要职责，各级人民政府要将环保投入列入本级财政支出的重点内容并逐年增加。要加大对污染防治、生态保护、环保试点示范和环保监管能力建设的资金投入。当前，地方政府投入重点解决污水管网和生活垃圾收运设施的配套和完善，国家继续安排投资予以支持。各级人民政府要严格执行国家定员定额标准，确保环保行政管理、监察、监测、信息、宣教等行政和事业经费支出，切实解决“收支两条线”问题。要引导社会资金参与城乡环境保护基础设施和有关工作的投入，完善政府、企业、社会多元化环保投融资机制。

（二十三）推行有利于环境保护的经济政策。建立健全有利于环境保护的价格、税收、信贷、贸易、土地和政府采购等政策体系。政府定价要充分考虑资源的稀缺性和环境成本，对市场调节的价格也要进行有利于环保的指导和监管。对可再生能源发电厂和垃圾焚烧发电厂实行有利于发展的电价政策，对可再生能源发电项目的上网电量实行全额收购政策。对不符合国家产业政策和环保标准的企业，不得审批用地，并停止信贷，不予办理工商登记或者依法取缔。对通过境内非营利社会团体、国家机关向环保事业的捐赠依法给予税收优惠。要完善生态补偿政策，尽快建立生态补偿机制。中央和地方财政转移支付应考虑生态补偿因素，国家和地方可分别开展生态补偿试点。建立遗传资源惠益共享机制。

（二十四）运用市场机制推进污染治理。全面实施城市污水、生活垃圾处理收费制度，收费标准要达到保本微利水平，凡收费不到位的地方，当地财政要对运营成本给予补助。鼓励社会资本参与污水、垃圾处理等基础设施的建设和运营。推动城市污水和垃圾处理单位加快转制改企，采用公开招标方式，择优选择投资主体和经营单位，实行特许经营，并强化监管。对污染处理设施建设运营的用地、用电、设备折旧等实行扶持政策，并给予税收优惠。生产者要依法负责或委托他人回收和处置废弃产品，并承担费用。推行污染治理工程的设计、施工和运营一体化模式，鼓励排污单位委托专业化公司承担污染治理或设施运营。有条件的地区和单位可实行二氧化硫等排污权交易。

（二十五）推动环境科技进步。强化环保科技基础平台建设，将重大环保科研项目优先列入国家科技计划。开展环保战略、标准、环境与健康等研究，鼓励对水体、大气、土壤、噪声、固体废物、农业面源等污染防治，以及生态保护、资源循环利用、饮水安全、核安全等领域的研究，组织对污水深度处理、燃煤电厂脱硫脱硝、洁净煤、汽车尾气净化等重点难点技术的攻关，加快高新技术在环保领域的应用。积极开展技术示范和成果推广，提高自主创新能力。

（二十六）加强环保队伍和能力建设。健全环境监察、监测和应急体系。规范环保人员管理，强化培训，提高素质，建设一支思想好、作风正、懂业务、会管理的环保队伍。各级人民政府要选派政治觉悟高、业务素质强的领导干部充实环保部门。下级环保部门负责人的任免，应当事先征求上级环保部门的意见。按照政府机构改革与事业单位改革的总体思路和有关要求，研究解决环境执法人员纳入公务员序列问题。要完善环境监测网络，建设“金环工程”，实现“数字环保”，加快环境与核安全信息系统建设，实行信息资源共享机制。建立环境事故应急监控和重大环境突发事件预警体系。

（二十七）健全社会监督机制。实行环境质量公告制度，定期公布各省（区、市）有关环境保护指标，发布城市空气质量、城市噪声、饮用水水源水质、流域水质、近岸海域水质和生态状况评价等环境信息，及时发布污染事故信息，为公众参与创造条件。公布环境质量不达标的城市，并实行投资环境风险预警机制。发挥社会团体的作用，鼓励检举和揭发各种环境违法行为，推动环境公益诉讼。企业要公开环境信息。对涉及公众环境权益的发展规划和建设项目，通过听证会、论证会或社会公示等形式，听取公众意见，强化社会监督。

（二十八）扩大国际环境合作与交流。要积极引进国外资金、先进环保技术与管理经验，提高我国环保的技术、装备和管理水平。积极宣传我国环保工作的成绩和举措，参与气候变化、生物多样性保护、荒漠化防治、湿地保护、臭氧层保护、持久性有机污染物控制、核安全等国际公约和有关贸易与环境的谈判，履行相应的国际义务，维护国家环境与发展权益。努力控制温室气体排放，加快消耗臭氧层物质的淘汰进程。要完善对外贸易产品的环境标准，建立环境风险评估机制和进口货物的有害物质监控体系，既要合理引进可利用再生资源和物种资源，又要严格防范污染转入、废物非法进口、有害外来物种入侵和遗传资源流失。

六、加强对环境保护工作的领导

（二十九）落实环境保护领导责任制。地方各级人民政府要把思想统一到科学发展观上来，充分认识保护环境就是保护生产力，改善环境就是发展生产力，增强环境忧患意识和做好环保工作的责任意识，抓住制约环境保护的难点问题和影响群众健康的重点问题，一抓到底，抓出成效。地方人民政府主要领导和有关部门主要负责人是本行政区域和本系统环境保护的第一责任人，政府和部门都要有一位领导分管环保工作，确保认识到位、责任到位、措施到位、投入到位。地方人民政府要定期听取汇报，研究部署环保工作，制订并组织实施环保规划，检查落实情况，及时解决问题，确保实现环境目标。各级人民政府要向同级人大、政协报告或通报环保工作，并接受监督。

（三十）科学评价发展与环境保护成果。研究绿色国民经济核算方法，将发展过程中的资源消耗、环境损失和环境效益逐步纳入经济发展的评价体系。要把环境保护纳入领导班子和领导干部考核的重要内容，并将考核情况作为干部选拔任用和奖惩的依据之一。坚持和完善地方各级人民政府环境目标责任制，对环境保护主要任务和指标实行年度目标管理，定期进行考核，并公布考核结果。评优创先活动要实行环保一票否决。对环保工作作出突出贡献的单位和个人应给予表彰和奖励。建立问责制，切实解决地方保护主义干预环境执法的问题。对因决策失误造成重大环境事故、严重干扰正常环境执法的领导干部和公职人员，要追究责任。

（三十一）深入开展环境保护宣传教育。保护环境是全民族的事业，环境宣传教育是实现国家环境保护意志的重要方式。要加大环境保护基本国策和环境法制的宣传力度，弘扬环境文化，倡导生态文明，以环境补偿促进社会公平，以生态平衡推进社会和谐，以环境文化丰富精神文明。新闻媒体要大力宣传科学发展观对环境保护的内在要求，把环保公益宣传作为重要任务，及时报道党和国家环保政策措施，宣传环保工作中的新进展新经验，努力营造节约资源和保护环境的舆论氛围。各级干部培训机构要加强对领导干部、重点企业负责人的环保培训。加强环保人才培养，强化青少年环境教育，开展全民环保科普活动，提高全民保护环境的自觉性。

（三十二）健全环境保护协调机制。建立环境保护综合决策机制，完善环保部门统一监督管理、有关部门分工负责的环境保护协调机制，充分发挥全国环境保护部际联席会议的作用。国务院环境保护行政主管部门是环境保护的执法主体，要会同有关部门健全国家环境监测网络，规范环境信息的发布。抓紧编制全国生态功能区划并报国务院批准实施。经济综合和有关主管部门要制定有利于环境保护的财政、税收、金融、价格、贸易、科技等政策。建设、国土、水利、农业、林业、海洋等有关部门要依法做好各自领域的环境保护和资源管理工作。宣传教育部门要积极开展环保宣传教育，普及环保知识。充分发挥人民解放军在环境保护方面的重要作用。

各省、自治区、直辖市人民政府和国务院各有关部门要按照本决定的精神，制订措施，抓好落实。环保总局要会同监察部监督检查本决定的贯彻执行情况，每年向国务院作出报告。

国务院

二〇〇五年十二月三日

附件五

关于防范和控制高耗能高污染行业贷款风险的通知

银监办发[2007]161 号

各银监局、各政策性银行、国有商业银行、股份制商业银行、金融资产管理公司，邮政储蓄银行，各省级农村信用联社，银监会直接监管的信托公司、企业集团财务公司、金融租赁公司：

今年以来，中国银监会认真贯彻科学发展观和国家宏观调控政策，针对经济运行中存在的高耗能、高污染行业过快增长等问题，多次下达有关通知，要求银行业金融机构高度关注高耗能、高污染行业的增长情况，有效防范和控制高耗能、高污染行业的信贷风险。通过各方面努力，目前已经取得了初步成效，但当前节能减排的形势依然严峻。最近，国务院颁布了《节能减排综合性工作方案》，对节能减排工作做了全面部署。为了进一步加强高耗能、高污染行业贷款的贷前调查、贷中审查和贷后检查，严把“两高”贷款闸门，现就有关工作提出如下要求：

一、严格控制信贷总量，积极调整信贷结构

各银行业金融机构要把思想统一到落实科学发展观，统一到国务院对当前经济金融形势的判断上来，树立大局意识、责任意识、风险意识，按照国家宏观调控要求，科学把握信贷投放力度节奏，着力优化信贷结构。积极配合主管部门和地方政府控制高耗能、高污染行业的过快增长，控制高耗能、高污染行业的贷款投放，调整贷款结构，认真执行高耗能、高污染行业新开工项目的产业政策和市场准入标准，对项目审批（备案）、用地预审、环境评价、节能评估、劳动安全、城市规划等方面不符合国家规定的项目，或对“区域限批”地区的项目以及列入加工贸易禁止类目录的企业，银行业金融机构不予贷款。已经贷款的，要及时清收。

二、加强对高耗能、高污染重点企业贷款的持续监控

各银行业金融机构要积极主动与节能减排主管部门、地方政府、行业协会加强

联系和沟通，及时了解国家节能、环保政策和标准的修订及变化情况，参照国家节能、环保最新政策和标准，以及不断更新的高耗能、高污染行业情况，进行持续跟踪和监控，对那些能耗、排污不达标，或违反国家有关规定的贷款企业，要坚决收回贷款；对那些能耗、排污虽然达标但不稳定或节能减排目标责任不明确、管理措施不到位的贷款企业，要调整贷款期限，压缩贷款规模，提高专项准备，从严评定贷款等级。

三、压缩和回收落后生产能力企业的贷款

各银行业金融机构要加强对电力、钢铁、建材、电解铝、铁合金、焦炭、化工、煤炭、造纸、食品等行业中的落后生产能力的分析和研究，对发改委已列入落后生产能力名单的企业或项目贷款，要采取有效措施，及时收回贷款。对落后生产能力的企业或项目贷款未能调整或压缩的部分，银行业金融机构要本着审慎经营原则，提高专项准备，降低贷款评级。

四、进一步完善监管政策，加大监管力度，指导和督促银行业金融机构做好节能减排工作

一是实行有差别的监管激励与约束政策。试行把节能减排信贷及相关工作作为银行业金融机构评级的重要内容，将评价结果与被监管银行业金融机构的分支机构准入、高管人员任职、业务发展相挂钩，落实到位的，予以鼓励。在具体操作上，应积极配合主管部门落实政府节能减排工作责任制和问责制，对未能完成节能减排工作目标的地区或项目“区域限批”地区，对该地区的贷款结构进行认真调整，压缩相关风险敞口。对完成节能减排工作目标的地区，在审慎原则指导下鼓励增加该地区的贷款，同时，按需求设立新的分支机构或设立新的法人机构。

二是实行有差别、有重点的现场检查。对高耗能、高污染行业贷款比例大，贷款余额不断增加的银行业金融机构要适时安排现场专项检查，并根据检查结果督促被检查机构进行整改。在目前已安排的常规和例行现场检查中，要重点关注与节能减排有关的合规检查和贷款投向检查。

三是加强相关培训，促进科学监管能力建设。举办各种形式的培训班、研讨会，邀请节能减排、授信管理、合规管理等方面的专家学者，对监管人员和银行业金融机构的高层人员进行培训。同时，银行业金融机构也要根据自身业务特点开展培训。

四是进一步加强与主管部门的协调。进一步加强与国家发展改革委、国家环保局、国家统计局等节能减排综合主管单位的联系和协调，进一步完善和细化节能减排的行业目录、节能减排准入标准、重点项目和重点企业名录，提供行业节能减排的国际先进水平、我国先进水平等重要标杆，强化可操作性，为银行业做好节能减排工作提供科学指导。

五是加强节能减排信息服务。充分利用银监会银行业信息监管系统，向银行业金融机构提供节能减排信息服务。及时提供有关节能减排的政策信息，包括产业政策、财税政策、市场准入、环保评估、资源利用、土地和城市规划、劳动安全等方面的政策信息。及时提供有关节能减排重点工程、重点项目、重点企业、重点地区的信息。积极宣传国内外银行业金融机构在防范环境风险和政策风险的良好做法。

特此通知。

中国银行业监督管理委员会

二〇〇七年七月十五日

附件六

节能减排授信工作指导意见

银监发[2007]83 号

第一章　总体要求

第一条　银行业金融机构要认真贯彻《国务院关于印发节能减排综合性工作方案的通知》（国发[2007]15 号）和《国务院关于落实科学发展观　加强环境保护的决定》（国发[2005]39 号）的精神，从落实科学发展观、促进经济社会环境全面可持续发展、确保银行业安全稳健运行的战略高度出发，充分认识节能减排的重大意义，切实做好与节能减排有关的授信工作。

第二条　银行业金融机构要将促进全社会节能减排作为本机构的重要使命和履行社会责任的具体体现，强化本机构全体员工的节能减排意识，全面掌握节能减排政策法规和标准，大力增强授信工作的科学性和预见性。

第三条　银行业金融机构要从战略规划、内部控制、风险管理、业务发展着手，防范高耗能、高污染带来的各类风险，加强制度建设和执行力建设：

（一）根据本机构的业务特点、风险特征和组织架构，制定应对高耗能、高污染引起的各类风险的工作方案。

（二）根据本机构客户所在的主要行业及其特点，制定高耗能、高污染行业的授信政策和操作细则。

（三）根据本机构内部控制和风险管理的需要，制定节能减排授信程序和规范。

（四）根据授信审批人员的专业能力与经验等，适当集中与耗能、污染风险有关的企业和项目授信的审批权限。

（五）董事会应审核和批准相关方案、政策、程序和规范，并安排适当资源，指定熟悉了解高耗能、高污染风险的高级管理人员负责相关制度的落实和执行。

第二章　授信政策

第四条　银行业金融机构应依据国家产业政策，对列入国家产业政策限制和淘汰类的新建项目，不得提供授信支持；对属于限制类的现有生产能力，且国家允许企业在一定期限内采取措施升级的，可按信贷原则继续给予授信支持；对于淘汰类项目，原则上应停止各类形式的新增授信支持，并采取措施收回已发放的授信。银行业机构不得绕开项目授信的程序，以流动资金贷款、承兑汇票或其他各种表内外方式向建设项目提供融资和担保。

第五条　银行业金融机构应密切关注授信企业节能减排目标的完成情况和环保合规情况，加强与节能减排主管部门的沟通，对其公布和认定的耗能、污染问题突出且整改不力的授信企业，除了与改善节能减排有关的授信外，不得增加新的授信，原有的授信要逐步压缩和收回。

第六条　银行业金融机构要加强重点行业落后生产能力的分析，对国家和省级发展改革委或其他有关部门已列入落后生产能力名单的企业和项目贷款，要采取合理有效措施，及时调整、压缩和收回与落后产能有关的授信。

第七条　银行业金融机构要及时跟踪国家确定的节能重点工程、再生能源项目、水污染治理工程、二氧化硫治理、循环经济试点、水资源节约利用、资源综合利用、废弃物资源化利用、清洁生产、节能减排技术研发和产业化示范及推广、节能技术服务体系、环保产业等重点项目，综合考虑信贷风险评估、成本补偿机制和政府扶持政策等因素，有重点地给予信贷需求的满足，并做好相应的投资咨询、资金清算、现金管理等金融服务。

第八条　银行业金融机构对得到国家和地方财税等政策性支持的企业和项目，对节能减排效果显著并得到国家主管部门表彰、推荐、鼓励的企业和项目，在同等条件下，可优先给予授信支持。

第九条　银行业金融机构应实施有差别的地区信贷政策，参照国家有关部门公布的各省、自治区、直辖市节能减排指标完成情况，在同等条件下，对节能减排显著地区的企业和项目，可优先给予授信支持；对被国家环保部门列入“区域限批”或“流域限批”名单的地区，要从严控制授信。

第十条　银行业金融机构要充分利用国家实施节能减排战略带来的业务发展机遇，加强金融创新，积极开发与节能减排有关的创新金融产品。

第三章　授信管理

第十一条　银行业金融机构应本着“了解你的客户”“了解你的客户的业务”的原则，通过现场调查和向节能减排主管部门、行业协会、征信部门咨询以及其他适当方式，深入了解授信企业和项目的节能减排目标完成情况和环保合规情况，仔细分析授信企业和项目可能存在的耗能、污染问题以及可能引发的各类风险。

第十二条　银行业金融机构应对项目开工建设的“六项必要条件”（必须符合产业政策和市场准入标准、项目审批核准或备案程序、用地预审、环境影响评价审批、节能评估审查以及信贷、安全和城市规划等规定和要求）进行严格的合规审查，以项目获得有关主管部门审批通过作为项目授信合规审查的最低要求。银行业机构在进行合规审查时，既要关注形式上的合规要求，如相关审批（或核准、备案）文件的权威性、完整性和相关程序的合法性，又要关注实质上的合规要求，包括新上项目要符合国家的产业政策和发展趋势，项目环评要与规划环评的总要求相容，技术经济标准原则上应向国内先进水平和国际水平看齐。

第十三条　银行业金融机构要加强对项目建设授信资金的拨付管理。建设项目应获得而未获得环评审批的，银行业机构不得预先拨付资金进行开工前准备和建设；项目环保设施的设计、施工、运营与主体工程不同时的，银行业机构应暂停主体工程建设的资金拨付，直到“三同时”实现为止；项目完工后应获得而未获得项目竣工环评审批，银行业机构不得拨付项目运营资金；对境内企业在国外投资建设的项目，银行业机构在授信管理中应督促建设企业遵守项目所在国家或地区的环保及相关法律，遵循对国际融资项目的环境和社会风险进行评估和控制的国际良好做法。

第十四条　银行业金融机构应加强项目授信的分类管理，有条件的银行可以根据借款项目对环境的影响程度将其分为三类：

A 类：严重改变环境原状且产生的不良环境和社会后果不易消除的项目；

B 类：产生不良环境和社会后果，但较易通过缓释措施加以消除的项目；

C 类：不会产生明显不良环境和社会后果的项目。

银行业机构应对上述不同类型的项目授信进行分类管理。对列为 A 类项目和 B 类中有较大风险的项目，银行业机构应要求建设单位乃至重要的第三方如承包商、供应商、监理商等，建立和实施针对环境影响的管理制度和行动计划、与当地社区和社会公众的沟通制度，以及监测、评估和报告（公告）制度，同时通过独立的第三方对其环境风险控制的机制、能力、结果进行监督和评估。对 B 类中风险较小的项目和列为 C 类的项目，银行业机构对建设单位的环境风险控制给予适当关注。

第十五条　银行业金融机构对存在重大耗能和污染风险的授信企业应实行名单式管理。进入名单的授信企业包括被国家和地方节能减排主管部门列为重点监控的企业，银行业机构自主认定的其他存在重大耗能、污染风险的授信企业。银行业机构要主动与节能减排主管部门沟通，及时了解上述企业的节能减排目标完成情况和环保合规情况，不断更新企业名单，对列入名单的授信企业要加强授信管理。

第十六条　银行业金融机构应寻求各种方式缓释与耗能、污染有关的合规与授信风险，可以要求建设单位提高资本金比重，发行中长期公司债（企业债），加列节能降耗的技改项目和投改计划，并以有效益的项目建成后的经营权、现金流作为授信的质押，还可要求建设单位对项目投保建设期保险，投保与耗能、污染风险有关的工程责任险、环境责任险、产品责任险等。对存在重大风险的授信企业和项目，可以通过银团贷款加强管理，分散风险。

第十七条　银行业金融机构在信贷产品的风险定价时应充分考虑授信企业和项目与耗能、污染有关的授信风险，按照风险与收益相称的原则，合理确定节能减排授信定价。在确定风险调整后收益指标和分配经济资本时，应充分考虑高耗能、高污染行业中的企业和项目可能引发的各类风险影响。

第十八条　银行业金融机构应密切关注国家调整产业结构、关闭落后产能对授信企业和项目偿还能力的影响，密切关注节能减排政策变化和节能减排标准提高对授信企业和项目的现金流的影响，加强敏感性分析，并在资产风险分类、准备计提、损失核销等方面做出及时调整。

第十九条　银行业金融机构应加强涉及耗能、污染风险的企业和项目的授信合同管理，在授信合同中订立与耗能、污染风险有关的条款，包括借款人声明节能减排合规的条款，未履行承诺或耗能、污染风险显现时，同意加速回收贷款或中止贷款的条款、同意提前行使抵质押权的条款等，并严格监控违约风险。

第二十条　银行业金融机构要加强人员培训和能力建设，积累与耗能、污染有关的专业知识，努力提高本机构对涉及耗能、污染风险的企业和项目的授信管理能力。可以根据本机构的业务规模、授信行业和客户的风险特点，培养和引进有关专业人才，也可以借助第三方评审或通过其他有效的服务外包方式，获得相关专业服务。

第二十一条　银行业金融机构要加强节能减排授信工作的信息披露，公开本机构的节能减排授信政策和标准，披露存在重大耗能、污染风险的企业和项目的授信情况等，接受市场和利益相关者的监督。

第二十二条　银监会将把节能减排授信作为银行业机构评级的重要内容，将评价结果与被监管银行业机构高管人员履职评价、分支机构准入、业务发展相挂钩，落实到位的，予以鼓励。对高耗能、高污染行业授信比例大、增长速度快的银行业机构将安排专项检查，并根据检查结果督促其进行整改。必要时，将要求外部审计师关注被审计的银行业机构与高耗能、高污染企业和项目有关的授信风险和合规风险，发挥外部审计的监督作用。

第二十三条　各级银行业协会要积极协助和指导银行业机构做好节能减排授信工作，推广先进经验和良好做法，提供信息服务和技术咨询，加强与相关行业协会、专业协会的联系。

第二十四条　信托公司、企业集团财务公司、金融租赁等非银行金融机构参照本指导意见做好相关工作。

中国银监会

二〇〇七年十一月二十三日

附件七

关于落实环保政策法规防范信贷风险的意见

环发[2007]108 号

各省、自治区、直辖市环保局（厅），副省级城市环保局，新疆生产建设兵团环保局，全军环办，中国人民银行上海总部，各分行、营业管理部，省会（首府）城市中心支行，副省级城市中心支行，各银监局，各政策性银行、各国有商业银行、股份制商业银行：

为全面贯彻《国务院关于落实科学发展观　加强环境保护的决定》（国发[2005]39 号，以下简称《决定》）和《国务院关于印发节能减排综合性工作方案的通知》（国发[2007]15 号），加强环保和信贷管理工作的协调配合，强化环境监督管理，严格信贷环保要求，促进污染减排，防范信贷风险，提出以下意见。

一、充分认识利用信贷手段保护环境的重要意义

当前，我国环境形势十分严峻。一些地区建设项目和企业的环境违法现象较为突出，因污染企业关停带来的信贷风险加大，已严重影响了社会稳定和经济安全。严格对企业和建设项目的环境监管和信贷管理，已经成为一项紧迫的任务。各级环保部门、人民银行、银监部门、金融机构要把贯彻国务院《决定》、落实环保政策法规摆上重要议事日程，加强环保和金融监管部门合作与联动，以强化环境监管促进信贷安全，以严格信贷管理支持环境保护，加强对企业环境违法行为的经济制约和监督，改变“企业环境守法成本高、违法成本低”的状况，提高全社会的环境法治意识，促进完成节能减排目标，努力建设资源节约型、环境友好型社会。

二、加强建设项目和企业的环境监管与信贷管理

要依照环保法律法规的要求，严格新建项目的环境监管和信贷管理。各级环保部门要严把建设项目环境影响评价审批关，切实加强建设项目环保设施“三同时”管理。对未批先建或越级审批，环保设施未与主体工程同时建成、未经环保验收即擅自投产的违法项目，要依法查处，查处情况要及时公开，并通报当地人民银行、

银监部门和金融机构。金融机构应依据国家建设项目环境保护管理规定和环保部门通报情况，严格贷款审批、发放和监督管理，对未通过环评审批或者环保设施验收的项目，不得新增任何形式的授信支持。金融机构应依据国家产业政策，进一步加强信贷风险管理，对鼓励类项目在风险可控的前提下，积极给予信贷支持；对限制和淘汰类新建项目，不得提供信贷支持；对属于限制类的现有生产能力，且国家允许企业在一定期限内采取措施升级的，可按信贷原则继续给予信贷支持；对于淘汰类项目，应停止各类形式的新增授信支持，并采取措施收回已发放的贷款。

要依照环保法律法规的要求，严格现有企业的环境监管和流动资金贷款管理。各级环保部门要加强对排污企业的监督管理，对超标排污、超总量排污、未依法取得许可证排污或不按许可证规定排污、未完成限期治理任务的企业，必须依法严肃查处，并将有关情况及时通报当地人民银行、银监部门和金融机构。各级金融机构在审查企业流动资金贷款申请时，应根据环保部门提供的相关信息，加强授信管理，对有环境违法行为的企业应采取措施，严格控制贷款，防范信贷风险。

各级环保部门要积极督促有违法违规行为的企业进行整改，可根据实际情况，引导企业通过技术改造和升级达到环保要求，为防范信贷风险创造条件。金融机构应根据环保部门提供的项目整改信息，结合企业生产实际，合理控制信贷投放。

三、加强协调配合，认真履行职责

各级环保与金融部门要密切配合，建立信息沟通机制。环保部门要按照职责权限和《环境信息公开办法（试行）》的规定，向金融部门提供以下环境信息：

（一）受理的环境影响评价文件的审批结果和建设项目竣工环境保护验收结果；

（二）污染物排放超过国家或者地方排放标准，或者污染物排放总量超过地方人民政府核定的排放总量控制指标的污染严重的企业名单；

（三）发生重大、特大环境污染事故或者事件的企业名单；

（四）拒不执行已生效的环境行政处罚决定的企业名单；

（五）挂牌督办企业、限期治理企业、关停企业的名单；

（六）环境友好企业名单；

（七）企业环境行为评价信息；

（八）其他有必要通报金融机构的环境监管信息。

各级环保部门应当按照环保总局与人民银行制定的统一标准，提供可纳入企业和个人信用信息基础数据库的企业环境违法、环保审批、环保认证、清洁生产审计、环保先进奖励等信息。

人民银行及各分支行要引导和督促商业银行认真落实国家产业政策和环保政策，将环保信息纳入企业和个人信用信息基础数据库，防范可能的信贷风险。

各级银行监管部门要督促商业银行将企业环保守法情况作为授信审查条件，严格审批、严格管理；将商业银行落实环保政策法规、配合环保部门执法、控制污染企业信贷风险的有关情况，纳入监督检查范围；要对因企业环境问题造成不良贷款等情况开展调查摸底。

各商业银行要将支持环保工作、控制对污染企业的信贷作为履行社会责任的重要内容；根据环保部门提供的信息，严格限制污染企业的贷款，及时调整信贷管理，防范企业和建设项目因环保要求发生变化带来的信贷风险；在向企业或个人发放贷款时，应查询企业和个人信用信息基础数据库，并将企业环保守法情况作为审批贷款的必备条件之一。

环保部门、金融监管部门及有关商业银行可根据需要建立联席会议制度，确定本单位内责任部门和联络员，定期召开协调会议，沟通情况；研究制定信贷管理的环保指导名录；组织开展相关环保政策法规培训和咨询，提高金融机构对环境风险的识别能力。

四、加强监督检查，追究违规者的责任

环保、金融机构工作人员要严格履行职责，对环保部门工作人员在执法过程中徇私舞弊、滥用职权、玩忽职守的，依据环保法律、法规和《环境保护违法违纪行为处分暂行规定》给予行政处分；对商业银行违规向环境违法项目贷款的行为，依法予以严肃查处，对造成严重损失的，追究相关机构和责任人责任。

今年年底前，在各地自查基础上，国家环保总局、中国人民银行、中国银监会对各地贯彻执行本意见的情况进行检查。

环保总局

人民银行

银监会

二〇〇七年七月十二日

附件八

中国人民银行关于改进和加强节能环保领域金融服务工作的指导意见

银发[2007]215 号

中国人民银行上海总部，各分行、营业管理部、省会（首府）城市中心支行、副省级城市中心支行，各政策性银行、国有商业银行、股份制商业银行：

根据《国务院关于印发节能减排综合性工作方案的通知》（国发[2007]15 号）和全国节能减排工作电视电话会议精神，为进一步促进经济结构调整和增长方式转变，推动经济又好又快发展，人民银行就改进和加强节能环保领域金融服务工作提出如下指导意见。

一、统一思想，认清形势，充分认识改进和加强节能环保领域金融服务工作的重要性和紧迫性

节约资源、保护环境是我国的一项基本国策。改革开放以来，我国经济快速增长，各项建设取得巨大成就，同时也付出了巨大的资源和环境代价。党中央、国务院对此高度重视，采取了一系列重大政策措施，加强节能降耗和污染减排工作。2007年以来，国务院召开全国节能减排电视电话会议，并下发了国发[2007]15 号文件，对进一步加强节能减排工作作出部署，明确要求把节能减排作为当前加强宏观调控的重点，作为调整经济结构、转变增长方式的突破口和重要抓手，作为贯彻科学发展观和构建和谐社会的重要举措。提出要进一步增强紧迫感和责任感，下大力气、下真功夫，实现“十一五”规划确定的节能减排目标。各银行类金融机构和人民银行各分支机构要充分认识做好节能环保领域金融服务工作的重要意义，认真学习和贯彻落实国发[2007]15 号文件和全国节能减排电视电话会议精神，增强责任感和使命感，改进和加强对节能环保领域的金融服务，合理控制信贷增量，着力优化信贷结构，加强信贷风险管理，促进经济、金融的协调可持续发展。

二、区别对待、有保有压，配合国家产业政策，推进产业结构调整和优化升级

加强信贷政策与产业政策的协调配合，促进产业结构调整和优化升级是金融宏观调控的一项重要内容。人民银行各分支机构要进一步加强信贷资金行业结构、地区结构和企业结构的监测分析，根据货币信贷增长形势，有针对性地加强窗口指导和信贷风险提示，引导辖区内各银行类金融机构合理控制信贷投放规模和进度，严格限制对高耗能、高污染及生产能力过剩行业中落后产能和工艺的信贷投入，防止盲目投资和低水平重复建设，防止大范围产能过剩；要加强对辖区产业结构的研究，提高信贷资源的配置效率，促进辖区经济结构战略调整和经济增长方式的转变。

各银行类金融机构要认真贯彻落实国家产业结构调整政策，坚持区别对待、有保有压的信贷原则，合理配置信贷资源。对鼓励类投资项目，要从简化贷款手续、完善金融服务的角度，积极给予信贷支持；对属于限制类的投资项目，要区别对待存量项目和增量项目，对于限制类的增量项目，不提供信贷支持，对限制类的存量项目，若国家允许企业在一定时期内整改，可按照信贷原则给予必要的信贷支持；对淘汰类项目，要从防范信贷风险的角度，停止各类形式的授信，并采取措施收回和保护已发放的贷款；对不列入鼓励类、限制类和淘汰类的允许类项目，在按照信贷原则提供信贷支持时，要充分考虑项目的资源节约和环境保护等因素。

三、严格管理，突出重点，切实改进和加强对节能环保领域的金融服务工作

（一）加强信贷管理。各银行类金融机构要认真贯彻国家环保政策，严格授信管理，将环保评估的审批文件作为授信使用的条件之一，严格控制对高耗能、高污染行业的信贷投入，加快对落后产能和工艺的信贷退出步伐。人民银行各分支机构要掌握国家有关宏观调控的政策措施，加强对当地经济发展和经济结构的调查研究，充分利用形势分析会等平台，加强对金融机构支持节能减排、循环经济发展的政策引导和信息服务。指导金融机构对贷款实行差别定价，加大对节能环保企业和项目的信贷支持。

（二）着重支持技术创新和改造。各银行类金融机构要研究有关节能环保产业经济发展特点，开展金融产品和信贷管理制度创新，充分利用财政资金的杠杆作用，建立信贷支持节能减排技术创新和节能环保技术改造的长效机制。各政策性银行对国家重大科技专项、国家重大科技产业化项目、科技成果转化项目、高新技术产业化项目、引进技术消化吸收项目、高新技术产品出口项目等提供贷款，给予重点支持。各商业银行要探索创新信贷管理模式，对国家和省级立项的高新技术项目，根据国家投资政策及金融政策规定，给予信贷支持；对有效益、有还贷能力的自主创新产品生产所需的流动资金贷款根据信贷原则优先安排、重点支持，对资信好的自主创新产品生产企业可核定一定的授信额度，在授信额度内，根据信贷、结算管理要求，及时提供多种金融服务。各政策性银行和商业银行要加强合作，发挥各自优势，通过联合贷款、转贷款等多种合作方式，为起步资金大、项目回收期长的重点节能环保项目提供全程的金融服务，根据项目不同阶段的信贷需求提供不同的信贷产品。

（三）加快完善企业征信系统等金融基础设施建设。人民银行各分支机构要加强与环保部门的沟通和合作，进一步推动将企业环保信息纳入人民银行企业征信系统的有关工作，并按照“整体规划、分步实施”的原则，从企业环境违法信息起步，逐步将企业环保审批、环保认证、清洁生产审计、环保先进奖励等信息纳入企业征信系统。督促和引导金融机构在为企业或项目提供授信等金融服务时把审查企业信用报告中的环保信息、企业环保守法情况作为提供金融服务的重要依据。

（四）进一步改善节能环保领域的直接融资服务。各银行类金融机构要学习借鉴和消化吸收国外先进金融理念、技术和管理经验，发挥金融机构的独特优势，在已有的直接融资产品基础上，进一步加大基础产品和衍生产品的创新力度，丰富和完善直接融资产品，多角度拓展节能环保企业的筹资渠道，降低其筹资成本。

四、加强沟通，密切协作，提高节能环保领域金融服务工作的效率

人民银行各分支机构要进一步加强与地方政府和相关职能部门的沟通协作，探索建立辖区信贷政策与产业政策的协调工作机制。配合地方政府，结合当地实际，研究制定节能环保领域金融服务工作的政策措施，并认真贯彻落实。开展形式多样的宣传、培训活动，为改进和加强节能环保金融服务工作营造良好氛围。

各银行类金融机构要加强系统内和相互间在支持节能环保领域发展方面的经验交流和合作，加强沟通，相互学习，共同改进和完善节能环保领域金融服务工作。

请人民银行各分支机构将本通知转发至辖区内城市商业银行、农村商业银行、农村合作银行、城市信用社、农村信用社。在实际执行过程中如遇问题，请及时向人民银行总行报告。

中国人民银行

二〇〇七年六月二十九日

附件九

中国银监会办公厅关于加强银行业金融机构社会责任的意见

银监办发[2007]252 号

各银监局，各政策性银行、国有商业银行、股份制商业银行，邮政储蓄银行，各省级农村信用联社，北京、天津、上海、深圳农村商业银行，银监会直接监管的信托公司、财务公司、租赁公司：

近年来，随着机构改革的深入和市场竞争力的增强，银行业金融机构社会责任日益引起社会广泛关注。为加强银行业金融机构的社会责任感，切实履行社会责任，现就有关问题提出以下意见：

一、银行业金融机构履行社会责任是构建和谐社会的必然要求。社会责任的兴起是经济全球化深入发展的产物，它代表各国政府、企业和其他所有机构在全球化中实现经济社会协调发展共同认同的价值观、通行的语言和行为的准则。自 2000 年联合国倡导全球跨国公司主动履行社会责任以来，各国企业社会责任实践活动持续高涨。我国社会主义市场经济建设，经济的可持续发展，社会的进步，都依赖于企业社会责任的增强。党的十七大强调深入贯彻落实科学发展观，坚持以人为本和全面协调可持续发展，坚持统筹兼顾，积极构建社会主义和谐社会。要求企业和各种社会组织在发展的同时，严格履行社会责任，坚持经济效益和社会效益的统一。作为金融行业的主要成员，银行业金融机构既是我国经济运行体系的核心参与者，也是我国社会组织体系的重要组成部分，承担着对股东、员工、金融服务消费者、社区、社会的责任，承担着建立和谐劳动关系和公平竞争市场、可持续发展环境的法律责任和道德责任。银行业金融机构的行为要符合广大人民群众的根本利益，满足社会的需要，服务客户，造福社会。增强社会责任感是社会发展对银行业金融机构的要求，履行社会责任则是银行业金融机构推动社会可持续发展，构建和谐社会的基础。坚持以人为本的科学发展观，积极承担社会责任，是 21 世纪银行业金融机构必须具备的时代品格。各银行业金融机构要转变传统观念，更新经营理念，不断增强社会责任感和历史使命感，以赢得社会尊重，提升企业文化内涵。

二、履行社会责任是提升银行业金融机构竞争力的重要途径。市场竞争不仅是技术、产品质量和价格的竞争，更是社会责任意识的竞争。银行业金融机构的社会责任，是机构价值观和企业文化的重要内容。在追求经济利益的同时，认真履行对社会及公众应该承担的责任和义务，有利于提升银行业金融机构形象，构建良好的品牌优势和信誉优势。只有取得社会公信的银行业金融机构才能被市场青睐，才能具有更强的竞争力，实现健康的持续发展。银行业金融机构在金融界有着举足轻重的影响力，起着引导和示范作用，对社会经济、政治和文化生活影响明显。商业道德和社会责任已成为提高竞争力的重要因素。银行业金融机构发展不仅要关注经济指标，而且要关注人文指标、资源指标和环境指标。坚持经济效益和社会效益的统一，是推动提升竞争力的有效途径，也应该成为银行业金融机构实现可持续发展的核心战略。

三、切实采取措施履行社会责任。银行业金融机构要高度重视银行社会责任问题，从我国国情出发，切实采取措施履行社会责任。银行业金融机构的企业社会责任至少应包括：维护股东合法权益、公平对待所有股东；以人为本，重视和保护员工的合法权益；诚信经营，维护金融消费者合法权益；反不正当竞争，反商业贿赂，反洗钱，营造良好市场竞争秩序；节约资源，保护和改善自然生态环境；改善社区金融服务，促进社区发展；关心社会发展，支持社会公益事业。各银行业金融机构要根据经营规模、业务复杂程度和发展战略，明确社会责任目标。要参照国内外企业社会责任的良好做法，在授信及业务流程和管理程序中体现企业社会责任的管理要求。要建立适当的评估机制，定期评估企业社会责任履行情况。

各银行业金融机构要结合本行（公司）实际，采取适当方式发布社会责任报告。主要银行业金融机构应定期发布社会责任年度报告。报告要据实阐述履行社会责任的理念，明确在相关利益者权益保护、环境保护、公共利益保护等方面的目标和措施，体现企业战略与社会责任、企业成长与和谐社会的一致性，充分发挥银行业金融机构在生态文明建设、服务公众、回报社会中的带动和影响作用。

各银监局要将本意见转发至辖内各银监分局、城市商业银行、农村商业银行、农村合作银行、城乡信用社和各银监局直接监管的信托公司、财务公司、租赁公司、汽车金融公司和货币经纪公司。

二〇〇七年十二月五日

附件十

关于进一步做好金融服务支持重点产业调整振兴和抑制部分行业产能过剩的指导意见

银发[2009]386 号

中国人民银行上海总部，各分行、营业管理部、省会（首府）城市中心支行、副省级城市中心支行；各省（自治区、直辖市）银监局、证监局、保监局；各政策性银行、国有商业银行、股份制商业银行，中国邮政储蓄银行：

当前，我国经济正处在企稳回升和结构调整的关键时期。金融业要深入学习和实践科学发展观，按照中央经济工作会议的决策部署，继续贯彻实施适度宽松货币政策，保证重点产业调整振兴合理的资金需求，着力扩大内需、优化信贷结构，推动经济发展方式转变和经济结构调整，淘汰落后产能，提高经济发展质量和效益，保持国民经济平稳可持续发展。根据国务院关于汽车、钢铁、电子信息、物流、纺织、装备制造、有色金属、轻工、石化、船舶等重点产业（以下简称重点产业）调整振兴规划的总体要求和《国务院批转发展改革委等部门关于抑制部分行业产能过剩和重复建设引导产业健康发展若干意见的通知》（国发[2009]38 号）的精神，现就进一步做好金融服务，支持重点产业调整振兴和抑制部分行业产能过剩提出如下指导意见：

一、严格执行国家宏观调控政策，着力调整和优化信贷结构

（一）人民银行各分支机构要密切跟踪宏观经济走势，按照国家产业政策和金融宏观调控的要求，紧密结合辖区实际，积极加强信贷政策宏观指导，更多运用市场化手段鼓励和引导金融机构不断调整和优化信贷结构，把握好信贷投放的方向、力度和节奏，合理配置信贷资源。信贷政策指导要增强针对性、前瞻性和有效性。同时，对已经出台的信贷政策要加强导向效果评估，有效疏通政策传导渠道，提高政策导向效果。

（二）银监会各派出机构要根据国家产业政策和宏观调控要求，加强监管引导和风险提示，督促银行业金融机构完善信贷管理制度，加强信贷风险和投向管理，在有效防范信贷风险的基础上，发挥信贷引导和促进产业结构调整的作用。

（三）各银行业金融机构要积极配合国家产业政策和金融调控要求，信贷投放要体现“区别对待，有保有压”的原则，资产负债综合管理要更好地服务于促进经济科学发展。对于符合重点产业调整振兴规划要求、符合市场准入条件、符合银行信贷原则的企业和项目，要及时高效保证信贷资金供给。对于不符合产业政策、市场准入条件、技术标准、项目资本金缺位的项目，不得提供授信支持。对属于产能过剩的产业项目，要从严审查和审批贷款。

（四）对产业链中辐射拉动作用强的骨干重点产业企业，鼓励银行业金融机构采取银团贷款模式加大信贷支持。对符合条件的有竞争力的重点产业中小企业，鼓励中小银行业金融机构与国有大型银行差异化竞争，合理确定贷款的期限、利率和偿还方式。对基本面好、产品有市场、信用记录较好但暂时出现经营困难的企业的信贷需求，要按规定积极给予必要的信贷支持。

（五）对地区主导性重点产业的核心企业和关联中小企业，要综合考虑产业集群的周期性风险、组织协作网络、融资担保关系等，在科学把握贷款期限、规模和利率的同时，着力改进金融服务方式，不断提高对新兴产业集群金融支持的深度和广度。

二、加快推进金融产品和服务方式创新，努力改进和加强对重点产业和新兴产业的金融服务

（六）围绕落实重点产业调整振兴规划和市场需求，有针对性地创新金融产品和服务方式。鼓励有条件的金融机构适当增设产品研发中心，加强金融创新产品研发。鼓励银行业金融机构在国家现行法律允许、财产权益归属清晰、风险有效管理控制的前提下，因地制宜，灵活多样创新信用模式和扩大贷款抵押担保物范围，积极探索建立有效的信用风险分散转移机制。

（七）对轻工、纺织、装备制造等重点产业，可探索开展核定货值质押融资、买方付息票据贴现等业务。推动采取在建船舶、“海域使用权”抵押融资模式，对信誉良好的船东和船舶企业要及时开具付款和还款保函。发展适合物流企业融资、结算特点的物流保理和联网结算等业务，加快现代物流业发展。

（八）鼓励有条件的地方设立专项担保基金，促进成长型的中小电子信息企业以知识产权质押融资。探索发展创投企业、金融机构、中介机构组成的科技金融服务平台，对授信、担保、保险等业务开展集成创新，有效满足重点产业中科技型企业的融资需求。规范发展供应链融资、应收账款质押、存货质押、组合担保贷款等，满足重点产业和新兴行业中自主创新型中小企业“短、频、急、小”的资金需求。

（九）积极改进和完善对重点产业和新兴产业的金融服务方式，着力提高金融服务的质量和效率。对重点产业和新兴产业中发展势头良好的重点骨干企业给予积极支持。

（十）鼓励各银行业金融机构创新金融产品，支持重点产业企业创新、引进和吸收成长性好、成套性强、产业关联度高的关键技术和重大设备，推动国内企业自主创新和重大技术装备国产化。鼓励各银行业金融机构开办船舶出口买方信贷和保函等业务，为船舶出口、船舶出口企业技改研发提供多元化的金融支持。

（十一）合理发展消费信贷，积极稳妥推动消费金融公司试点工作。完善汽车消费信贷制度和业务流程，实现资信调查、信贷办理、车辆抵押、贷款担保、违约处置的汽车消费信贷全过程法制化、规范化。支持和促进符合条件的国内骨干汽车生产企业和新能源汽车生产企业建立汽车金融公司。积极开展汽车融资性租赁、购车储蓄等业务，促进汽车消费信贷模式的多元化。

（十二）对国家产业政策鼓励发展的新能源、节能环保、新材料、新医药、生物育种、信息网络、新能源汽车等战略性新兴产业，要积极研发适销对路的金融创新产品，优化信贷管理制度和业务流程，加大配套金融服务和支持，促进和推动战略性新兴产业的技术集成、产业集群、要素集约，支持培育新的经济增长点。

三、充分发挥资本市场的融资功能，多方面拓宽重点产业调整和振兴的融资渠道

（十三）进一步推动多层次、多元化直接融资体系建设。创新适合重点产业企业发展需要的债券产品，积极引导和支持重点产业中符合条件的企业发行公司债券、企业债券、短期融资券、中期票据等。支持汽车金融公司发行金融债券。建立和完善多元化、社会化的风险投资机制，支持和推动重点产业集群发展。依托产业基地、企业孵化器、孵化园区等产业集聚区扩大中小企业集合债发行规模。进一步完善新股发行体制，为符合条件的重点产业企业上市融资创造条件。积极推动创业

板市场规范健康发展，支持重点产业和新兴产业中小企业拓宽融资新渠道。

（十四）积极引导民间资本参与重点产业调整和振兴。加快发展私募股权基金、风险投资等，鼓励有条件的境内上市公司实施境外并购，进一步发挥并购重组优化资源配置、促进产业结构调整和升级的基础作用。规范发展股权质押贷款。鼓励信托公司发挥功能优势，开展符合国家重点产业调整、振兴政策的金融产品和服务创新。扩大发行金融债券的财务公司范围，支持重点产业企业集团发展。引导商业银行进入金融租赁业，提高行业整体实力，充分发挥融资租赁对重点产业调整和振兴的积极作用。

（十五）充分发挥保险对重点产业调整振兴的风险保障作用。支持保险企业积极开发与重点产业特点相适应的个性化、差异化的保险产品。创新中小企业保险产品和承保模式，促进中小企业生产经营稳定。积极推进科技保险发展，探索建立使用国产首台首套装备的保险风险补偿机制。稳步发展住房、汽车等消费信贷保险，加强保险企业与银行的合作，促进消费增长。推动国内贸易信用保险发展，支持国内信用销售。

（十六）推动中国出口信用保险公司等保险企业积极配合国家产业和外经贸政策，通过提供中长期及短期出口信用保险、资信调查、发布行业及重大风险预警信息、商账追收等服务方式，在费率、限额、理赔等方面给予支持，帮助重点产业出口企业化解出口收汇等各类风险，支持企业扩大出口和开拓国际市场，促进对外贸易和投资。

四、推进企业兼并重组，支持重点产业实施“走出去”战略

（十七）加强和改进境内外并购金融服务。鼓励银行业金融机构在完善制度、风险可控的前提下开展境内外并购贷款，支持企业兼并重组。鼓励地方政府通过财政贴息、风险奖补、设立并购基金等方式，引导和支持金融机构积极参与企业并购重组业务。对重点产业企业在境外投资国家建设急需的能源、矿产等战略资源，开展境外资源勘探和开发，以及向境外转移过剩的生产能力和成熟技术，金融机构要做好信贷支持和外汇收支等配套金融服务。

（十八）积极支持有条件的企业利用资本市场开展兼并重组。进一步推进资本市场并购重组市场化改革，探索完善市场化定价机制，提高并购重组效率。不断丰富并购方式，鼓励上市公司以股权、现金和多种金融工具组合作为并购重组支付方

式。健全、完善股权投资退出机制，规范引导证券经营机构为上市公司并购重组提供中介服务，并提供融资支持。进一步修订完善上市公司并购重组规章及相关配套文件，简化行政许可程序，为上市公司并购重组提供支持和便利。进一步提高并购重组活动透明度，有效防范和打击内幕交易和市场操纵行为，为并购重组创造良好的市场环境。

（十九）完善境外直接投资外汇管理，改善跨国公司外汇资金集中管理，便利重点产业符合条件的企业参与国际竞争与合作。吸收更多非银行金融机构进入银行间外汇市场，进一步丰富和发展外汇市场产品，为重点产业企业规避汇率风险提供更多市场工具。支持重点产业企业建立境外营销网络，稳定高端产品出口份额。

（二十）加大境内企业开拓国际市场的金融支持。推动进出口收付汇核销制度改革，为重点产业中有竞争力的企业开展对外贸易提供进出口收付汇服务便利。进一步简化贸易信贷登记管理、程序和方式，便利重点产业企业出口和先进技术进口。鼓励金融机构灵活运用票据贴现、押汇贷款、对外担保等方式，缓解重点产业出口企业资金周转困难。进一步完善服务贸易外汇管理，支持物流等现代服务业的对外开放。灵活掌握出口收结汇联网政策，进一步提高船舶企业预收款结汇额度，为船舶出口外汇核销提供便利，保证造船企业正常资金需求。满足符合条件的电子信息企业引进先进技术和产品更新换代的外汇资金需求，通过进出口银行提供优惠利率进口信贷方式给予支持。

（二十一）积极探索扩大跨境贸易人民币结算试点。加紧推动跨境贸易人民币结算试点，完善相关配套措施，分散“走出去”企业的汇率风险，提高海外金融服务能力。进一步扩大跨境贸易人民币结算试点范围，增加试点企业数量。在全国范围内全面开展跨境贸易人民币结算，并在有效监管的基础上稳步推进跨境投融资的便利化。增加出口信贷资金投放，支持国内企业承揽国外重大工程，带动船舶、冶金设备、装备制造成套设备和施工机械出口。

五、加强信贷结构和信贷风险预警监测，有效抑制产能过剩和防范金融风险

（二十二）人民银行各分支机构和银监会各派出机构应加强沟通、协调和联动，加强辖区内信贷结构和信贷风险预警监测，对不符合重点产业调整和振兴规划以及相关产业政策要求，未按规定程序审批或核准的项目，尤其是国家明令限期淘汰的产能落后、违法违规审批、未批先建、边批边建等项目，银行业金融机构不提供任

何形式的信贷支持，并要采取妥善有效措施保护银行信贷资产安全。

（二十三）严格发债、资本市场融资审核程序。对不符合重点产业调整振兴规划和国家已经明确为产能过剩的行业以及不符合市场准入条件的企业或项目，禁止通过新发企业债、短期融资券、中期票据、可转换债、股票或增资扩股等方式融资。

（二十四）各银行业金融机构要严把信贷关，在积极支持企业技术改造和淘汰落后产能的同时，禁止对国家已明确为严重产能过剩的产业中的企业和项目盲目发放贷款。进一步加大对节能减排和生态环保项目的金融支持，支持发展低碳经济。鼓励银行业金融机构开发多种形式的低碳金融创新产品，对符合国家节能减排和环保要求的企业和项目按照“绿色信贷”原则加大支持力度。探索建立和完善客户环保分类识别系统，支持发展循环经济，从严限制对高耗能、高污染和资源消耗型的企业和项目的融资支持。

（二十五）进一步加强防控信贷风险的制度和机制建设，发展和完善多层次信贷市场。鼓励银行业金融机构法人建立信贷结构和存贷期限错配情况按季监测报告制度，加强对重点产业金融服务状况的动态监测。进一步建立和完善有效的信息互通机制和联合预警机制，积极改进和完善银行业金融机构风险拨备管理和资本充足管理，有效控制贷款风险。

（二十六）严格执行国家规定的贷款标准和贷款条件，以及固定资产投资项目最低资本金制度。及时加强对地方政府融资平台信贷资金运作的风险监测、风险提示和风险防范，对于出资不实、治理架构、内部控制、风险管理、资金管理运用制度不健全的融资平台，要严格限制贷款，有效提高对各种贷款特别是中长期贷款和政府背景贷款的信贷风险评估和管理能力。

请人民银行各分支机构会同当地银监会、证监会及保监会的派出机构将本意见迅速转发至辖区内各中资金融机构，并做好政策贯彻实施工作。

中国人民银行

银监会

证监会

保监会

二〇〇九年十二月二十二日

附件十一

关于进一步做好支持节能减排和淘汰落后产能金融服务工作的意见

银发[2010]170 号

中国人民银行上海总部，各分行、营业管理部、省会（首府）城市中心支行、副省级城市中心支行；各省、自治区、直辖市银监局；国家开发银行、各政策性银行、国有商业银行、股份制商业银行；中国邮政储蓄银行：

为了全面落实 2010 年 5 月 5 日国务院节能减排工作电视电话会议精神和《国务院关于进一步加大工作力度确保实现“十一五”节能减排目标的通知》（国发[2010]12 号），全力支持节能减排工作，促进淘汰落后产能，确保实现“十一五”节能减排目标，现就做好金融服务有关工作提出如下意见：

一、要把金融支持节能减排和淘汰落后产能工作摆在更加突出的位置，切实抓好政策贯彻落实

大力推进节能减排和淘汰落后产能，是加强经济结构调整、加快经济发展方式转变的重要抓手，是全面落实科学发展观、坚持走新型工业化道路的内在要求，是建设资源节约型和环境友好型社会、切实提高经济增长的质量和效益、促进经济社会又好又快发展的关键所在。银行系统要深入学习领会《国务院关于进一步加大工作力度确保实现“十一五”节能减排目标的通知》和国务院节能减排电视电话会议精神，把全面做好支持节能减排和淘汰落后产能金融服务工作作为当前金融工作的一项重要任务和长期制度性安排，高度重视，服务大局，明确责任，求真务实，扎扎实实地抓好政策贯彻落实工作。要切实增强工作的责任感和紧迫感，结合各自部门职责，抓紧研究制定更加符合实际的有效措施，有针对性地进一步优化信贷管理，加强信贷结构调整，有保有压，把支持节能减排和淘汰落后产能作为加强银行审贷管理的重要参照依据，合理配置信贷资源，充分发挥金融的功能作用，确保实现“十

一五”节能减排和淘汰落后产能的目标。

二、加强信贷政策指导和督导检查力度，坚决打好金融支持节能减排和淘汰落后产能攻坚战

人民银行各省级分支机构要会同所在地银监局精心制定工作方案，认真组织辖区内各银行业金融机构，按照《国务院关于进一步加大工作力度确保实现“十一五”节能减排目标的通知》等国家节能减排政策要求，抓紧对辖区内节能减排和淘汰落后产能项目信贷和融资情况进行一次全面、深入的摸底排查，以人民银行分支机构与银监局联合发文的形式于2010年6月30日前将摸底排查情况报告人民银行和银监会。人民银行和银监会将择机选取部分有代表性的省（区、市），就各银行业金融机构节能减排和淘汰落后产能的贷款摸底排查情况进行重点核查和督导检查。人民银行各省级分支机构要牵头抓紧全面梳理辖区内银行系统支持节能减排和淘汰落后产能的法规和政策规定，及时研究制定更有针对性的信贷政策措施，区别对待，有保有压，加强宏观信贷政策指导，积极督促和引导各银行业金融机构进一步优化信贷结构，更好地支持节能减排和淘汰落后产能。要注重加强辖区内信贷政策与国家产业政策、环境保护政策等宏观经济政策的协调配合，加强政府相关部门之间的信息沟通交流和政策协调合作，注重配合政府加强对借款人、纳税人、债务人的监督约束，对失信者实施黑名单制度，惩戒失信行为，增强政策合力，切实提高信贷政策的针对性和导向力。

三、进一步加强和改进信贷管理，从严把好支持节能减排和淘汰落后产能信贷关

各银行业金融机构要根据国家金融宏观调控要求和支持节能减排、淘汰落后产能的相关政策精神，以法人为单位抓紧对系统内信贷管理制度进行一次系统梳理和必要的调整完善，要结合自身业务范围和所在区域经济特点，制定详细的和可操作的授信指引、风险清单和相关信贷管理要求。各银行业金融机构董事会要切实承担起风险管理责任，制定具有明确“触发点”的风险防范化解预案，确保及时有效处置相关风险，严防风险积累。在审批新的信贷项目和发债融资时，要严格落实国家产业政策和环保政策的市场准入要求，严格审核高耗能、高排放企业的融资申请，对产能过剩、落后产能以及节能减排控制行业，要合理上收授信

权限，特别是涉及扩大产能的融资，授信权限应一律上收到总行；要把信贷项目对节能和环境的影响作为前期审贷和加强贷后管理的一项重要内容，进一步明确和落实信贷管理责任制，层层抓落实，严把节能减排和淘汰落后产能信贷关。对不符合国家节能减排政策规定和国家明确要求淘汰的落后产能的违规在建项目，不得提供任何形式的新增授信支持；对违规已经建成的项目，不得新增任何流动资金贷款，已经发放的贷款，要采取妥善措施保全银行债权安全。对国家已明确的限批区域、限贷企业或限贷项目，实施行业名单制管理制度，将存在重大违法违规行为、存在节能减排和安全等重大潜在风险、国家和各地重点监控的企业（项目）列入名单，实行严格的信贷管理。地方性银行业法人金融机构要从严审查和控制对“五小”企业及低水平重复建设项目的贷款。2010 年 6 月 30 日前，各银行业金融机构要对各自法人系统内贯彻落实国家节能减排和淘汰落后产能政策情况、特别是落实《国务院关于进一步加大工作力度确保实现“十一五”节能减排目标的通知》和《国务院关于进一步加强淘汰落后产能工作的通知》（国发[2010]7 号）的情况进行一次认真自查，并将自查报告报人民银行和银监会。对于违规发放的贷款，要按照“谁审批、谁负责”的原则，依法追究相关机构和人员的责任，并视情节给予相应处罚。

四、多方面改进和完善金融服务，积极建立健全银行业支持节能减排和淘汰落后产能的长效机制

各银行业金融机构支持节能减排和淘汰落后产能，要严防“一刀切”。在对违规贷款坚决从严控制的同时，要积极加大对合规项目的合理信贷支持，不断建立和完善银行业支持节能减排和淘汰落后产能的长效机制，大力支持培育新的经济增长点。对列入国家重点节能技术推广目录的项目、国家节能减排十大重点工程、重点污染源治理项目和市场效益好、自主创新能力强的节能减排企业，要积极提供银行贷款、发行短期融资券、中期票据等融资支持。积极鼓励银行业金融机构加快金融产品和服务方式创新，通过应收账款抵押、清洁发展机制（CDM）预期收益抵押、股权质押、保理等方式扩大节能减排和淘汰落后产能的融资来源。支持加快推进合同能源管理，大力发展服务节能产业。全面做好中小企业、特别是小企业的节能减排金融服务。发挥好征信系统在促进节能减排和淘汰落后产能方面的激励和约束作用。鼓励在风险可控的前提下开展境内外并购贷款，支持国内企业引进先进技术和通过兼并重组淘汰落后产能。积极拓宽清洁发展机制项目融资渠道，支持发展循环经济和森林碳汇经济。在有条件的地区，探索试行排放权交易，发展多元化的碳排放配额交易市场。鼓励银行业金融机构设置专门岗位和安排专职人员，加强对节能减排和淘汰落后产能行业发展趋势和信贷项目管理的深层研究。

五、密切跟踪监测并有效防范加大节能减排和淘汰落后产能力度可能引发的信贷风险

各银行业金融机构要全面掌握国家产业规划和宏观调控政策，密切关注节能减排政策动向，严密跟踪监测和分析可能提前暴露的风险，提高对有关风险的预判力和应对前瞻性。对产业结构调整、发展方式转变和节能减排等工作开展过程中可能提前暴露出来的信贷风险，各银行业金融机构要严格进行风险分类，该降为不良贷款的要及时坚决调整到位并相应提足拨备，大力加强核销和处置工作。人民银行各分支机构、银监会各派出机构要充分利用现有信息系统和风险预警系统，加大持续风险提示的工作力度；充分发挥银行业协会的作用，引导银行业金融机构建立相关的统计信息共享机制和平台，增强风险预警防控的合力。

六、加强多部门政策协调配合，扎实做好政策实施效果动态监测和评估工作

人民银行各分支机构和银监会各派出机构要加强与所在地的发展改革部门、工业和信息化部门、环境保护部门等政府职能部门的信息沟通和政策协调，进一步完善节能减排和淘汰落后产能信息的交流和共享机制，增强银行业金融机构对政策风险、信贷风险的识别和应对能力。要积极配合做好国家产业政策、环保政策的宣传解释工作。各银行业金融机构要积极探索建立和完善金融支持节能减排及淘汰落后产能的专项统计制度，加强基础数据信息统计和风险动态监测分析。银监会各省级监管局要将辖区银行业金融机构发放的支持节能减排和淘汰落后产能的贷款作为今后实施现场检查的重点内容，对风险突出的地区和违规问题集中的银行基层金融机构加大专项执法检查力度。人民银行各省级分支机构要结合辖区实际情况，积极开展金融支持节能减排和淘汰落后产能的信贷政策导向效果评估，并将评估结果及时报告和披露。

请人民银行各省级分支机构会同所在地银监局将本意见尽快转发至辖区内各银行业金融机构，并协调抓好政策贯彻实施工作。政策实施过程中遇到的新情况、新问题，要及时向人民银行和银监会报告。

中国人民银行
中国银行业监督管理委员会
二〇一〇年五月二十八日

附件十二

中国银监会关于印发绿色信贷指引的通知

银监发[2012]4 号

各银监局，各政策性银行、国有商业银行、股份制商业银行、金融资产管理公司，邮政储蓄银行，各省级农村信用联社，银监会直接监管的信托公司、企业集团财务公司、金融租赁公司：

为贯彻落实《国务院"十二五"节能减排综合性工作方案》（国发[2011]26 号）、《国务院关于加强环境保护重点工作的意见》（国发[2011]35 号）等宏观调控政策，以及监管政策与产业政策相结合的要求，推动银行业金融机构以绿色信贷为抓手，积极调整信贷结构，有效防范环境与社会风险，更好地服务实体经济，促进经济发展方式转变和经济结构调整，银监会制定了《绿色信贷指引》。现印发给你们，请遵照执行。

请各银监局将本通知转发至辖内银行业金融机构，并督促落实。

中国银行业监督管理委员会

二〇一二年二月二十四日

绿色信贷指引

第一章　总则

第一条　为促进银行业金融机构发展绿色信贷，根据《中华人民共和国银行业监督管理法》《中华人民共和国商业银行法》等法律法规，制定本指引。

第二条　本指引所称银行业金融机构，包括在中华人民共和国境内依法设立的政策性银行、商业银行、农村合作银行、农村信用社。

第三条　银行业金融机构应当从战略高度推进绿色信贷，加大对绿色经济、低碳经济、循环经济的支持，防范环境和社会风险，提升自身的环境和社会表现，并以此优化信贷结构，提高服务水平，促进发展方式转变。

第四条　银行业金融机构应当有效识别、计量、监测、控制信贷业务活动中的环境和社会风险，建立环境和社会风险管理体系，完善相关信贷政策制度和流程管理。

本指引所称环境和社会风险是指银行业金融机构的客户及其重要关联方在建设、生产、经营活动中可能给环境和社会带来的危害及相关风险，包括与耗能、污染、土地、健康、安全、移民安置、生态保护、气候变化等有关的环境与社会问题。

第五条　中国银监会依法负责对银行业金融机构的绿色信贷业务及其环境和社会风险管理实施监督管理。

第二章　组织管理

第六条　银行业金融机构董事会或理事会应当树立并推行节约、环保、可持续发展等绿色信贷理念，重视发挥银行业金融机构在促进经济社会全面、协调、可持续发展中的作用，建立与社会共赢的可持续发展模式。

第七条　银行业金融机构董事会或理事会负责确定绿色信贷发展战略，审批高级管理层制定的绿色信贷目标和提交的绿色信贷报告，监督、评估本机构绿色信贷发展战略执行情况。

第八条　银行业金融机构高级管理层应当根据董事会或理事会的决定，制定绿色信贷目标，建立机制和流程，明确职责和权限，开展内控检查和考核评价，每年度向董事会或理事会报告绿色信贷发展情况，并及时向监管机构报送相关情况。

第九条　银行业金融机构高级管理层应当明确一名高管人员及牵头管理部门，配备相应资源，组织开展并归口管理绿色信贷各项工作。必要时可以设立跨部门的绿色信贷委员会，协调相关工作。

第三章　政策制度及能力建设

第十条　银行业金融机构应当根据国家环保法律法规、产业政策、行业准入政策等规定，建立并不断完善环境和社会风险管理的政策、制度和流程，明确绿色信贷的支持方向和重点领域，对国家重点调控的限制类以及有重大环境和社会风险的行业制定专门的授信指引，实行有差别、动态的授信政策，实施风险敞口管理制度。

第十一条　银行业金融机构应当制定针对客户的环境和社会风险评估标准，对客户的环境和社会风险进行动态评估与分类，相关结果应当作为其评级、信贷准入、管理和退出的重要依据，并在贷款“三查”、贷款定价和经济资本分配等方面采取差别化的风险管理措施。

银行业金融机构应当对存在重大环境和社会风险的客户实行名单制管理，要求其采取风险缓释措施，包括制定并落实重大风险应对预案，建立充分、有效的利益相关方沟通机制，寻求第三方分担环境和社会风险等。

第十二条　银行业金融机构应当建立有利于绿色信贷创新的工作机制，在有效控制风险和商业可持续的前提下，推动绿色信贷流程、产品和服务创新。

第十三条　银行业金融机构应当重视自身的环境和社会表现，建立相关制度，加强绿色信贷理念宣传教育，规范经营行为，推行绿色办公，提高集约化管理水平。

第十四条　银行业金融机构应当加强绿色信贷能力建设，建立健全绿色信贷标识和统计制度，完善相关信贷管理系统，加强绿色信贷培训，培养和引进相关专业人才。必要时可以借助合格、独立的第三方对环境和社会风险进行评审或通过其他有效的服务外包方式，获得相关专业服务。

第四章　流程管理

第十五条　银行业金融机构应当加强授信尽职调查，根据客户及其项目所处行业、区域特点，明确环境和社会风险尽职调查的内容，确保调查全面、深入、细致。必要时可以寻求合格、独立的第三方和相关主管部门的支持。

第十六条　银行业金融机构应当对拟授信客户进行严格的合规审查，针对不同行业的客户特点，制定环境和社会方面的合规文件清单和合规风险审查清单，确保客户提交的文件和相关手续的合规性、有效性和完整性，确信客户对相关风险点有足够的重视和有效的动态控制，符合实质合规要求。

第十七条　银行业金融机构应当加强授信审批管理，根据客户面临的环境和社会风险的性质和严重程度，确定合理的授信权限和审批流程。对环境和社会表现不合规的客户，应当不予授信。

第十八条　银行业金融机构应当通过完善合同条款督促客户加强环境和社会风险管理。对涉及重大环境和社会风险的客户，在合同中应当要求客户提交环境和社会风险报告，订立客户加强环境和社会风险管理的声明和保证条款，设定客户接受贷款人监督等承诺条款，以及客户在管理环境和社会风险方面违约时银行业金融机构的救济条款。

第十九条　银行业金融机构应当加强信贷资金拨付管理，将客户对环境和社会风险的管理状况作为决定信贷资金拨付的重要依据。在已授信项目的设计、准备、施工、竣工、运营、关停等各环节，均应当设置环境和社会风险评估关卡，对出现重大风险隐患的，可以中止直至终止信贷资金拨付。

第二十条　银行业金融机构应当加强贷后管理，对有潜在重大环境和社会风险的客户，制定并实行有针对性的贷后管理措施。密切关注国家政策对客户经营状况的影响，加强动态分析，并在资产风险分类、准备计提、损失核销等方面及时做出调整。建立健全客户重大环境和社会风险的内部报告制度和责任追究制度。在客户发生重大环境和社会风险事件时，应当及时采取相关的风险处置措施，并就该事件可能对银行业金融机构造成的影响向监管机构报告。

第二十一条　银行业金融机构应当加强对拟授信的境外项目的环境和社会风险管理，确保项目发起人遵守项目所在国家或地区有关环保、土地、健康、安全等相关法律法规。对拟授信的境外项目公开承诺采用相关国际惯例或国际准则，确保对拟授信项目的操作与国际良好做法在实质上保持一致。

第五章　内控管理与信息披露

第二十二条　银行业金融机构应当将绿色信贷执行情况纳入内控合规检查范围，定期组织实施绿色信贷内部审计。检查发现重大问题的，应当依据规定进行问责。

第二十三条　银行业金融机构应当建立有效的绿色信贷考核评价体系和奖惩机制，落实激励约束措施，确保绿色信贷持续有效开展。

第二十四条　银行业金融机构应当公开绿色信贷战略和政策，充分披露绿色信贷发展情况。对涉及重大环境与社会风险影响的授信情况，应当依据法律法规披露相关信息，接受市场和利益相关方的监督。必要时可以聘请合格、独立的第三方，对银行业金融机构履行环境和社会责任的活动进行评估或审计。

第六章 监督检查

第二十五条 各级银行业监管机构应当加强与相关主管部门的协调配合，建立健全信息共享机制，完善信息服务，向银行业金融机构提示相关环境和社会风险。

第二十六条 各级银行业监管机构应当加强非现场监管，完善非现场监管指标体系，强化对银行业金融机构面临的环境和社会风险的监测分析，及时引导其加强风险管理，调整信贷投向。

银行业金融机构应当根据本指引要求，至少每两年开展一次绿色信贷的全面评估工作，并向银行业监管机构报送自我评估报告。

第二十七条 银行业监管机构组织开展现场检查，应当充分考虑银行业金融机构面临的环境和社会风险，明确相关检查内容和要求。对环境和社会风险突出的地区或银行业金融机构，应当开展专项检查，并根据检查结果督促其整改。

第二十八条 银行业监管机构应当加强对银行业金融机构绿色信贷自我评估的指导，并结合非现场监管和现场检查情况，全面评估银行业金融机构的绿色信贷成效，按照相关法律法规将评估结果作为银行业金融机构监管评级、机构准入、业务准入、高管人员履职评价的重要依据。

第七章 附则

第二十九条 本指引自公布之日起施行。村镇银行、贷款公司、农村资金互助社、非银行金融机构参照本指引执行。

第三十条 本指引由中国银监会负责解释。

附件十三

中国银监会办公厅关于印发《绿色信贷实施情况关键评价指标》的通知

银监办发[2014]186 号

各银监局、各政策性银行、国有商业银行、股份制商业银行、邮政储蓄银行：

为贯彻《“十二五”节能减排综合性工作方案》（国发[2011]26 号）、《环境保护“十二五”规划》（国发[2011]42 号）、《国务院关于加快发展节能环保产业的意见》（国发[2013]30 号）等政策要求，落实《绿色信贷指引》（银监发[2012]4 号）等监管规定，推动银行业金融机构开展绿色信贷工作，银监会制定了绿色信贷实施情况关键评价指标，现印发给你们。

请各银行对照绿色信贷实施情况关键评价指标，认真组织开展本机构绿色信贷实施情况自评价工作，并于每年 5 月 31 日前将自评价报告报送银监会。

各银监局根据辖内银行业金融机构实际情况，组织开展相关自评价工作。

2014 年 6 月 27 日

附件十四

中国银监会　国家发展和改革委员会
关于印发能效信贷指引的通知

银监发[2015]2号

各银监局，各省、自治区、直辖市及计划单列市、新疆生产建设兵团发展改革委（经信委、经委、工信厅、经发局），各政策性银行、国有商业银行、股份制商业银行、金融资产管理公司、邮储银行，银监会直接监管的信托公司、企业集团财务公司、金融租赁公司：

为落实国家节能低碳发展战略，促进能效信贷持续健康发展，积极支持产业结构调整和企业技术改造升级，提高能源利用效率，降低能源消耗，银监会、国家发展改革委共同制定了能效信贷指引。现印发给你们，请遵照执行。

中国银监会
国家发展和改革委员会
2015年1月13日

能效信贷指引

第一章　总则

第一条　为促进银行业金融机构能效信贷持续健康发展，积极支持产业结构调整和企业技术改造升级，根据《中华人民共和国银行业监督管理法》、《中华人民共和国商业银行法》、《中华人民共和国节约能源法》等法律法规，制定本指引。

第二条　中华人民共和国境内经中国银监会批准设立的银行业金融机构开展

能效信贷业务，适用本指引。

重点用能单位、节能服务公司、第三方节能量审核机构依据本指引开展与能效信贷有关的活动。

第三条　本指引所称能效信贷是指银行业金融机构为支持用能单位提高能源利用效率，降低能源消耗而提供的信贷融资。

第四条　中国银监会依法对银行业金融机构开展能效信贷业务实施监督和管理。国家发展改革委依法负责对重点用能单位、节能服务公司、第三方节能量审核机构开展的节能工作实施监督和管理。

第二章　服务领域及重点项目

第五条　能效信贷业务的重点服务领域包括：

（一）工业节能，主要涉及电力、煤炭、钢铁、有色金属、石油石化、化工、建材、造纸、纺织、印染、食品加工、照明等重点行业；

（二）建筑节能，主要涉及既有和新建居住建筑、国家机关办公建筑和商业、服务业、教育、科研、文化、卫生等其他公共建筑，建筑集中供热、供冷系统节能设备及系统优化，可再生能源建筑应用等；

（三）交通运输节能，主要涉及铁路运输、公路运输、水路运输、航空运输和城市交通等行业；

（四）与节能项目、服务、技术和设备有关的其他重要领域。

第六条　能效项目是指通过优化设计、更新用能设备和系统、加强能源回收利用等方式，以节省一次、二次能源为目的的能源节约项目，具备以下特征：

（一）技术类型复杂，专业性强：包括锅炉（窑炉）、电机系统、信息处理等设备，生产线节能改造，热电联产，能量系统优化，余热余压利用，建筑节能，交通运输节能，绿色照明等，涉及各类节能低碳专业技术，且技术创新较快；

（二）涉及内容广，参与主体多：包括节能技术有偿使用、节能设备和产品生产与销售、节能工程建设、节能运行与管理、节能信息服务、节能金融服务等多个方面，涉及众多市场参与者，包括用能单位、节能服务公司、节能设备和产品的供应商与销售商、工程设计单位、金融机构等；

（三）市场潜力大，兼具经济、环境、社会效益：能源稀缺性日益凸显，价格长期呈上升趋势，能效项目经济效益显著，能效提高可以有效降低能源消耗、减少二氧化碳和污染物排放，环境、社会效益突出。

第七条 银行业金融机构应在有效控制风险和商业可持续的前提下，加大对以下重点能效项目的信贷支持力度：

（一）有利于促进产业结构调整、企业技术改造和重要产品升级换代的重点能效项目；

（二）符合国家规划的重点节能工程或列入国家重点节能低碳技术推广目录的能效项目及合同能源管理项目，效益突出、信用良好、能源管理体系健全的“万家企业”中的节能技改工程等；

（三）高于现行国家标准的低能耗、超低能耗新建节能建筑，符合国家绿色建筑评价标准的新建二、三星级绿色建筑和绿色保障性住房项目，既有建筑节能改造、绿色改造项目、可再生能源建筑应用项目、集中性供热、供冷系统节能改造、节能运行管理项目、获得绿色建材二、三星级评价标识的项目，符合国家能效技术规范和绿色评价标准的新建码头及配套节能减排设施等；

（四）符合国家绿色循环低碳交通运输要求的重点节能工程或试点示范项目，符合船舶能效技术规范和二氧化碳排放限值的新建船舶，列入低碳交通运输“千家企业”的节能项目等；

（五）符合国家半导体照明节能产业规划的半导体照明产业化及室内外半导体照明应用项目等；

（六）获得国家或地方政府有关部门资金支持的节能技术改造项目和重大节能技术产品产业化项目；

（七）其他符合国家产业政策或者行业规划的重点能效项目。

第三章 信贷方式与风险控制

第八条 能效信贷包括用能单位能效项目信贷和节能服务公司合同能源管理信贷两种方式。

（一）用能单位能效项目信贷是指银行业金融机构向用能单位投资的能效项目提供的信贷融资。用能单位是项目的投资人和借款人。

（二）合同能源管理信贷是指银行业金融机构向节能服务公司实施的合同能源管理项目提供的信贷融资。节能服务公司是项目的投资人和借款人。

合同能源管理是指节能服务公司与用能单位以合同形式约定节能项目的节能

目标，节能服务公司为实现节能目标向用能单位提供必要的服务，用能单位以节能效益支付节能服务公司的投入及其合理利润的节能服务机制。合同能源管理包括节能效益分享型、节能量保证型、能源费用托管型、融资租赁型和混合型等类型。

节能服务公司是指提供用能状况诊断、能效项目设计、改造（施工、设备安装、调试）、运行管理等服务的专业化公司。

第九条　银行业金融机构应明确纳入能效信贷的相关能效项目、用能单位和节能服务公司的准入要求：

（一）能效项目所属产能应符合国家区域规划政策、产业发展政策和行业准入要求；

（二）能效项目应具备技术可行性和经济可行性。技术可行是指已有类似技术成功实施并已推广应用，或虽属新技术但有充分依据可推广应用，或列入国家发展改革委国家重点节能低碳技术推广目录以及工业和信息化部、住房城乡建设部、交通运输部等有关部门节能技术、装备、产品目录，项目节能减排效果可测量、可报告和可核证。经济可行是指在预定期限内可通过节能效益回收投资，项目现金流具有可实现性、持续性和稳定性；

（三）用能单位经营合法合规，财务和资信情况良好，具有可持续经营能力，还款来源依靠能效项目产生的节能收益及其他合法还款来源；

（四）合同能源管理中的用能单位除符合前项条件外，还需满足历史能耗数据较为完整或项目能耗基准线得到用能单位与节能服务公司一致认可，能源统计和管理制度健全并有效执行，有良好的节能效益支付能力和支付意愿等条件；

（五）节能服务公司经营合法合规，掌握核心技术，具备合同能源管理专业人才和项目运作经验，财务和经营情况良好。

第十条　银行业金融机构应按照国家有关规定，综合考虑项目风险水平、借款人财务状况以及自身风险承受能力等因素，合理测算项目投资、融资需求，根据预测现金流和投资回收期合理确定贷款金额、贷款期限和还款计划。对于合同能源管理贷款要素的确定，还应合理评估合同能源管理项目的节能收益，充分考虑节能效果的季节性差异、设备检修、合同能源管理合同中规定的借款人节能收益分享比例、期限和支付方式等因素。

第十一条　银行业金融机构应加强能效信贷尽职调查，全面了解、审查用能单位、节能服务公司、能效项目、节能服务合同等信息及风险点，包括但不限于以下内容：

（一）对借款人及能效项目进行严格的合规性审核，包括所需审批（或核准、备案）文件的真实性、完整性和相关程序的合法性，环境和社会风险管理的合规性，确认符合国家产业政策和环保法规；

（二）对借款人的财务状况、生产经营情况，借款人或能效项目所在地区节能减排的税收优惠和财政奖补相关政策的落实情况进行调查评估；

（三）对节能服务公司享受政府优惠政策资格、被主管部门取消备案资格或列入负面清单、节能服务公司项目设计、实施和运营保障能力、技术团队及项目管理团队人员数量和资质、拥有的核心技术和专利、相关专业资质、已成功实施的合同能源管理项目、获得国家和地方财政奖励、主要设备供应商的产品质量、市场占有率及售后服务等情况进行调查评估；

（四）对合同能源管理项目技术、设计目标、建设期限、投资总额、资金到位情况、经济效益测算、开工情况、工程进度等项目情况进行调查评估，了解未开工项目施工条件的具备情况，了解已建成项目的方案设计、合同执行、节能效益结算等情况；

（五）调查用能单位经营情况，包括在技术水平、产品质量、市场份额等方面的发展状况及在行业中所处的地位、财务状况、财务管理体系、节能效益支付能力、不良信用记录、能源统计和管理制度、历史能耗记录等；

（六）审查节能服务合同中会对借款人偿债能力产生重大不利影响的条款，包括项目的操作模式、验收标准、期限及工期延误责任、基准能耗量、节能量计算与测量、节能效益计算与分配方法、付款条件、违约及争议处理等。审查借款人在节能服务合同项下的收款权利及权利转让或质押是否存在限制、是否存在对项目履约、付款等产生重大不利影响的条款；

（七）对于项目收益部分来源于碳资产交易或排放权交易的，应重点关注当地交易平台和主管部门相关政策，跟踪资产交易价格，合理评估权益价值。

第十二条　能效项目涉及行业广泛，技术复杂且创新较快，银行业金融机构在办理能效信贷业务时，应对项目技术风险和节能效益进行评估，形成评估意见，并在评估意见中对以下内容进行重点分析和报告：

（一）能效项目所属产能是否属于国家明确限期淘汰或限产类型，项目的专项技术和关键设备是否处于示范应用或创新应用阶段，尚未进行大规模推广；

（二）项目实施方是否具备专项技术实施能力和同类项目施工经验，项目是否存在竣工风险；

（三）预测、评估节能效益的方法是否审慎、科学、合理；

（四）用能单位及时支付节能收益的承诺是否有约束力，项目经济性能否有效实现。

必要时，银行业金融机构可寻求合格、独立的节能监察机构、节能量审核机构等第三方机构和相关主管部门在项目技术和节能量评估等方面给予指导和支持。

第十三条　合同能源管理信贷以借款人在节能服务合同项下的收款权利进行质押的，银行业金融机构应严格、规范办理应收账款质押登记手续，并加强对应收账款质押登记的后期跟踪与维护。

第十四条　银行业金融机构应加强能效信贷授信合同管理，当触发重大违约事件时，可通过约定相应的救济措施，包括追加担保、中止或终止贷款拨付、加速贷款回收、提前行使抵质押权等，落实风险管理措施。其中可以约定的重大违约事件包括但不限于：节能工程施工严重滞后，节能技术和设备出现严重缺陷，主体设施或设备停减产导致用能负荷大幅下降，实际节能量明显低于预测量，贷款挪用，节能收益不能及时回流指定账户，借款人参与民间高利借贷，未经贷款人同意对外担保或举借新债，主要财务指标严重恶化，贷款本息未能按时支付等。

第十五条　银行业金融机构应加强能效信贷贷后管理，密切关注国家产业结构调整、节能减排政策变化和节能减排标准提高对授信企业和项目产生的实质性影响，定期对信贷风险进行评价，并建立信贷质量监控和风险预警制度。贷后管理主要包括现场核查和非现场管控：

（一）现场核查要求定期赴企业和项目现场，掌握借款人整体经营情况，检查信贷资金实际用途，项目建设、竣工和运营状况，节能减排效果。对于合同能源管理信贷，还需考察用能单位的经营稳定性及其对项目服务的评价，并现场审核用能单位和节能服务公司双方共同确认的节能量确认表或第三方节能量审核报告（或通过财政奖励资金推算经政府认可的实际节能量），通过对比实际节能量与预测量，审核用能单位实际付款记录，判断合同能源管理信贷的还款来源的稳定性和可靠性；

（二）非现场管控要求及时掌握国家产业调整及节能减排等政策最新调整情况，定期向借款人收集财务报表，评估财务状况变化情况。对于合同能源管理信贷，应建立管理台账制度，逐笔登记合同能源管理项目节能量、节能服务公司应分享收益、财政奖励资金、约定回款金额、实际分享收益和还本付息金额等，定期监测项目节能效益回款的连续性和稳定性。如发现项目出现重大异常，节能量远低于预测量，实际节能收益低于预期收益等情况，应按授信合同约定要求借款人增加担保措施、提前还贷、提前行使抵质押权等风险管理措施，降低风险。

第四章　金融创新与激励约束

第十六条　银行业金融机构应在做好风险防范的前提下加快能效信贷产品和服务创新，积极提供包括银行信贷、外国政府转贷款、债券承销、保理、融资租赁、引入投资基金等多种融资方式，扩大支持面，提高服务效率。积极探索以能效信贷为基础资产的信贷资产证券化试点工作，推动发行绿色金融债，扩大能效信贷融资来源。

第十七条　银行业金融机构应积极探索能效信贷担保方式创新，以应收账款质押、履约保函、国际金融机构和国内担保公司的损失分担（或信用担保）、知识产权质押、股权质押等方式，有效缓解节能服务公司面临的有效担保不足、融资难的问题，同时确保风险可控。

第十八条　银行业金融机构应加强能效信贷能力建设，提高能效信贷的风险识别和管理能力，积极开展能效信贷的培训，积累有关节能减排重点行业、节能环保技术专业知识，培养和引进具有金融和节能环保专业技术能力的复合型、专业型人才。

第十九条　银行业金融机构应建立能效信贷推广和创新的激励约束机制，配备相应资源，提供内部激励政策，包括总行优先保证能效信贷专项规模，实施差异化经济资本分配和内部资金配套，加强内部考核评价，在风险可控的前提下，鼓励经营机构加大能效信贷投放。

第二十条　银行业金融机构应将能效信贷理念贯穿于其他信贷业务之中，积极开展贷前能效筛查，主动向客户提供与改善能效有关的增值服务。对符合信贷条件，达到先进能效标准的固定资产和项目融资需求优先支持；对达不到国家能效标准的固定资产和项目融资需求，不予支持。

第五章　附则

第二十一条　银行业金融机构向提高水资源和其他自然资源利用效率、降低二氧化碳和污染物排放的项目或从事相关服务的公司提供信贷融资，参照本指引执行。

第二十二条　本指引由中国银监会、国家发展和改革委员会负责解释。

第二十三条　本指引自印发之日起施行。

2015 年 1 月 19 日

附件十五

关于金融支持工业稳增长调结构增效益的若干意见

银发[2016]42 号

工业是国民经济的主导力量，是实体经济的骨架和国家竞争力的基础，是稳增长、调结构、转方式的主战场，也是创新的主战场，对经济发展全局至关重要。金融与实体经济、特别与工业是利益共同体，一荣俱荣，一损俱损。用好和创新金融工具，服务好实体经济和工业增效升级，是壮大和发展金融业、防范金融风险的根本举措和重要内容。按照党中央、国务院决策部署，为进一步增强金融服务能力，突破工业转型发展面临的融资难、融资贵瓶颈，加大金融对工业供给侧结构性改革和工业稳增长、调结构、增效益的支持力度，推动工业去产能、去库存、去杠杆、降成本、补短板、加快工业转型升级，经国务院同意，现提出如下意见：

一、加强货币信贷政策支持，营造良好的货币金融环境

（一）着力加强金融对工业供给侧结构性改革的支持。综合运用多种流动性管理工具，完善宏观审慎管理，加强预调、微调，保持流动性水平适度和货币市场稳定运行，引导货币信贷平稳增长。创新金融支持和服务方式。加强和改进对企业兼并重组、不良资产处置的力度和效率，积极稳妥推进工业化解过剩产能和库存。继续整顿金融服务乱收费，指导金融机构合理确定利率水平和收费项目，加大对不合理收费的查处力度，降低企业融资成本和债务负担。支持工业企业技术改造和设备更新，补齐工业软硬基础设施短板，提高企业创新发展能力，为工业稳增长调结构增效益创造有利条件。

（二）落实差别化工业信贷政策。引导银行业金融机构根据重大技改、产业升级、结构调整项目目录，进一步完善信贷准入标准，加大对战略性新兴产业、传统产业技术改造和转型升级等的支持力度。引导金融机构加大中长期贷款投入，加大对高新技术企业、重大技术装备、工业强基工程等领域的支持力度。制定出台金融支持制造强国建设指导意见，推动金融业全方位服务“中国制造 2025”。鼓励银行

业金融机构在风险可控前提下，适当降低新能源汽车、二手车的贷款首付比例，合理扩大汽车消费信贷，支持新能源汽车生产、消费及相关产业发展。引导银行业金融机构坚持区别对待、有扶有控原则，对钢铁、有色、建材、船舶、煤炭等行业中产品有竞争力、有市场、有效益的优质企业继续给予信贷支持，帮助有前景的企业渡过难关。支持工业企业积极稳妥化解产能过剩，对产能严重过剩行业未取得合法手续的新增产能建设项目，一律不得给予授信；对长期亏损、失去清偿能力和市场竞争力的“僵尸企业”，或环保、安全生产不达标且整改无望的企业及落后产能，坚决压缩退出相关贷款。制定银企对接行动方案，积极推动银企信息对接工作。

（三）加快工业信贷产品创新。引导金融机构紧密结合工业创新，加快发展支持工业领域大众创业、万众创新的金融产品和服务，深入挖掘工业增长潜力，积极培养工业发展新动能。积极支持工业领域“互联网+”行动，促进传统产业、大企业与市场迅速对接，实现工业制造企业和网络融合，着力改造工业发展传统动能。大力发展能效信贷、合同能源管理未来收益权质押贷款、排污权抵押贷款、碳排放权抵押贷款等绿色信贷业务，积极支持节能环保项目和服务。鼓励银行业金融机构开发自主品牌、商标专用权等企业无形资产质押贷款业务，支持消费品领域自主品牌建设。支持开展小微企业融资担保代偿补偿等业务。

（四）改进工业信贷管理制度。支持金融机构在有效管控风险的前提下，落实好无还本续贷、循环贷款等小微企业流动资金贷款还款方式创新，降低小微企业“过桥”融资成本。对资金周转出现暂时困难但仍具备清偿能力和市场竞争力的大中型企业，可在做好贷款质量监测和准确分类的同时，通过调整贷款期限、还款方式等贷款重组措施，缓解企业债务压力。推动行业主管部门进一步明确工业结构调整和转型升级方向，强化目录管理、标准管理等手段的约束力，提高“白名单”、“黑名单”的参考价值。加强金融机构同业沟通协调，积极开展联合授信，保持对工业企业的合理授信规模。

二、加大资本市场、保险市场对工业企业的支持力度

（五）加大工业企业直接融资的支持力度。支持符合“中国制造 2025”和战略性新兴产业方向的制造业企业，在各层次资本市场进行股权融资。鼓励工业企业扩大发行标准化债权产品，替代其他高成本融资方式。对运作规范的工业企业，在完善偿债保障措施的基础上，支持其发行公司信用类债券用于调整债务结构。扩大公

司信用类债券发行规模，拓展可交换债券、可转换债券市场。积极发展绿色债券、高收益债券、绿色资产证券化等创新金融工具。

（六）提升各类投资基金支持能力。加快组建新兴产业创业投资引导基金，积极运作国家中小企业发展基金和先进制造产业投资基金，发挥财政资金的放大效应，吸引社会资本积极参与，鼓励地方加大投入，支持种子期、初创成长型中小企业和战略性新兴产业、先进制造业加快发展。优化专项建设基金投向，支持有助于传统产业加快转型升级的重大技术改造工程和培育新经济增长点的战略性新兴产业培育发展工程等，继续支持增强制造业核心竞争力等转型升级项目。探索为企业创新活动提供股权和债权相结合的融资方式。

（七）稳步推进资产证券化发展。进一步推进信贷资产证券化，支持银行通过盘活信贷存量加大对工业的信贷支持力度。加快推进住房和汽车贷款资产证券化。在审慎稳妥的前提下，选择少数符合条件的金融机构探索开展不良资产证券化试点。加快推进应收账款证券化等企业资产证券化业务发展，盘活工业企业存量资产。

（八）不断提高工业保险服务水平。深入推进首台（套）重大技术装备保险补偿机制试点工作，研究将新材料、关键零部件纳入首批次应用保险保费补偿机制实施范围。推动保险公司尽快开发出更符合新能源汽车风险特征的专属保险产品。扩大中国保险投资基金对工业转型升级项目的投入。鼓励保险资产管理机构加快债权投资计划、股权投资计划、股债结合等资产管理产品创新，为战略性新兴产业、先进制造业等提供资金支持。

三、推动工业企业融资机制创新

（九）大力发展应收账款融资。加强动产融资统一登记系统建设，改进完善应收账款质押和转让、特许经营权项下收益权质押、合同能源管理未来收益权质押、融资租赁、保证金质押、存货和仓单质押等登记服务。推动更多供应链加入应收账款质押融资服务平台，支持商业银行进一步扩大应收账款质押融资规模。建立应收账款交易机制，解决大企业拖欠中小微企业资金问题。推动大企业和政府采购主体积极确认应收账款，帮助中小企业供应商融资。

（十）探索推进产融对接融合。支持符合条件的工业企业集团设立财务公司。探索开展企业集团财务公司延伸产业链金融服务试点。支持大企业设立产业创投基金，为产业链上下游创业者提供资金支持。积极稳妥推进投贷联动试点，有效防范风险，支持科技创新创业企业健康发展。

四、促进工业企业兼并重组

（十一）优化工业企业兼并重组政策环境。进一步取消或简化上市公司兼并重组行政许可及审批事项，优化审核流程，落实好分行业审核机制，提高并购重组审核效率和透明度。研究完善并购重组股份定价机制、丰富并购重组支付工具。鼓励国有控股上市公司依托资本市场加强资源整合，调整优化产业布局，提高发展质量和效益。发挥市场在兼并重组中的决定性作用，引导金融机构与企业自主协商、妥善解决工业企业兼并重组中的金融债务重组问题，切实维护债权人合法权益。

（十二）扩宽工业企业兼并重组融资渠道。完善并购贷款业务，进一步扩大并购贷款规模，合理确定贷款期限。进一步推动金融机构对兼并重组工业企业实行综合授信。允许符合条件的工业企业通过发行优先股、可转换债券等筹集兼并重组资金。对于暂时困难、未来现金流有合理市场预期的工业企业，通过债务重组等多种方式有效降低其债务负担和杠杆率。

五、支持工业企业加快“走出去”

（十三）完善对工业企业“走出去”的支持政策。简化境内企业境外融资核准程序，鼓励境内工业企业利用境外市场发行股票、债券和资产证券化产品。支持工业企业在对外经济活动中使用人民币计价结算，优化对外人民币贷款项目管理，鼓励工业企业使用人民币对外贷款和投资。加大出口信用保险对自主品牌、自主知识产权、战略性新兴产业的支持力度，扩大中长期出口信用保险覆盖面，对大型成套设备出口融资实现应保尽保。

（十四）加强对工业企业“走出去”的融资支持。进一步提高“两优”贷款支持力度，支持生产型海外项目建设。鼓励中国企业采用政府和社会资本合作（PPP）模式开展境外项目合作。推动工业企业用好“外保内贷”政策，支持“走出去”企业以境外资产和股权、矿权等权益为抵押获得贷款。支持国内工业企业与“一带一路”国家及产能合作重点国别企业开展多方面合作。

六、加强风险防范和协调配合

（十五）切实防范化解金融风险。积极稳妥做好“僵尸”企业信贷退出，维护银行信贷资产安全。充分发挥金融信用信息基础数据库作用，建立健全部门间联合惩戒机制，对恶意逃废银行债务和“恶意脱保”企业、个人形成强有力约束。督促银行用足用好现有核销政策，加快核销进度，做到“应核尽核”。落实好贷款损失税前扣除政策。完善不良贷款处置的市场主体准入、组包项目及户数等政策。进一步发挥金融资产管理公司和地方资产管理公司在参与企业破产重组和债务处置中的作用。各级金融监管部门要完善风险监测体系，督促金融机构提高风险管控能力，及时处置化解风险隐患，同时注意处置风险的风险，坚决守住不发生区域性、系统性金融风险的底线。

（十六）加强协调配合。对集中度较高的重点行业，明确优质骨干企业名单，通过引导金融资源集中支持，确保行业稳定发展。通过严格实施技术标准、环保标准等措施，加快推动不符合行业规范的企业主动升级或加快退出，促进金融资源有效配置。研究加大对关键环节和重点领域的财税政策支持力度，为金融支持工业稳增长调结构增效益提供适当的正向激励。明确地方人民政府在维护金融债权方面的责任，为金融机构支持实体经济发展解除后顾之忧。

请人民银行上海总部、各分行、营业管理部、省会（首府）城市中心支行、副省级城市中心支行会同所在省（区、市）发展改革委、工业和信息化主管部门、财政厅（局）、商务主管部门、银监会、证监会及保监会派出机构将本意见迅速转发至辖区内相关机构，并做好政策贯彻实施工作。

中国人民银行　发展改革委
工信部　财政部　商务部
银监会　证监会　保监会
2016 年 2 月 14 日

附件十六

关于构建绿色金融体系的指导意见

银发[2016]228 号

目前，我国正处于经济结构调整和发展方式转变的关键时期，对支持绿色产业和经济、社会可持续发展的绿色金融的需求不断扩大。为全面贯彻《中共中央、国务院关于加快推进生态文明建设的意见》和《生态文明体制改革总体方案》精神，坚持创新、协调、绿色、开放、共享的发展理念，落实政府工作报告部署，从经济可持续发展全局出发，建立健全绿色金融体系，发挥资本市场优化资源配置、服务实体经济的功能，支持和促进生态文明建设，经国务院同意，现提出以下意见。

一、构建绿色金融体系的重要意义

（一）绿色金融是指为支持环境改善、应对气候变化和资源节约高效利用的经济活动，即对环保、节能、清洁能源、绿色交通、绿色建筑等领域的项目投融资、项目运营、风险管理等所提供的金融服务。

（二）绿色金融体系是指通过绿色信贷、绿色债券、绿色股票指数和相关产品、绿色发展基金、绿色保险、碳金融等金融工具和相关政策支持经济向绿色化转型的制度安排。

（三）构建绿色金融体系主要目的是动员和激励更多社会资本投入到绿色产业，同时更有效地抑制污染性投资。构建绿色金融体系，不仅有助于加快我国经济向绿色化转型，支持生态文明建设，也有利于促进环保、新能源、节能等领域的技术进步，加快培育新的经济增长点，提升经济增长潜力。

（四）建立健全绿色金融体系，需要金融、财政、环保等政策和相关法律法规的配套支持，通过建立适当的激励和约束机制解决项目环境外部性问题。同时，也需要金融机构和金融市场加大创新力度，通过发展新的金融工具和服务手段，解决绿色投融资所面临的期限错配、信息不对称、产品和分析工具缺失等问题。

二、大力发展绿色信贷

（五）构建支持绿色信贷的政策体系。完善绿色信贷统计制度，加强绿色信贷实施情况监测评价。探索通过再贷款和建立专业化担保机制等措施支持绿色信贷发展。对于绿色信贷支持的项目，可按规定申请财政贴息支持。探索将绿色信贷纳入宏观审慎评估框架，并将绿色信贷实施情况关键指标评价结果、银行绿色评价结果作为重要参考，纳入相关指标体系，形成支持绿色信贷等绿色业务的激励机制和抑制高污染、高能耗和产能过剩行业贷款的约束机制。

（六）推动银行业自律组织逐步建立银行绿色评价机制。明确评价指标设计、评价工作的组织流程及评价结果的合理运用，通过银行绿色评价机制引导金融机构积极开展绿色金融业务，做好环境风险管理。对主要银行先行开展绿色信贷业绩评价，在取得经验的基础上，逐渐将绿色银行评价范围扩大至中小商业银行。

（七）推动绿色信贷资产证券化。在总结前期绿色信贷资产证券化业务试点经验的基础上，通过进一步扩大参与机构范围，规范绿色信贷基础资产遴选，探索高效、低成本抵质押权变更登记方式，提升绿色信贷资产证券化市场流动性，加强相关信息披露管理等举措，推动绿色信贷资产证券化业务常态化发展。

（八）研究明确贷款人环境法律责任。依据我国相关法律法规，借鉴环境法律责任相关国际经验，立足国情探索研究明确贷款人尽职免责要求和环境保护法律责任，适时提出相关立法建议。

（九）支持和引导银行等金融机构建立符合绿色企业和项目特点的信贷管理制度，优化授信审批流程，在风险可控的前提下对绿色企业和项目加大支持力度，坚决取消不合理收费，降低绿色信贷成本。

（十）支持银行和其他金融机构在开展信贷资产质量压力测试时，将环境和社会风险作为重要的影响因素，并在资产配置和内部定价中予以充分考虑。鼓励银行和其他金融机构对环境高风险领域的贷款和资产风险敞口进行评估，定量分析风险敞口在未来各种情景下对金融机构可能带来的信用和市场风险。

（十一）将企业环境违法违规信息等企业环境信息纳入金融信用信息基础数据库，建立企业环境信息的共享机制，为金融机构的贷款和投资决策提供依据。

三、推动证券市场支持绿色投资

（十二）完善绿色债券的相关规章制度，统一绿色债券界定标准。研究完善各类绿色债券发行的相关业务指引、自律性规则，明确发行绿色债券筹集的资金专门（或主要）用于绿色项目。加强部门间协调，建立和完善我国统一的绿色债券界定标准，明确发行绿色债券的信息披露要求和监管安排等。支持符合条件的机构发行绿色债券和相关产品，提高核准（备案）效率。

（十三）采取措施降低绿色债券的融资成本。支持地方和市场机构通过专业化的担保和增信机制支持绿色债券的发行，研究制定有助于降低绿色债券融资成本的其他措施。

（十四）研究探索绿色债券第三方评估和评级标准。规范第三方认证机构对绿色债券评估的质量要求。鼓励机构投资者在进行投资决策时参考绿色评估报告。鼓励信用评级机构在信用评级过程中专门评估发行人的绿色信用记录、募投项目绿色程度、环境成本对发行人及债项信用等级的影响，并在信用评级报告中进行单独披露。

（十五）积极支持符合条件的绿色企业上市融资和再融资。在符合发行上市相应法律法规、政策的前提下，积极支持符合条件的绿色企业按照法定程序发行上市。支持已上市绿色企业通过增发等方式进行再融资。

（十六）支持开发绿色债券指数、绿色股票指数以及相关产品。鼓励相关金融机构以绿色指数为基础开发公募、私募基金等绿色金融产品，满足投资者需要。

（十七）逐步建立和完善上市公司和发债企业强制性环境信息披露制度。对属于环境保护部门公布的重点排污单位的上市公司，研究制定并严格执行对主要污染物达标排放情况、企业环保设施建设和运行情况以及重大环境事件的具体信息披露要求。加大对伪造环境信息的上市公司和发债企业的惩罚力度。培育第三方专业机构为上市公司和发债企业提供环境信息披露服务的能力。鼓励第三方专业机构参与采集、研究和发布企业环境信息与分析报告。

（十八）引导各类机构投资者投资绿色金融产品。鼓励养老基金、保险资金等长期资金开展绿色投资，鼓励投资人发布绿色投资责任报告。提升机构投资者对所投资资产涉及的环境风险和碳排放的分析能力，就环境和气候因素对机构投资者（尤其是保险公司）的影响开展压力测试。

四、设立绿色发展基金，通过政府和社会资本合作（PPP）模式动员社会资本

（十九）支持设立各类绿色发展基金，实行市场化运作。中央财政整合现有节能环保等专项资金设立国家绿色发展基金，投资绿色产业，体现国家对绿色投资的引导和政策信号作用。鼓励有条件的地方政府和社会资本共同发起区域性绿色发展基金，支持地方绿色产业发展。支持社会资本和国际资本设立各类民间绿色投资基金。政府出资的绿色发展基金要在确保执行国家绿色发展战略及政策的前提下，按照市场化方式进行投资管理。

（二十）地方政府可通过放宽市场准入、完善公共服务定价、实施特许经营模式、落实财税和土地政策等措施，完善收益和成本风险共担机制，支持绿色发展基金所投资的项目。

（二十一）支持在绿色产业中引入PPP模式，鼓励将节能减排降碳、环保和其他绿色项目与各种相关高收益项目打捆，建立公共物品性质的绿色服务收费机制。推动完善绿色项目PPP相关法规规章，鼓励各地在总结现有PPP项目经验的基础上，出台更加具有操作性的实施细则。鼓励各类绿色发展基金支持以PPP模式操作的相关项目。

五、发展绿色保险

（二十二）在环境高风险领域建立环境污染强制责任保险制度。按程序推动制修订环境污染强制责任保险相关法律或行政法规，由环境保护部门会同保险监管机构发布实施性规章。选择环境风险较高、环境污染事件较为集中的领域，将相关企业纳入应当投保环境污染强制责任保险的范围。鼓励保险机构发挥在环境风险防范方面的积极作用，对企业开展“环保体检”，并将发现的环境风险隐患通报环境保护部门，为加强环境风险监督提供支持。完善环境损害鉴定评估程序和技术规范，指导保险公司加快定损和理赔进度，及时救济污染受害者、降低对环境的损害程度。

（二十三）鼓励和支持保险机构创新绿色保险产品和服务。建立完善与气候变化相关的巨灾保险制度。鼓励保险机构研发环保技术装备保险、针对低碳环保类消费品的产品质量安全责任保险、船舶污染损害责任保险、森林保险和农牧业灾害保险等产品。积极推动保险机构参与养殖业环境污染风险管理，建立农业保险理赔与病死牲畜无害化处理联动机制。

（二十四）鼓励和支持保险机构参与环境风险治理体系建设。鼓励保险机构充分发挥防灾减灾功能，积极利用互联网等先进技术，研究建立面向环境污染责任保险投保主体的环境风险监控和预警机制，实时开展风险监测，定期开展风险评估，及时提示风险隐患，高效开展保险理赔。鼓励保险机构充分发挥风险管理专业优势，开展面向企业和社会公众的环境风险管理知识普及工作。

六、完善环境权益交易市场、丰富融资工具

（二十五）发展各类碳金融产品。促进建立全国统一的碳排放权交易市场和有国际影响力的碳定价中心。有序发展碳远期、碳掉期、碳期权、碳租赁、碳债券、碳资产证券化和碳基金等碳金融产品和衍生工具，探索研究碳排放权期货交易。

（二十六）推动建立排污权、节能量（用能权）、水权等环境权益交易市场。在重点流域和大气污染防治重点领域，合理推进跨行政区域排污权交易，扩大排污权有偿使用和交易试点。加强排污权交易制度建设和政策创新，制定完善排污权核定和市场化价格形成机制，推动建立区域性及全国性排污权交易市场。建立和完善节能量（用能权）、水权交易市场。

（二十七）发展基于碳排放权、排污权、节能量（用能权）等各类环境权益的融资工具，拓宽企业绿色融资渠道。在总结现有试点地区银行开展环境权益抵质押融资经验的基础上，确定抵质押物价值测算方法及抵质押率参考范围，完善市场化的环境权益定价机制，建立高效的抵质押登记及公示系统，探索环境权益回购等模式解决抵质押物处置问题，推动环境权益及其未来收益权切实成为合格抵质押物，进一步降低环境权益抵质押物业务办理的合规风险。发展环境权益回购、保理、托管等金融产品。

七、支持地方发展绿色金融

（二十八）探索通过再贷款、宏观审慎评估框架、资本市场融资工具等支持地方发展绿色金融。鼓励和支持有条件的地方通过专业化绿色担保机制、设立绿色发展基金等手段撬动更多的社会资本投资于绿色产业。支持地方充分利用绿色债券市场为中长期、有稳定现金流的绿色项目提供融资。支持地方将环境效益显著的项目纳入绿色项目库，并在全国性的资产交易中心挂牌，为利用多种渠道融资提供条件。支持国际金融机构和外资机构与地方合作，开展绿色投资。

八、推动开展绿色金融国际合作

（二十九）广泛开展绿色金融领域的国际合作。继续在二十国集团框架下推动全球形成共同发展绿色金融的理念，推广与绿色信贷和绿色投资相关的自愿准则和其他绿色金融领域的最佳经验，促进绿色金融领域的能力建设。通过“一带一路”战略，上海合作组织、中国—东盟等区域合作机制和南南合作，以及亚洲基础设施投资银行和金砖国家新开发银行撬动民间绿色投资的作用，推动区域性绿色金融国际合作，支持相关国家的绿色投资。

（三十）积极稳妥推动绿色证券市场双向开放。支持我国金融机构和企业到境外发行绿色债券。充分利用双边和多边合作机制，引导国际资金投资于我国的绿色债券、绿色股票和其他绿色金融资产。鼓励设立合资绿色发展基金。支持国际金融组织和跨国公司在境内发行绿色债券、开展绿色投资。

（三十一）推动提升对外投资绿色水平。鼓励和支持我国金融机构、非金融企业和我国参与的多边开发性机构在“一带一路”和其他对外投资项目中加强环境风险管理，提高环境信息披露水平，使用绿色债券等绿色融资工具筹集资金，开展绿色供应链管理，探索使用环境污染责任保险等工具进行环境风险管理。

九、防范金融风险，强化组织落实

（三十二）完善与绿色金融相关监管机制，有效防范金融风险。加强对绿色金融业务和产品的监管协调，综合运用宏观审慎与微观审慎监管工具，统一和完善有关监管规则和标准，强化对信息披露的要求，有效防范绿色信贷和绿色债券的违约风险，充分发挥股权融资作用，防止出现绿色项目杠杆率过高、资本空转和“洗绿”等问题，守住不发生系统性金融风险底线。

（三十三）相关部门要加强协作、形成合力，共同推动绿色金融发展。人民银行、财政部、发展改革委、环境保护部、银监会、证监会、保监会等部门应当密切关注绿色金融业务发展及相关风险，对激励和监管政策进行跟踪评估，适时调整完善。加强金融信息基础设施建设，推动信息和统计数据共享，建立健全相关分析预警机制，强化对绿色金融资金运用的监督和评估。

（三十四）各地区要从当地实际出发，以解决突出的生态环境问题为重点，积极探索和推动绿色金融发展。地方政府要做好绿色金融发展规划，明确分工，将推动绿色金融发展纳入年度工作责任目标。提升绿色金融业务能力，加大人才培养引进力度。

（三十五）加大对绿色金融的宣传力度。积极宣传绿色金融领域的优秀案例和业绩突出的金融机构和绿色企业，推动形成发展绿色金融的广泛共识。在全社会进一步普及环保意识，倡导绿色消费，形成共建生态文明、支持绿色金融发展的良好氛围。

中国人民银行　财政部
发展改革委　环境保护部
银监会　证监会　保监会
2016 年 8 月 31 日

后 记

本书是“十二五”国家重点图书出版规划项目“绿色经济与绿色发展丛书”系列之一，该丛书由中南财经政法大学刘思华教授主持和组织编写。

在经济增长和人类社会快速发展的同时，气候和环境问题日益成为世界关注的焦点，发展绿色经济已是刻不容缓。金融是现代经济的核心，在市场经济条件下，金融业掌握着巨大的经济资源，对推动环境保护、转变发展方式发挥着重要作用。绿色信贷政策作为一种重要的经济手段，是国际上通用的一项市场化环保措施。发达国家实行绿色信贷的经济政策，是实行绿色资本主义路线的一个重要经济机制与政策。在当前中国以间接融资为主的融资结构下，银行信贷占据主导地位，绿色信贷对绿色经济的支持作用显而易见。

然而，目前我国绿色信贷仍处于起步阶段，绿色信贷总量还相当微薄，实践中存在着诸多如绿色信贷制度缺失、激励约束机制匮乏、社会责任不强、标准不统一、信息交流不畅等制约绿色信贷发展的障碍因素。完善的绿色信贷机制是绿色金融体系的重要组成部分。从政府的角度看，要加大对绿色信贷机制的政策支持，完善环保信息沟通与共享机制，制定符合中国国情的统一的绿色信贷标准，建立配套的激励约束机制；从商业银行的角度看，我国银行业应强化绿色文化理念和社会责任意识，将环境风险纳入到绿色信贷风险评价体系当中，提高风险控制水平，完善银行内部绿色信贷激励与约束机制，开展绿色信贷业务创新，加强与保险公司、基金公司、国际金融组织的绿色合作；从政策性银行的角度看，完善环境功能，设立绿色信贷相关职能部门，打造优秀团队，加强绿色产品开发，在推进绿色发展中实现社会效益和生态效益最大化，促进社会和环境的绿色发展。

本书由吉林财经大学金融学院副教授王丽颖博士提出研究思路和框架结构，并与付琼副教授一同负责全书的撰写，此外张璇、郭琦旭、张新爽等研究生参与了资料和数据的收集、整理等工作。

由于水平有限，本书撰写中存在的问题和缺陷在所难免，敬请各位专家和广大读者批评指正。

王丽颖

2015 年 12 月 10 日